臺灣歷史與文化_{研究} 研究輯刊

九　編

第 21 冊

台灣皇民化時期新文學中的民族主義敘事
——以 1940 年代為中心

林　嘉　立　著

花木蘭文化出版社

國家圖書館出版品預行編目資料

台灣皇民化時期新文學中的民族主義敘事——以 1940 年代
為中心／林嘉立 著 — 初版 — 新北市：花木蘭文化出版社，
2016〔民 105〕
目 2+174 面；19×26 公分
（臺灣歷史與文化研究輯刊 九編：第 21 冊）
ISBN 978-986-404-489-4（精裝）
1. 臺灣文學史 2. 敘事文學 3. 日據時期
733.08   105001819

ISBN-978-986-404-489-4

臺灣歷史與文化研究輯刊
九 編 第二一冊   ISBN：978-986-404-489-4

台灣皇民化時期新文學中的民族主義敘事
——以 1940 年代為中心

作　　者　林嘉立
總 編 輯　杜潔祥
副總編輯　楊嘉樂
編　　輯　許郁翎
出　　版　花木蘭文化出版社
社　　長　高小娟
聯絡地址　235 新北市中和區中安街七二號十三樓
　　　　　電話：02-2923-1455／傳真：02-2923-1452
網　　址　http://www.huamulan.tw 信箱 hml810518@gmail.com
印　　刷　普羅文化出版廣告事業
初　　版　2016 年 3 月
全書字數　166573 字
定　　價　九編 24 冊（精裝）台幣 50,000 元

台灣皇民化時期新文學中的民族主義敘事

——以 1940 年代爲中心

林嘉立　著

作者簡介

林嘉立，1985 年生於嘉義市。台大中文系、政大台文所畢業。〈回應現代性的族群認同建構與原住民文學〉一文曾獲第八屆台灣文學研究生學術論文研討會評審獎；寫作方面曾獲台大賦思文學獎、政大道南文學獎、嘉義桃城文學獎。《史明口述史》（行人，2013）訪談小組成員。

提　　要

　　民族主義敘事是台灣日治時期新文學很重要的一個表現。但台灣皇民化時期新文學中的民族主義敘事，在台灣文學史受到戰後民族主義浪潮的催發而展開的書寫過程中，經常因為「時空環境差異」以及其中內含「皇民文學」等看似親近日本殖民者的言論，而與民族道德相對正確的前行時代隔離開來。只是當我們明白歷史敘事、尤其是於民族主義滋養下進行的歷史敘事，經常為了證成當下身份意義的需求而導致了偏頗以及去脈絡化的結果，「皇民文學」或皇民化時期新文學中的民族主義敘事就有了重新閱讀的空間。本文以民族主義的理論爬梳為始，配合「東方式殖民主義」的概念，切入 1930 年代左翼思潮在地開花，以及 1940 年代的鄉土書寫、文學史建構與「皇民文學」等一系列台灣知識分子的文學活動，一方面以回應「東方式殖民主義」的假定，將日治時期台灣知識分子編入日本帝國的欲望連接回皇民化時期之前；另一方面則期望賦予被殖民的台灣人追求身份認同的過程以完整的意義。

目

次

第一章 緒 論

第一節 研究動機

> 因為在狹窄的樓梯上無法兩個人並排走上去，所以我跟在他後面上
> 樓。他的身材相當高，光線因此被遮得有點暗，我只好就著餘光，
> 像數樓梯一樣，一步一步登上去。
>
> 就這樣慢慢地登上樓，倒覺得這樓梯還相當長。〔註1〕

這是周金波在日本實施「陸軍特別志願兵制度」前夕，於《文藝台灣》發表的小說〈志願兵〉的結局。身材相當高的人叫明貴，他剛從「血書志願」的好友進六家裡回來，遇上拿著早報想來通知他進六此一壯舉的姊夫（我、小說的敘事者）。明貴跟姊夫說他去向進六道歉，因為勇於「血書志願」的進六才真正是為台灣前途著想的人，自己日後要更加努力才是。講完這番話，小說就結束在明貴與姊夫一前一後後登上樓梯的「進行式」中——兩人看似往「有光」的地方拾級而上，但讀者無論如何也不知道他們究竟抵達目的地沒有、也不清楚他們爬上樓究竟是為了什麼？這個充滿隱喻的結局，在台灣脫離日本殖民統治後，並沒有引起太大的注意，反倒是小說中關於「如何成為日本人」的反覆辯證，招來「違背民族大義」的指責。

日治時期的台灣新文學或歷史記憶，在台灣1945年「回歸祖國」後「再中國化」的必然，以及隨後國民黨政府遷台的局面下，只能以旁支末節的身

〔註1〕 周金波，〈志願兵〉，刊於《文藝台灣》第二卷第六號，1941年9月20日，頁21。

份被編進國民黨官方的抗日史或近代中國抵抗帝國主義的系譜中，無法全面展開後殖民式的檢討。直到1970年代，在國內外動盪局勢所催生的「回歸台灣現實」這股民族主義的情感潮流中，日治時期的台灣新文學或歷史記憶才得以重返舞台，原本被視爲禁忌的皇民文學及其相關議題也同時被挖掘出土。不過當我們看到1979年由遠景出版的《光復前「台灣文學全集」》，如何以葉石濤揭櫫的「台灣意識」、所謂「在台灣鄉土文學上所反映出來的，一定是『反帝、反封建』的共同經驗……而絕不是站在統治者意識上所寫出來的、背叛廣大人民意願的任何作品。」〔註2〕爲編選的標準，強調「凡是皇民化意味甚濃的御用作品，以不選錄來隱示我們無言的、寬容的批判。」〔註3〕時，我們就能明白所謂「皇民文學」〔註4〕並不是像它那些親戚以「經典」的身份出土，而是被當成失去民族本位的負面教材或畸形的殖民地傷痕來看待。〔註5〕看似鼓吹台灣人爲天皇上戰場的〈志願兵〉，自然無法出現在這套選集中，更沒有人來回答筆者對登樓的疑惑。

　　但是耗費大量人力物力的文學選集的編纂，往往暗示其與政治的親密關係。尤其當它被當成建構一套歷史認識論的工具時，編纂的動作除了意味著當代特殊的、某群人專屬的美學品味，也更可能是爭奪文壇發言位置以及解決當前認同問題的策略。也就是說，選集向讀者展示的已經不只是個別作品

〔註2〕 葉石濤，〈光復前「台灣文學全集」總序〉，收於葉石濤、鍾肇政主編《光復前「台灣文學全集」》（台北，遠景，1997），每冊卷首10～11。爲求行文統一，本文將書名及句中所有「臺」字改爲「台」，以下凡遇書名、篇名或徵引文句中有「臺」字，皆一併統一以「台」字，不再附註。

〔註3〕 張恆豪、林梵、羊子喬等，〈出版宗旨及編輯體例〉，出處同上，每冊卷首頁4。

〔註4〕 陳芳明曾經對這個稱謂提出異議，認爲應該以「皇民化文學」這個表示「台灣處於被動的地位，在強勢霸權的趨使之下而不得不進行文學創作」的詞彙，取代暗示「台灣作家主動配合日本國策而從事文學創作」的「皇民文學」（陳芳明，《台灣新文學史》【台北，聯經，2011年】，頁158～159。）。本文認同陳芳明的說法，但鑒於皇民化時期的台灣文學場域，在談論這類表現出效忠天皇或自我身份認同掙扎的作品時，皆是以「皇民文學」一詞爲準，因此下文仍沿用「皇民文學」此一詞彙。至於其中詳細的論證，因與日本官方民族主義的欲望有複雜的關係，本文將於第四章再行處理。

〔註5〕 身爲《光復前「台灣文學全集」》編輯之一的鍾肇政，曾於《聯合報》副刊發表〈日治時期台灣文學的盲點——對皇民文學的一個考察〉（1979年6月1日），文中雖然對某些知識分子不願意翻譯皇民文學的心態提出疑義，但鍾肇政並非想替皇民文學翻案，而是呼籲以正視事實的態度，將皇民文學編入殖民地「迫害者與受害者的歷史」中。

在「被書寫當下」的面貌，而是被削足適履地置入後設完整而連貫的架構之下、再現了「編選當下」的政治欲望。因此，編纂所依循的「篩選標準」並非像編纂者言之鑿鑿地擁有不可挑戰的權威——觀諸台灣「反共文學」當道時的《戰鬥文藝叢書》、《現代戰鬥文藝選集》等如今只聊備史料一格，應該是極端的例證。

　　本文研究動機，正是起自於對《光復前「台灣文學全集」》「反帝、反封建」如此暗示道德正確性的「篩選標準」的質疑。雖然篩選標準以正氣凜然的姿態表現出對「皇民文學」的不屑，但卻必須承認它無法在敘述中安放、討論「皇民文學」——它對台灣人在認同上傾向日本的原因或過程沒有詳細討論的興趣，只以一個其實是當代發明、能夠滿足當代政治欲望的「篩選標準」直接評價結果。本文認為，〈志願兵〉真正讓讀者揣揣不安的，並非對日本帝國強烈的認同或明貴讚揚「血書志願」一處——這些明顯受殖民者牽動的表情，在後殖民情境中，都非常容易藉由「背叛者」的標籤將不安抹煞消除——而是周金波另外安排了登樓的「進行式」，讓讀者在延宕的氣氛中，感受到「血書志願」以及意志堅決的明貴等這些文本中原來偉岸的文字敘述，開始瀰漫著不確定性：如果台灣人真的認定自己是日本人，為什麼還要反覆辯證成為日本人的方法？又為什麼皇民化時期「成為日本人」等相關議題會如此吸引台灣人？這些問題都不是只以「反帝、反封建」的框架、強調殖民者與被殖民者之間不可踰越的界線就能回答，而是必須將原本畸形的皇民文學重新編排進日治時期新文學中。本文的命題與此切身相關：皇民文學其實與日治時期前行的新文學一樣呈現了台灣被殖民者的精神世界，它們之間雖然因為面對殖民者的統治技藝、時空環境的差異而有不一樣的表情，但皆是回應日本特殊的殖民主義而發展的一套殖民地民族主義敘事（narrative）〔註6〕。貫串日治時期新文學的殖民地民族主義敘事，卻在戰後被區隔成光明與黑暗的二元對立。本文寫作的目的，即是欲將皇民文學的民族主義敘事從戰後的道德枷鎖中解放出來，將其重新置回日治時期新文學民族主義敘事中觀察，嘗試回答被殖民的台灣人何以有著成為日本人的欲望，以及他們如何思考身份認同、想像民族等種種問題。

〔註 6〕關於「民族主義」、「敘事」或「日本特殊的殖民主義」等概念，本文擬於以下幾節再詳加說明。

第二節　跨世紀的皇民文學論爭

　　1970 年代後台灣歷史記憶再度得到重視，如邱貴芬所言，是「因爲台灣『抗日』的經驗被縫合到『中國性』的確認，呼應當時高漲的（中國）民族主義論述。」〔註7〕認同向日本帝國主義傾斜、與中國民族主義水火不容的皇民文學，本來就是必須排除的瑕疵品——前述《光復前「台灣文學全集」》的篩選標準正反映這般事實——但以呼應中國民族主義的姿態重返文化舞台的日治經驗，卻逐漸「勾勒出有別於中國文學史敘述的圖像，提供國族建構所需要的文化象徵，支援台灣民族主義的發展。」〔註8〕不但使得台獨議題在 1980 年代解嚴、國民黨官方的統制愈加鬆動之際浮上檯面，1997 年的「《認識台灣》教科書風波」〔註9〕更意味著台灣本土意識有威脅中國民族主義之勢。在此情況下，原本被中國民族主義鑑定爲「漢奸」的皇民文學，似乎有了不同解釋的可能性，自 1998 年開始台灣文壇針對皇民文學的意義展開規模性論爭，即爲具體例證。〔註10〕

　　1998 年底，以陳映眞、呂正惠等人爲編委的《人間思想與創作叢刊》（以下簡稱《叢刊》）發行了名爲「台灣鄉土文學・皇民文學的清理與批判」的創刊號。從〈出刊報告〉中，我們得知這本介於雜誌和書籍形式的出版物，是

〔註7〕　邱貴芬，〈翻譯驅動力下的台灣文學生產〉，收於陳建忠等人合著，《台灣小說史論》（台北，麥田，2007 年），頁 242。

〔註8〕　出處同上，頁 242。

〔註9〕　1997 年 6 月至 7 月間的「《認識台灣》教科書風波」是觀察「台獨」如何在政壇與文化界成爲一個可公開辯論的話題。關於這場爭議的過程，可參考王甫昌，〈民族想像、族群意識與歷史——《認識台灣》教科書爭議風波的內容與脈絡分析〉，刊於《台灣史研究》第 8 卷第 2 期，2001 年 12 月，頁 145～207。

〔註10〕　其實在 1970 年代末至 1980 年代中期，台灣文壇就已經歷一場皇民文學論爭，前註所徵引的《光復前「台灣文學全集」》編輯之一鍾肇政的意見，即爲這次論爭的源頭。期間論者主要針對皇民文學、西川滿與楊逵的歷史定位等議題展開討論。關於「第一次」皇民文學論爭的過程，可參考賴婉玲，〈皇民文學論爭研究〉（中央大學中國文學研究所碩士論文，2007 年），頁 48～86。本文將焦點集中在解嚴後的皇民文學論爭，是因爲「第一次」皇民文學論爭中，引發爭議的主要是可否將皇民文學在台灣文學史的書寫中呈現出來、可否對寫作皇民文學的作者加以同情，而非關皇民文學的意義。此外，正如筆者正文所述，此時中國民族主義是主要參考的框架，論者對皇民文學的看法其實沒有太大的區別。因此，當解嚴之後台灣民族主義與中國民族主義逐漸能分庭抗禮時，皇民文學在不同態度與敘事形態中是否有「解構」的可能，應該更值得觀察。

欲針對「戰後民族分斷……反共獨裁下的資本主義發展、在美國制霸的世界
秩序下的『現代化』……和本地資產階級『國家』政權的形成」〔註11〕等現
象做出回應與批判。這些揭櫫理念的詞彙，自然高擎以陳映眞等人爲首的「人
間出版社」對身處帝國主義、資本主義下的弱勢族群一貫的關懷，但除此之
外，我們更發現這種關懷或意識型態如何經由鄉土文學與皇民文學兩造看似
互不相關的題材，開始推演一套文化戰術：一方面再次澄清他們原本所設定
的反帝、反資本主義的鄉土文學理念，針對當下、亦即解嚴後台灣歷史情境
加以解釋；另一方面則試圖將皇民化時期的殖民地記憶，納入反帝、反資本
主義的鄉土文學理念下進行批判與清理，最後得以建構或鞏固（左派而非官
方的）中國民族主義於文化場域中之位置。

　　《叢刊》這套戰術所針對者，其一是反共、親美的國民黨政府，其二則
爲當時以鄉土文學爲契機，展開「台灣文學的『脫中國』性和歷史獨特性」〔註
12〕的台灣意識論者──事實上《叢刊》會以批判皇民文學的論辯姿態問世，
正導因於 1998 年初，張良澤輯譯了 17 篇 1940 年代、他所認爲的「皇民文學」
短作，以「皇民文學作品拾遺」的名稱刊於各大副刊上，更於 2 月的《聯合
報》副刊發表了〈正視台灣文學史上的難題──關於台灣「皇民文學作品拾
遺」〉這篇導言性質的文章。張良澤在這篇文章中，反省自己過去在反共教育
下痛批皇民文學是欠缺「將心比心」、「愛與同情」，而且「不知我自己走上的
道路其實也是他們走過的旅程！」〔註13〕雖然張良澤仍舊視皇民文學爲道德
上的錯誤、沒有替皇民文學翻案之意，但當國民黨政府的反共文藝政策被張
良澤當成反省的觸媒，皇民文學就不只是因爲愛與同情得以再現，而是指桑
罵槐地被賦予了批判（官方）中國民族主義的力道，並開闢出台灣本土意識
的生存空間。

　　張良澤和陳映眞兩人在批判官方的立場上看似相去不遠，但陳映眞「反
反共」的目的來自於意識型態上的左傾、是欲以左派的中國民族主義挑戰國
民黨版本的中國民族主義，自然無法苟同張良澤藏有台灣本土意識的言論，
一場皇民文學論戰也於焉展開。同年 4 月，陳映眞先於《聯合報》副刊發表

〔註11〕人間思想與創作叢刊編輯部，〈出刊報告〉，刊於《人間思想與創作叢刊：清
　　　理與批判》，1998 年 12 月，頁 2。
〔註12〕出處同上，頁 1。
〔註13〕張良澤，〈正視台灣文學史上的難題──關於台灣「皇民文學作品拾遺」〉，刊
　　　於《聯合報》副刊，1998 年 2 月 10 日。

〈精神的荒廢——張良澤皇民文學論的批判〉以爲抗衡，標舉賴和、楊逵等一脈相承的所謂「在作品中表現出磅礴堅強的、對民族和階級壓迫的抗議」〔註14〕之光榮傳統，而以「在集體性歇斯底里中幻想自己從『卑汙』的台灣人蛻化成光榮潔白的『天皇之赤子』」〔註15〕評價皇民文學，本於「民族大義」對張良澤愛與同情的態度加以駁斥。緊接著，年底《叢刊》的創刊特輯再將這篇文章轉載，當成「清理」的先鋒——這當然呈現了陳映眞緊咬張良澤「皇民文學合理論」不放、延長戰線的企圖，但當這篇文章通過「特輯」的後製手法，以批判「美化日帝據台歷史……仇恨、憎恨中國和中國人而必欲將台灣從中國分裂出去的這些理論與行動」〔註16〕的類型歸檔，再與批判「台獨派文論（『本土文學』派）大張旗鼓、偷天換日，劫取鄉土文學論爭的果實而強奸之。」〔註17〕的鄉土文學理念相互縫合，它就不再只是一篇針對性的文章，而是如上文所述，協助建構出一套文化戰術。

　　陳映眞與《叢刊》的戰鬥還沒完。1998年的這場「皇民文學論爭」要直到2003年陳映眞批判日本學者藤井省三之後，才算告一段落。〔註18〕這次引發爭議的，是藤井台灣文學研究專書《台灣文學這一百年》〔註19〕中收錄的

〔註14〕 陳映眞，〈精神的荒廢——張良澤皇民文學論的批判〉，刊於《聯合報》副刊，1998年4月2日～4日。在陳映眞之後，彭歌與馬森也分別發表了〈醒悟吧！回應陳映眞〈精神的荒廢〉一文〉（1998年4月22日）、〈愛國乎？愛族乎？「皇民文學」作者的自我撕裂〉（1998年4月27日）兩篇文章。彭歌雖然對陳映眞「反反共」的態度不以爲然，但他看待皇民文學的立場與陳映眞雷同：「所謂『皇民文學』，是漢奸文學的一支，屬於歷史的渣滓，陳映眞對皇民文學的申討，深得我心。」至於馬森，雖然他提出「民族認同」與「國家認同」不一定有一致的必要，也試著理解走上皇民之路的作家們內心撕裂的痛楚，但馬森仍強調「『皇民文學』作家之認同日本軍國主義卻令人感到他們通過自我輕賤而高攀了大和民族」。由此觀之，雖然陳映眞、彭歌、馬森等人的言論有所差異，但他們同樣對皇民文學持以批判的態度。

〔註15〕 出處同上。

〔註16〕 人間思想與創作叢刊編輯部，〈台灣皇民文學合理論的批判〉，刊於《人間思想與創作叢刊：清理與批判》，頁4。

〔註17〕 人間思想與創作叢刊編輯部，〈鄉土文學論爭二十周年〉，出處同上，頁63。

〔註18〕 期間還包括《叢刊》針對垂水千惠《台灣的日本語文學》（台北，前衛，1998）中分析「皇民文學」的觀點、中島利郎於1998年「近代日本與台灣」研討會中的言論，而於1999年製作的特輯「不許新的台灣總督府『文奉會』復辟」；此外，2000年陳芳明與陳映眞因書寫台灣文學史的史觀而引發爭議，其中兩人對「皇民文學」相左的意見也可視爲「皇民文學論爭」的一支。這場論爭的詳細過程，同樣可參考賴婉玲，〈皇民文學論爭研究〉，頁100～127。

〔註19〕 藤井省三，《台灣文學　　百年》（東京，東方書店，1998年）。

〈「大東亞戰爭」時期的台灣皇民文學──讀書市場的成熟與台灣民族主義〉這篇文章。文中藤井將日治末期、主要是 1937 年之後，視爲台灣讀書市場成熟的時期，而其結果一方面讓原本壽命短暫、發行量普遍不高的文藝雜誌業績大幅成長，促使「台灣文壇」漸成氣候；另一方面則透過日語作品的交流，營造出一個「公共領域」。這個因大東亞戰爭的推進而誕生的台灣文壇或公共領域，當然不可避免地向「文學報國」的皇民文學傾斜，但藤井以爲，台灣人的皇民文學並非純粹宣傳戰鬥意志，而是將台灣人未曾有過的戰爭經驗加以論述化的產物，並在生產與閱讀的過程中意識到主體性，以皇民文學爲核心，開始進行「台灣民族主義」的想像。〔註20〕

在這篇文章中，藤井主要以哈伯瑪斯（Jürgen Habermas）「公共領域」的概念，結合安德森（Benedict Anderson）「民族主義」此一「想像的共同體」如何因印刷資本主義的興盛而誕生的論述，去建構他對台灣日治末期文學史的解釋。藤井甚至進一步將「民族主義」的解釋擴大到他對「台灣文學」的定義上。〔註21〕此處暫且不論藤井引用「公共領域」或「想像的共同體」等概念是否過於粗糙武斷，〔註22〕藤井強調日治時期台灣人如何因爲因應殖民者的統制策略，而誕生了不同於中國民族主義（或無法純粹以中國民族主義收編）的敘事，其實與當時持台灣民族主義的論者大方向是一致的。〔註23〕

〔註20〕 藤井省三著，張季琳譯，《台灣文學這一百年》（台北，麥田，2003 年），頁45～79。

〔註21〕 如藤井省三在〈序──何謂台灣文學〉所言：「無論是日語或北京語，只要該文本（text）是和台灣等身大的共同體意識，或和所謂的台灣民族主義的價值判斷有所關連，就可稱爲台灣文學。而當某文本是用所謂的共同體意識，或民族主義的意識型態來閱讀時，也可將其定位於台灣文學的範疇內。」（出處同上，頁 22）。

〔註22〕 例如藤井忽視了此時台灣「公共領域」的形成與官方因應戰時的統制策略關係密切，而且這個台灣文壇的集結──至少在最初、在張文環等人的《台灣文學》集團成立前──是以日本文人爲主體、是排斥台灣人參與甚至發言的文壇。另一方面，將台灣日治時期「公共領域」或「想像的共同體」之誕生繫年於四○年代，更是無視於台灣於 1930 年代，已存在聯合陣線式的集結，以及因普羅文藝思潮影響，而出現以台灣爲疆界的民族主義敘事等事實。

〔註23〕 如游勝冠《台灣文學本土論的興起與發展》一書中，將台灣文學視爲站在台灣立場、並懷抱台灣本土意識創作的文學，是相對於中國文學、有其自主性的文學，而這種台灣文學本土論正是於日治時期誕生。至於何以台灣會在日治時期發展出相對於中國的自主性？游勝冠的解釋之一與藤井相仿，強調了日語的重要性：「透過日文汲取多樣的養分，一方面勢必使台灣新文學作品呈現與中國新文學不同的風貌，一方面隨著視野擴大，作家是否還願意委屈自

但藤井與台灣民族主義者最大的差異，在於他將敏感的皇民文學，直接指認為「當代」台灣民族主義的血親。

2003年底，陳映真於《叢刊》發表〈警戒第二輪台灣「皇民文學」運動的圖謀——讀藤井省三《百年來的台灣文學》：批評的筆記（一）〉，直指藤井對父祖輩的帝國主義在東亞造成的戕害不但不加以反省，甚至還為漢奸的皇民文學「塗脂抹粉」、企圖將台灣文學從中國文學分裂出去。〔註24〕秉持中國民族意識的陳映真，相較於藤井強調日文、當時的「國語」，如何給予台灣人在公共領域或共同體想像的建構上莫大助益，陳文則不斷提醒讀者，在1937年之前，中國白話文早已承擔起台灣「殊方異語」的知識分子們交換意見、傳播思想的重責大任，而台灣人以中國白話文建構的公共領域或共同體想像，「恰恰是反日、抗日、以復歸祖國為願念的漢族共同體和漢民族主義意識，而不是什麼『台灣民族主義』和『台灣意識』。」〔註25〕陳映真的說法固然指出藤井的盲點，但我們可以發現，陳映真反對的並非藤井使用公共領域或民族主義等概念，陳映真與藤井（或者被陳映真視為為了主張台灣分離運動而「美化」日本殖民者的同路人）之間的對陣，反而呈現了雙方對「台灣近代的民族主義誕生於日治時期」這點看法一致，只是在鑑定這個民族主義想像的疆界或血統時致生齟齬。

總結這場「皇民文學論爭」，大致可有三點發現：首先，在陳映真與《叢刊》「（中國）民族主義」猛烈批判的砲火下，反而幫我們確認了「台灣意識／民族主義」這個認識論的他者之存在、確認這場論爭演繹的，其實是同樣誕生於1970年代本土化浪潮中帶有反官方文化霸權色彩的民族意識，如何逐漸裂變成「中國民族主義」與「台灣民族主義」兩個陣營，進而在解嚴後爭奪文化詮釋權的戲碼；其次，雖然雙方在解釋日治時期台灣的殖民地民族主義究竟是「祖國」的一支、還是孤兒自力奮鬥的成果時擦槍走火，但那是建

己的作品為中國新文學的支流，在日據下與中國隔離的現實中，實在頗值得懷疑。」（游勝冠，《台灣文學本土論的興起與發展》【台北，群學，2009年；原版本為1996年前衛出版，但兩版本行文幾乎無差異】，頁39。）

〔註24〕 陳映真，〈警戒第二輪台灣「皇民文學」運動的圖謀——讀藤井省三《百年來的台灣文學》：批評的筆記（一）〉刊於《人間思想與創作叢刊：告別革命文學？》，2003年12月，頁143～161。陳映真這篇文章發表時，藤井專書的台灣版尚未上市，陳映真是根據原文加以抨擊。也因此藤井得以在台灣版中，附加一篇〈回應陳映真對拙著《台灣文學這一百年》之毀謗中傷〉的文字。

〔註25〕 出處同上，頁149。

立在日治時期「台灣已存在民族主義」的共識上，而且這個「過去的」民族主義必然是「現在的」民族主義的直系父母；最後，「台灣意識／本土意識」的擁護者意圖將皇民文學重新排入台灣文學史，看似讓皇民文學有了新的可能，但其實皇民文學只是得到從中國民族主義的「漢奸」定義中解構的可能、只是被當成解構當代文化霸權或文學典律的策略，它最後的命運仍是以畸形傷痕的型態，成就一部被迫害的悲情台灣史。〔註26〕

第三節　戰後台灣的民族主義敘事之特徵

　　從上節的敘述中，我們得知日治時期的台灣新文學與歷史記憶，分別在1970 年代和 1990 年代受到極大的重視，但理解方式有所差異：1970 年代是將其收編在中國民族主義的敘事中；1990 年代開始，則出現以台灣民族主義的敘事為替代方案。但不論他們想從日治時期尋找中國性還是台灣性，我們皆能將雙方視為江宜樺所謂以「民族主義」的立場，去思考、回答當前國家認同問題的社群。〔註27〕只是這些一再被指稱為（或者自己標舉）以「民族主義」的立場，對日治時期進行敘事的前行研究，究竟擁有什麼樣「民族主

〔註26〕 附加說明兩點：首先，在藤井的論述中，皇民文學算是真的被「翻案」了，但正如前述，藤井與當時持台灣民族主義或台灣意識之論者雖然大方向上看似一致，但藤井的結論根本無法被接受，更不能代表當時台灣文壇對皇民文學的評價；其次，作為本文判斷「皇民文學論爭」的例證，可參考由張良澤指導的研究生王郁雯於「皇民文學論爭」方興未艾之際寫就的論文，〈台灣作家的「皇民文學」（認同文學）之探討——以陳火泉、周金波的小說為研究中心〉（台北，中國文化大學日本研究所碩士論文，1999 年）。這本論文反映了當時以台灣意識反對中國民族主義的大多數論者們共同的意念：以新歷史主義的策略突破文化霸權或既有的文學典律、進而建構台灣本土的歷史或文學觀。而重新對皇民文學進行敘述，其目的之一就是「破除統治者單一敘述的長期印記與外來強勢意識型態的干預」（王郁雯，〈台灣作家的「皇民文學」（認同文學）之探討〉，頁 19）。

〔註27〕 江宜樺針對當時（1998 年）台灣各種「國家認同思考方式」做出分析，除了「民族主義」之外尚有「自由主義」以及各種「激進（基進）主義」的立場。前者強調「憲政制度或公民權利才是決定一個人國家認同選擇的要件」，後者則因為「不滿國家認同被提升至如此重要的地位……統獨皆不能改變邊緣族群被剝削宰制的命運」而發聲。這兩種思考方式和本文欲處理的問題較無相關，故只援用「民族主義」的分類，並非指稱台灣只存在以民族主義這個系統思考國家認同。參見江宜樺，《自由主義、民族主義與國家認同》（台北，揚智，1998 年），頁 137〜188。

義」的特質？或者說，日治時期新文學或歷史記憶在「民族主義敘事」的詮釋下，會以什麼樣的面貌呈現？本節將針對這個問題，試著做出理論性的回答。

（一）民族主義概述

民族主義（Nationalism）是從西方的語境中翻譯過來的詞彙，〔註28〕至今對其本質或定義，學界仍莫衷於是，本文的興趣也非關民族主義「是什麼」的答案，更不是想回顧論述民族主義的學術史，只是希望能從民族主義的種種特徵中，大致整理出可用的架構，用以分析戰後台灣的民族主義敘事。提供指南的是以下三本著作：葛爾納（Ernest Gellner）《國族與國族主義》、霍布斯邦（Eric Hobsbawm）《民族與民族主義》以及安德森《想像的共同體：民族主義的起源與散佈》。

對近年民族主義研究之走向有著重大影響的葛爾納，其論述是從這個經典命題出發的：

> 民族主義基本上是一項政治原則，主張政治與民族的組成單元，兩
> 者必須等同一致……是一套關於政權正當性的理論。〔註29〕

而民族主義何以擁有這種原則，與近代工業社會興起後，需要一套能夠擔負起教授普遍明確且意義分明的溝通系統（標準化的書寫文字、口語）、亦即所謂「高級文化」的教育制度——「通才教育」有關。傳統親族或地方團體這些舊社會的分支，沒有能力與資源去負擔這種形式的教育，只有「近代國家」這個龐大機器能夠予以提供並保護之，這不但造成國家集權的現象，個人更從傳統社群中被吸納進一個與國家、與同質且普遍的高級文化更爲緊密的網絡中。民族主義的年代，就在集權的近代國家興起，並與文化緊密結合的情況下得以實現。〔註30〕因此，對葛爾納來說，「民族」並非像民族主義者宣稱

〔註28〕 在台灣亦有將 Nationalism 譯爲「國族主義」，以強調其與國家體制之間的辯證關係。本文採「民族主義」一詞，是以爲「國族主義」一詞對國家體制的強調，會偏向與國家政策強烈塑造並要求人民效忠、上對下的「官方民族主義」或「愛國主義」之詮釋，而「民族主義」本文以爲較能概括 Nationalism 的整體。

〔註29〕 艾尼斯特·葛爾納著，李金梅、黃俊龍譯，《國族與國族主義》（台北，聯經，2001 年），頁 1～2。

〔註30〕 出處同上，頁 27～51。

的那樣，是既存於歷史或在人心中沉睡、等待喚醒，相反的，民族不過是民族主義運用一些早已存在的舊文化，設計督導一套新的「高級文化」（在過程中還往往把先前存在的文化給消滅），將歷史「新單元」具體化、合理化的產物。葛爾納指出，這種「努力將文化與政體結合在一起，爲文化附加一座政治屋頂，而且還不能有一座以上的屋頂。」〔註31〕的公然集體自我崇拜，其實充滿健忘症，也更可能是種自我欺騙。〔註32〕

後起的霍布斯邦與安德森兩位論者，一方面繼承了葛爾納從西方近代社會的變遷來闡述民族主義的方法，以及對民族主義本質論的質疑；另一方面則修正、擴充葛爾納的意見，而有別開生面之處。霍布斯邦《民族與民族主義》的主要軸心，大量沿用了葛爾納的研究中，如政治與民族的單位全等、「民族」是特定時空下的產物等論述重點，但霍布斯邦並不止於像葛爾納致敬，他也對葛爾納從上而下的現代化觀點談論民族主義之方法論提出了批判，認爲應該帶進「民族」的雙元性、要關照庶民大眾的看法。霍布斯邦最重要的開創性之一，正是在於區別民眾觀點與政府觀點的不同，並去討論民族主義綱領須要借助人民支持、亦即民族主義者大言不慚宣稱他們擁有廣大人民支持的階段時的種種問題。〔註33〕

首先從民眾的觀點來看，霍布斯邦認爲，民族主義運動能夠大規模動員庶民大眾，原因之一就是利用從前既存的情感，召喚人們進行新的想像。這種蓄勢待發要轉化成「民族」的情感，與民族相似卻不等同於民族，可稱之

〔註31〕艾尼斯特·葛爾納著，李金梅、黃俊龍譯，《國族與國族主義》（台北，聯經，2001年），頁59。
〔註32〕葛爾納《國族與國族主義》一書的寫作目的，除了強調民族主義與民族等觀念，是歷史偶然之下的必然產物、是近代的發明之外，他也致力於以權力、教育管道以及文化等這三個因素的排列組合，去建構民族主義的類型學。先從「權力」來看，可分爲掌權者及被統治者——這意味現代社會必然是由中央統籌的社會；而「教育管道」則指接近近代高級文化的管道，可分爲有、無兩種狀況；文化則是指「某個特定社群溝通與行爲的獨特方式」（葛爾納此處的「文化」與「高級文化」不同），可假設爲單一及分歧兩種狀況。在這三個因素的掌權或被統治、有或無、單一或分歧等狀況排列組合下，共可得到八組可能。而在這八組可能中，只有三組會產生民族主義：1、哈布斯堡典型；2、古典自由主義西方類型；3、流亡類型。關於有利或不利民族主義的各類社會情勢的八組可能，以及三種民族主義類型等詳細的描述，參見葛爾納，《國族與國族主義》，出處同上，頁130～150。
〔註33〕艾瑞克·霍布斯邦著，李金梅譯，《民族與民族主義》（台北，麥田，1997年），頁13～17。

為「民族主義原型」（proto-nationalism）。至於「民族主義原型」的內涵是什麼？霍布斯邦以為對這些庶民大眾真正造成影響的，並不是近代民族主義者宣稱的語言或族群特性〔註34〕，而是宗教以及王國／帝國。雖然宗教有時反倒因其普世性而成為抵制民族擴張的力量，但霍布斯邦以為，一旦人民跟某個大型文化產生接合，便能逐漸累積出這個族群的資產，有助於日後民族的形成或組建。而且富宗教性質的「神聖圖像」（holy icons）更是「民族主義原型」的關鍵（如各國的國旗便是一種「神聖圖像」）。至於對某個王國或帝國的認同與歸屬感，則是以「政治民族」（political nation）的「貴族民族主義」為基礎，最終擴展成涵括境內所有居民的「民族主義原型」。但「政治民族」和近代民族的關係還是間接的，認同某個曾經存在的帝國或王國的情感，容易被民族主義運動轉化，但也有可能把舊政權銷毀。總而言之，霍布斯邦認為存在「民族主義原型」的地方，近代民族主義的進展便可較為順利，但民族主義原型與民族主義之間並沒有直接的關聯，單靠民族主義原型是不足以創造出民族性、民族，甚至國家。〔註35〕

　　霍布斯邦接著從政府的觀點來分析民族主義。他對近代國家干涉、介入民眾生活的觀察，基本上與葛爾納大同小異，但除此之外，霍布斯邦特別強調民主化浪潮、近代戰爭等情境如何使得國家必須去面對讓公民效忠、證明

〔註34〕　「語言」本來就是形成文化認同的一個重要元因素，但語言要經過人為建構始具有「民族」的政治力道，母語並不等於民族語言，「民族語言」是從各種不同的通行語言中精鍊出來的，而且還要依賴現代教育體系的傳播擴散，在民族主義盛行或識字率普及之前，語言對一般大眾的重要性並沒有這麼大。因此，霍布斯邦認為人民所說的語言顯然不是直接形塑「民族主義原型」的要素，但仍確實對「民族」的建構有不可抹滅的影響。至於「族群特性」，指的往往是親屬及血緣，似乎可以將其視為「民族原型」，但這種族群特性和民族國家的建立，其實不具直接關聯。「民族」可能是基於對某個「政體」的認同或不認同（如美國），近代的民族主義運動，很少是奠基在強烈的族群意識上，雖然它們在民族運動展開之後，會特別強調種族主義的訴求。但霍布斯邦也不是否定族群或種族對民族主義完全沒有影響，只是在民族主義興起之前，族群特性往往是用來區別社會階級而非辨識不同族群，且帶有負面的味道。總之，除非族群特性能融入到國家的傳統中──像中國，就是將族群認同與政治效忠緊密相連的例證──其對近代民族主義的興起，也只有非常小部分的貢獻。總而言之，霍布斯邦於此是想強調語言和族群特性這兩個因素，並非像民族主義本質論所堅持的那樣重要，就算真的重要，也是人為建構出來的。參見霍布斯邦，《民族與民族主義》，出處同上，頁 69～87。

〔註35〕　出處同上，頁 93～101。

這個國家的合法性，進而順利動員他們的力量等棘手的問題。麻煩的是，舊有的社會紐帶已告鬆弛，要解決問題，國家須要以愛國主義、或者說「官方的民族主義」去建立新的「公民宗教」（civic religion）。過程中如果國家能夠順利把（非官方的）民族主義整合進愛國主義中、亦即成功挪用大眾既有的「民族主義原型」的情感與象徵，民族主義將成為政府最強有力的武器。反之，所有尚未和國家產生認同的民族主義，都必然會釀成政治問題。〔註36〕

　　霍布斯邦的靈感不只受到葛爾納的激發，他對民族主義的認知、尤其將民族定義為「想像的共同體」之處，正是參考了安德森《想像的共同體》一書之概念。從安德森將民族主義視為十八世紀末、自種種歷史力量複雜的交會過程中提煉出來的一種特殊類型的文化人造物來看，他與葛爾納於民族主義的建構性質上，立場是一致的；只是安德森修正葛爾納過於急切地想要針砭民族主義虛偽捏造的態度，將這種文化人造物將其界定為「想像的政治共同體」〔註37〕。此外，相較於葛爾納偏重於以近代國家體制主導的「高級文化」傳播來詮釋，安德森認為因應資本主義社會而誕生的「印刷語言」的出現，才是造就民族意識或民族成為共同體被想像的關鍵。安德森所謂的「印刷語言」並不等於方言／母語，它是一種重新提煉組合之後、可被大量複製並擴散的「標準化」的語言。這種「印刷語言」不但連接了原本無法相互了解的人們，更賦予了語言新的固定性格，有助於在長時間後，塑造出主觀的民族理念（即可追溯的歷時性）。雖然安德森認為「印刷語言」出現替民族意識搭建了舞台，但它和近代民族國家的關係並非必然連續的——要真正出

〔註36〕艾瑞克・霍布斯邦著，李金梅譯，《民族與民族主義》（台北，麥田，1997年），頁111～133。

〔註37〕安德森的「想像」是指對那些沒有打過照面，或日常生活中不須要面對面接觸的人們，以某種特質（可能是宗教、語言等等），去理解彼此間的連結關係。在人類歷史上，不只有民族，各種形式的共同體其實不斷被創造出來。葛爾納特別摘指民族的「想像」方式為虛假，安德森以為他似乎暗示了有真實且比民族更優越的共同體「想像」方式存在（若本質皆想像，何來優劣之分？）。要理解民族主義為何物，並不在於指出「想像」的虛構性，而是將「想像」視為「創造」，才能進一步去辨識民族主義（用什麼樣獨特的方式去創造共同體）的性質。至於這個想像／創造出來的人造物，安德森認為其性質是：1、有限的，不可能沒有邊界，在這個意義上展現了民族主義的排他性；2、有主權的，這與當時西方王朝與宗教崩解有關；3、共同體，一種深刻平等（但也經常忽略內部矛盾）的同志愛。參見班乃迪克・安德森著，吳叡人譯，《想像的共同體：民族主義的起源與散佈》（台北，時報，1999年），頁10～11。

現、或發展出一套看似可遵循的模式與具體型態，還需要其他後續工程（如葛爾納再三強調的近代國家體制）的配合。〔註38〕

《想像的共同體》除了界定民族主義的性質與「印刷語言」之間的關係外，安德森對民族主義發展史的看法也值得我們參考。安德森從民族主義到散播的過程中觀察到，先行的民族主義如何爲後起的有志者繪下可供遵循的藍圖〔註39〕──也就是說，「想像的政治共同體」一旦被創造出來，就會逐漸模式化、進而擁有可被辨識或遵從的原則。對安德森而言，民族主義是可供「盜版」（piracy）的，當它被盜／移植到其他地方去時，我們總是能聆聽到相似但其實已經混進其他雜訊的音軌。安德森「盜版」的說法，一方面以一種迂迴的方式，去附和葛爾納和霍布斯邦對民族主義本質論的疑義，而這也可做爲他們三位學者共同的立場：當代民族主義者對民族的語言或族群特性等這些「本質」一種歷時性、既存性的堅持，其實只是在民族主義發展／盜版的進程中被建構起來的一套人爲標準；而另一方面，「盜版」也正給予本文以西方語境中的民族主義概念，去解釋台灣戰後民族主義的可能性。

（二）台灣戰後民族主義敘事的情節架構：雙重的二元對立

葛爾納在分析古典自由主義西方類型的民族主義時，曾經提及西方和東方的不同：相較於西方已存在一套穩固、身份清楚的（由文藝復興、宗教改革等特定歷史情境塑造的）「高級文化」，能讓掌權者與被統治者攜手建造此一「高級文化」的政治庇護所，東方則尚未擁有一套「高級文化」，而致使其民族主義在發展的過程中，必須花費更多精神處理像是選取哪個低級文化去彩妝成高級文化以降低爭議等問題。〔註40〕由此看來，以西方歷史脈絡對民族主義做出的詮釋，並不全然適用於非西方世界；但安德森也指出，民族主義是可供盜版的，我們總是有辦法在不同時空背景下，指認出民族主義之所以「民族主義」的特徵。因此，借助西方的論述來解釋台灣戰後的「盜版」民族主義並非不可行，只是要注意到台灣的時空背景賦予了「盜版」什麼樣的雜訊。

〔註38〕 班乃迪克・安德森著，吳叡人譯，《想像的共同體：民族主義的起源與散佈》（台北，時報，1999 年），頁 49～56。

〔註39〕 出處同上，頁 90。

〔註40〕 艾尼斯特・葛爾納著，李金梅、黃俊龍譯，《國族與國族主義》，頁 136～139。

回到始於 1998 年的皇民文學論爭，本文已指出論爭雙方的立場大致可以中國／台灣的民族意識差異做出區分、以及這場論爭如何牽涉更龐大的議題：它事實上是收編日治時期歷史記憶工程的插曲；但若再考慮到 1997 年的「《認識台灣》教科書」風波、這場知識分子從原本文化界內部對本土化／台灣現實的關懷與統獨議題，跨足到國家通才教育走向的辯論，台灣 1990 年代後半的氛圍，似乎可以收進葛爾納所謂如何設計督導一套「高級文化」的進程中。只是台灣這套「高級文化」並非像葛爾納所設定的「東、西方差異」——亦即非西方世界的民族主義形成時必然面對「沒有高級文化」的問題——戒嚴時期台灣在官方主導下，可說已事先建構了一套（中國、中華民族的）「高級文化」，但這套「高級文化」以及庇護它的政治屋頂的有效性與權威性，首先在 1970 年代一連串外交挫敗之後不斷被挑戰而漸露疲態；緊接著解嚴後一套尚未定型、協商中的新的「高級文化」更順勢浮上檯面，正式對舊有的「高級文化」展開反制，甚至演變成尋求另一座理想的政治屋頂的企圖——當時官方統治策略逐漸與本土化潮流妥協，無非就是試著修補既有的「高級文化」以謀求政治屋頂不致傾頹的努力，雖然事後看來反而加速了政治生態的轉型。

解嚴後知識分子在國民黨官方的「高級文化」瀕臨破產之際，展開重新建構「高級文化」、尋求理想政治屋頂的企圖，除了象徵知識分子此時對於民族的想像不再是以官方的中國民族主義為參考，更意味著他們必須開始以不同於官方的論述去提煉、動員庶民大眾的「民族主義原型」情感。但不管是中國民族主義或台灣的，他們卻不是像霍布斯邦所言，是從人民對宗教或隸屬於某個政治體制的「民族主義原型」中得到建構民族的靈感。解嚴後的皇民文學論爭告訴我們：台灣歷史中、尤其是日治時期，那些當權者加諸於台灣人身上的苦難，以及台灣人抵抗壓迫的集體記憶，才是解釋當前存在的合理性的不二法門。〔註 41〕而把過去的經驗（一種日常的、中性的符碼）以民族化（nationalize）的方式，或者說做為「民族主義原型」情感提煉、再現，

〔註41〕 就這方面而言，解嚴後的民族主義當然繼承了解嚴前那波在民間蔓延的民族主義潮流（雖然它不得不參照官方的框架、或者說官方當時還有將其吸收並加以利用的餘裕）挖掘台灣歷史記憶的方法與成果，但國民黨政府將台灣日治時期的歷史經驗，縫合到近代中國如何以民族主義治療創傷的框架中的「高級文化」，也多少替此時的民族主義預先培養好了可供提煉的「民族主義原型」，只是提煉後的情感諷刺地將國民黨政府編入施加苦難者的系譜中。

進而製造當前認同的意義，這整個過程演繹的，正為貫串本文的另一個關鍵詞——「敘事」。

筆者所謂的「敘事」，是指近年被社會科學學者重新概念化、做為分析認同和行動的有效工具的「敘事」觀念。蕭阿勤認為：被社會學者重新概念化的「敘事」，雖各家有各家不同定義，但共通點都在於強調陳述事件時的「情節賦予」（emplotment），如何使獨立的個案具有敘事性（narrativity），成為連續故事中的一幕（episode），進而形成具有內在意義的整體。敘事並非簡單地反映現實（或敘事就等於現實），在「情節賦予」的過程中，往往已經對現實做出選擇、重組與簡化；至於「情節賦予」的目的是把述說故事者當前的問題意識、亦即對自己存在意義的反身思考藏在情節中，用故事去回答這些問題並謀求解決之道、藉著說故事將「自我的過去、現在、未來連接在一起，並且將自我與更大的社會與歷史連繫起來，或隱或顯地向他人與自己展現自我利益與行動方向。」〔註42〕

但這種通過將過去的經驗納入敘事並賦予情節的行為，不完全是個人的創造物，個人往往是從更大的參考架構取得個人生命意義的定位、建構自我認同的。那些從過去經驗（日常文化）中被篩選、重新述說的記憶（象徵資源），不只幫助解釋了個人存在的意義，它也更是發展、建構集體認同的主要策略。「集體」必須依靠著記憶的建構，才能逐漸確立其邊界，而在確立邊界的過程中也在不斷建構記憶，兩者是相生相成的——從上文對民族主義的特徵概述中，我們不難察覺它如何汲汲營營於建構集體的普遍性認同，不論是葛爾納所謂設計督導一套新的「高級文化」以為民族性的基礎、霍布斯邦所指出官方的民族主義如何努力開創新的「公民宗教」，抑或安德森對諸多盜版的「想像的共同體」提煉標準化的語言或文化的分析，都意味著對普遍性集體認同的欲望——此即為日治時期的歷史受到台灣解嚴後的民族主義潮流如此重視、反覆辯論的原因之一。只是如果我們同意蕭阿勤所言：「關於『我（們）是誰』等等的集體的塑造，從來與我們對過去的塑造是分不開的；不管是主體性的塑造或過去的塑造，都是受到特定歷史階段與特定政治力量所左右的。」〔註43〕那麼那些被再現出來的日治時期歷史或新文學就不會「只是」

〔註42〕蕭阿勤，《回歸現實——台灣一九七○年代的戰後世代與文化政治變遷》（台北，中央研究院社會學研究所，2008年），頁43。

〔註43〕出處同上，頁200。

日治時期歷史或新文學，而是在「特定歷史階段」與「特定政治力量」影響下創生的一套關於日治時期的「敘事」，它反映的往往是當代民族主義追求普遍性認同的欲望。走筆至此，我們似乎回到前文批判《光復前「臺灣文學全集」》的基礎上，但本文的目的不只於給予戰後台灣的民族主義敘事後設性質理論性的解釋，而想藉此更進一步指出已經成為一種象徵資源、一種「民族主義原型」的日治時期歷史記憶或新文學，實際上是被賦予了什麼樣的「情節」，以及其中可能招致的偏頗。

　　本文認為，戰後台灣的民族主義「敘事」日治時期歷史記憶或新文學之「情節」，或許可用「雙重的二元對立」這個詞彙來概括。首先，第一重的二元對立是指殖民者與被殖民者、或者說侵略與抵抗的二元對立，〔註44〕在這重二元對立中，殖民者與被殖民者這組符碼指涉的只能是一組固定的意義，被殖民者對殖民者的態度更要無時無刻保持警戒，連曖昧也充滿著被（當代的）民族大義譴責的危險；其次，第二重的二元對立，則是以第一重的「殖民者對被殖民者（侵略對抵抗）」的二元對立為基礎，在解釋台灣人抵抗的意識型態歸屬時，裂解出來的「中國對台灣」的二元對立。在這重二元對立中，被殖民的台灣人只能「選擇」認同台灣或中國，不能存在第三種解釋——對主張中國民族意識的人來說，抵抗殖民母國意味著對祖國的相思惆悵，以及與中國五四以來反帝、反封建的現代性民族文化啟蒙，甚至是與八年抗戰相互連接的接著劑；而在堅持將台灣意識獨立出來的擁護者眼裡，抵抗殖民者反映了台灣人在強權更迭的四百年悲情史中，如何發揮堅韌的精神、為著能讓自己當家做主的權力與主體性奮鬥。「雙重的二元對立」賦予的情節很長一段時間影響著日治時期文學史的編寫與文學作品的評點，不管論者持中國民族主義或台灣民族主義，他們分類的方法其實大同小異：勇於在行文中揭發帝國主義真面目的文本或作者該被請入廟堂；反之，即便它的美學藝術成就可能遠高於那些高舉「民族」大旗的作品，也該被清算或打入冷宮。

　　「皇民文學」在「雙重的二元對立」的情節中，當然以對照組、以批判

<hr>

〔註44〕　回顧皇民文學論爭雙方的言詞，我們看到陳映真處處標舉（中國）民族大義、強調殖民者與被殖民者間不可踰越的界線，並對賴和或楊逵等人批判、控訴殖民者惡行的作品大加讚揚，這當然是最好的例證；而秉持著「愛與同情」、欲將皇民文學拉進文學史書寫的張良澤，事實上也採用「殖民者對被殖民者」如此二元對立的視野——若非預設書寫皇民文學的作者，踰越了「被殖民者」的名分，何以需要「愛與同情」將他們包容進來？

或必須施以「愛與同情」的對象被編入敘事，但如同上文所強調：這並不眞的是因爲皇民文學「做錯事」，而是希望抹除皇民文學與其相關議題中危及當代民族主義敘事的成份。也就是說，當陳映眞等人大聲請籲讀者面對「久經擱置、急迫地等候解決、全面性的『戰後的清理』問題」〔註45〕，其目的更接近於將皇民認同安上「異質」的標籤，視爲從當代民族主義敘事中嘔吐出來的一灘病灶、進而加固當代民族主義敘事的神聖性，與皇民文學是否眞的「做錯事」反而無甚關聯。

　　問題就出於此。當我們知道中國民族主義或台灣民族主義是當代台灣獨特時空背景的產物，它們並不像我們「想像」的那樣掛有歷時性的保證；當我們知道民族主義地位的鞏固，往往象徵著許多事物被遺忘；當我們知道敘事並不等於現實，它的「情節賦予」總是反應著解決敘事者當前問題，以及給予當前的存在以合理適切的解釋等特徵，加諸於日治時期歷史記憶與新文學之上的「雙重的二元對立」的框架就必然讓人質疑：爲什麼日治時期的被殖民者要對後世才發展起來的「中國」或「台灣」等觀念做出回應或擔保？當我們暫且將「雙重的二元對立」擱置，是否能夠發掘日治時期新文學的更多樣貌、甚至讓皇民文學得到它原本在「雙重的二元對立」框架下無法企求的評價與時代意義？〔註46〕

〔註45〕人間思想與創作叢刊編輯部，〈出刊報告〉，刊於《人間思想與創作叢刊：清理與批判》，頁2。

〔註46〕附加聲明：筆者並非全然否定戰後的民族主義敘事以「雙重的二元對立」理解日治時期歷史記憶或新文學之功。做爲台灣後殖民的過程，他們在提高台灣當代大眾與學者對日治時期歷史記憶或新文學的興趣、讓台灣文學研究邁向體制化，以及揭開殖民傷痕、嘗試療傷止痛等努力，其貢獻絕對無法一筆勾銷；筆者也非常認同殖民地書寫值得被歌頌的母題之一就是「抵抗」，也承認有些人必須或多或少背負戰爭責任，只是當「抵抗」這個其實能夠多方面廣涉的詞彙──本文以爲「抵抗」並不一定只能涵括像武裝抗日或文化抗日這些在同化時期被標舉出來、明顯地以殖民者爲敵，並幾乎都能訴諸實際行動的策略執行層面；「抵抗」應該更被擴充爲某種殖民狀態下，對殖民者搬弄的不管是成爲現代公民、天皇子民甚至大東亞共榮圈裡的一份子等等這些話語，存在著某種質疑或焦慮的心態，並通過此心態去求索自我身份的建構──逐漸變成不可置疑的（不管是中國還是台灣意識論述下）民族主義想像式的填充物，皇民化時期台灣人的認同掙扎卻將永遠以殖民傷痕的形式殘留在無法被妥善對待的斷簡殘篇中。這不是責難，本文對「雙重的二元對立」提出質疑，反而是從這些前行者療傷止痛的初衷延伸而出的。

第四節　研究方法

　　上節援引民族主義與敘事的概念，除了企圖指出戰後台灣民族主義敘事人爲建構的特性，以及其賦予日治時期歷史記憶與新文學以「雙重的二元對立」之情節中必然存在的偏頗，主要的目的其實是筆者認爲民族主義敘事的概念能夠做爲本文討論皇民文學的依據——這看來有些弔詭，本文不斷強調「民族主義敘事」的偏頗，何以又將其回收？原因在於本文針對的是「戰後台灣的民族主義敘事」之偏頗，而非針對「民族主義敘事」本身做爲一個「概念」或「工具」的偏頗。「概念」或「工具」的「民族主義敘事」，並不只可以之質疑民族主義者理直氣壯的本質論式崇拜，它更應許我們盡可能拉進特定時空背景的重層元素，去指認某個「盜版／移植」的民族主義何以能成立與其特徵爲何。〔註 47〕只是本文使用「民族主義敘事」做爲方法論，似乎反而呈現了本文與戰後民族主義敘事、亦即「雙重的二元對立」這個情節架構，尷尬地共同分享「台灣近代的民族主義誕生於日治時期」，以及其必然是相應於日本殖民主義而誕生的「殖民地民族主義」等概念。因此，本文有必要在本節進一步釐清、擴充具體的研究方法，以呈現與「雙重的二元對立」實際上的差異。

　　如同上節所述，「雙重的二元對立」過於強調「抵抗」的道德正確性，並積極爲「抵抗」搭建（當代的）中國或台灣的政治屋頂，本文則以爲「抵抗」並不一定只是以漢賊不兩立的型態表現，中國意識、台灣意識彼此間衝突的癥結，事實上亦與日治時期的民族主義敘事關係不大。詳細的辯證可先參考下圖：

〔註 47〕近年有關皇民化文學的先行研究，其實早已意識到限制，而試著以「認同文學」或「身份認同」等詞彙去重新解釋皇民文學。對這些研究而言，援引民族主義概念的目的類似本文上節所演示的，是用以質疑「雙重的二元對立」、並破除加諸皇民文學的道德枷鎖，但似乎把「戰後台灣的民族主義敘事」與「民族主義敘事」兩者混爲一談，而在繞開「戰後台灣的民族主義敘事」時，一併繞開「民族主義敘事」。

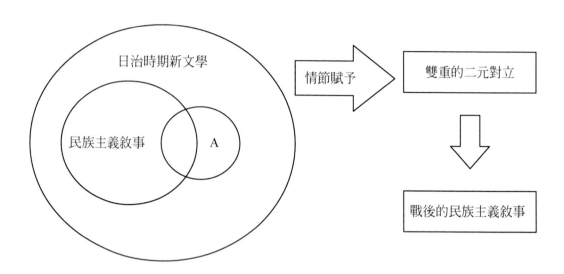

　　圖中自情節賦予的箭頭開始的右半部份，是用以示意日治時期新文學開始被戰後的民族主義當成「象徵資源」的敘事過程。在此過程中，如同上兩節所示，我們看到皇民文學在「雙重的二元對立」解釋下，變成一段無法覓得民族氣節或抵抗等詞彙的「情節」。至於圖中左半部份，則事關本文最初的命題。大圓中標示爲 A 的小圓，可稱之爲「皇民化時期新文學」，在本文的命題中，民族主義敘事是日治時期新文學一個很重要的表現──雖然日治時期的歷史記憶與新文學、甚至直接牽涉認同議題的書寫與言論都不一定能適用民族主義敘事的觀點，但我們必須承認（姑且不論「一致」或「飽和」這種程度認定的問題〔註 48〕）民族主義敘事的確在日治時期知識分子的書寫中占有一定地位──而皇民化時期新文學中的民族主義敘事則無法與其完全切割開來。但這裡衍生出用詞上的問題：本文走筆至此皆是以「皇民文學」爲預設的對象，何以突然跳躍至「皇民化時期新文學」？

　　將皇民文學擴大爲皇民化時期新文學，並非表示皇民化時期新文學除了皇民文學之外無他──這反而是上述台灣戰後的民族主義敘事經常予人的想

〔註 48〕來甚至有學者對日治時期是否存在民族主義提出質疑。如方孝謙以爲此時知識分子的民族想像游移且模糊，更別提一般庶民大眾有什麼集體認同（方孝謙，《殖民地台灣的認同摸索──從善書到小說的敘事分析，1895～1945》（台北，巨流，2008 年），頁 121。）；陳翠蓮則同意日治時期台灣人已有追求自主與尊嚴的「台灣人共同體意識」，但對這種意識是否已經飽和到足以稱爲民族主義持保留看法（陳翠蓮，《台灣人的抵抗與認同，一九二〇～一九五〇》（台北，遠流，2008 年），頁 30）。

像。台灣戰後的民族主義敘事，並沒有傷及無辜地把皇民化時期的新文學全
部納入炮轟的範圍，辨識、褒揚「非」皇民文學與批判皇民文學的工作可說
同時進行著，但為了免除皇民文學危及後殖民式的主體建構，以及「想像的」
殖民者與被殖民者之間的界線模糊化，某種「時空環境差異」——像是皇民
化運動為了動員殖民地的資源協力戰爭、而欲將殖民地組織化和全面日本化
的特殊性與威權性——的詮釋經常被搬出來當成停損點。相較於「雙重的二
元對立」，近年來許多有意識避開民族主義道德式批判之研究者，則不對皇民
化時期知識分子可能的認同轉變事先抱持先入為主的價值判斷，而將轉變視
為歷史運作下的客觀產物，重新提取皇民化時期的各類史料文本，試圖去解
釋是什麼原因造成轉變、再現當時台灣知識分子的處境與選擇。〔註 49〕這些
研究一方面展示了「雙重的二元對立」過於政治正確的瑕疵；另一方面也給
予原本被打入冷宮、遭受曲解的歷史重回公眾記憶的機會。只是在抬高皇民
化時期與前行時代的差異、亦即將 1937 年視為台灣被殖民史一個全面的轉折
這個方法論上，這些研究和「雙重的二元對立」並無多大分別——它們同樣
導致整個皇民化時期與前行時代斷裂開來。原本內部割裂為皇民文學與非皇
民文學的皇民化時期新文學，正因為這種斷裂式的史觀，使其進入線性歷史

〔註49〕比如周婉窈和陳翠蓮兩人的研究成果：周婉窈在討論皇民化運動與戰爭體制
　　　　下殖民地台灣人的歷史經驗時，建議我們以「世代差異」的概念去當作理解
　　　　此時台灣知識分子心靈圖像轉變的敲門磚。周婉窈認為，日本殖民者引進的
　　　　近代教育體制與 1937 年蘆溝橋事變後強力運轉的皇民化運動，是造成「世代
　　　　差異」的主要原因：周婉窈將 1920 到三○年代間度過童年階段的世代稱之為
　　　　「戰爭期世代」，這個世代由於受容傳統書房教育式微、初等教育日趨普及及
　　　　試圖改造台灣人為日本人的皇民化運動等歷史經驗，而擁有與「遺民世代」
　　　　或「乙未新生代」等前行者不同的時代烙印（impression），也因此影響他們
　　　　在政治認同或意識型態上表現出差異。（周婉窈，《海行兮的年代：日本殖民
　　　　統治末期台灣史論文集》（台北，允晨，2003 年），頁 1～13。）
　　　　相較周婉窈偏重於討論殖民者由上而下推行的皇民化運動與殖民地近代教育
　　　　等制度，對台灣知識分子造成的可能影響，另一位同樣沿用「世代差異」概
　　　　念的史家陳翠蓮，則窺探知識分子的日記，藉以考證不同世代在戰時體制下
　　　　的心靈圖像是否有所差異。陳翠蓮選取林獻堂、吳新榮、葉盛吉等三人的日
　　　　記，分別代表老中青三代。在陳翠蓮的努力下，我們看到踩住民族底線而對
　　　　皇民化運動有所抗拒，只在不得已或出於自保的情況下被動應付當局政策的
　　　　林獻堂、意識到無法自外於戰爭，於是順應時勢頻頻參與戰時動員組織活動，
　　　　卻倍感苦悶的吳新榮、以及接受日本殖民者的戰爭修辭，渴望上戰場為天皇
　　　　盡一己之力的青年葉盛吉等這些有所出入、不同世代的所思所為。（陳翠蓮，
　　　　《台灣人的抵抗與認同》，頁 223～279。）

架構時，內部差異就地取消、「皇民文學」如同發炎闌尾的想像吞噬了皇民化時期的新文學，台灣文學更就此踏進黑暗期。

將皇民文學從皇民化時期新文學中拉離，卻又同時以部份指涉全體、以對比更具民族氣節的前行時代，台灣戰後民族主義敘事發起的這場找出誰才是眞正背棄大義的罪人的迷藏，反而因此顯露出自身的矛盾。本文以「皇民化時期新文學」並稱皇民文學與（後世認爲的）非皇民文學，正是鑒於斷裂再斷裂所帶來的混亂與矛盾，而將皇民文學視爲皇民化時期新文學中的民族主義敘事之一環，並進一步展開將其重新置入日治時期新文學民族主義敘事中的工作。這個方法論預期能夠帶來「雙重的黏合」效果：一方面黏合皇民化時期的皇民文學與非皇民文學；另一方面則黏合它們與前行時代的關係——本文認爲，過於強調皇民化時期與前行時代的「時空環境差異」，有可能會忽視台灣皇民化時期的民族主義敘事（包括皇民文學在內的）諸多特色其實是前行時代的積累和延續。也就是說，皇民化時期的新文學與前行時代一樣存在著民族主義敘事，雖然時代背景的不同必然招致敘事的差異，但它的意義無法僅以與前行時代切割的方式、以差異性的討論得證，而是要同時考慮到它事實上是日治時期歷史記憶與新文學的一支、考慮到它因爲時空環境變動而發展出與前行時代看似差異極大的敘事型態時，如何可能延續前行時代的關懷、分享共同的焦慮以及動機——如此同時進行相同與差異的討論方式，正是本文所持的民族主義敘事，除了迴避「命名」的欲望〔註50〕之外，與戰後民族主義敘事的另一個主要區別。

接下來則是比較複雜的部份，亦即如何說明本文與戰後民族主義敘事看似共同分享相應於日本殖民主義而誕生的「殖民地民族主義」概念，但卻能夠衍生出不同操作手法的原因。簡單說來，戰後的民族主義敘事在想像或再

〔註50〕 在此要特別強調，本文使用民族主義敘事作爲研究方法的目的，並不是想要給予皇民化時期新文學中，可以民族主義敘事分析的文本一個確切的「名字」。命名過於急切只會讓觀點失於偏頗——正如本文反覆討論的，戰後民族主義敘事急於收編日治時期民族主義敘事，卻沒注意到「中國」或「台灣」等詞彙或「政治屋頂」，是在敘事的當下才逐漸確立的邊界。日治時期的民族主義想像或敘事，無論如何不可能與戰後共享一模一樣的概念，它不是「中國」或「台灣」的血親，至多只是象徵資源（不管是負面對照抑或正面頌揚）。因此，就本文的立場而言，分析日治時期、主要是皇民化時期的民族主義敘事，其最後的目的並非提出命名、指認這個民族主義敘事究竟欲望哪座屋頂來遮風避雨。

現日本殖民體制之時，是以西方典型的、基於文化血緣等差異建構位階秩序的經濟剝削型殖民體制為參照，而以此強化殖民者與被殖民者之間的對峙氣氛、支撐「雙重的二元對立」的知識權威性。但日本的殖民意識型態果真能全然以西方典型殖民主義的概念來做定義嗎？而如果日本與西方的殖民主義有著本質上的不同，「台灣的殖民地民族主義」應該也無法全然以回應西方殖民主義的「殖民地民族主義」類型來分析。吳叡人在其討論台灣殖民地民族主義的博士論文 *"The Formosan Ideology: Oriental Colonialism and the Rise of Taiwanese Nationalism, 1895～1945"* 中就提醒我們：雖然西方典型殖民主義與殖民地民族主義等相關研究，可以做為台灣殖民地民族主義的借鏡，但須特別注意其中將東、西文化過於簡化地二分、把殖民主義看成西方特有的對東方侵略的模式，而遺漏了日本這個「非西方」的殖民帝國的「歐洲中心主義」的偏差〔註51〕——本文以為，戰後台灣的民族主義敘事中，不斷重述台灣日

〔註51〕　Wu, Rwei-ren. *"The Formosan Ideology: Oriental Colonialism and the Rise of Taiwanese Nationalism, 1895～1945."* Ph.D. diss., The University of Chicago, 2003, p.27～28。吳叡人這裡的「歐洲中心主義」，是用以批評安德森與印度學者查特吉（Partha Chatterjee）討論殖民地民族主義時的疏漏。安德森在描述殖民地民族主義——他所謂的「最後一波」民族主義——的起源時，著重在殖民地民族想像的「特定領土」、也就是其外表形式如何形成。如殖民母國的官方民族主義為了降低殖民地異質性以利統治，以及增加本國人以外的人手協助管理殖民地，而建構了殖民地教育體系、製造出一批「雙語的知識階層」，就是殖民地民族主義的早期發言人。除了「雙語的知識階層」，安德森認為，殖民地的行政邊界如何提供了一個「共同的」特定領土讓被殖民者進行互動、「被束縛的朝聖之旅」如何致使這些雙語知識分子將殖民地的行政疆界轉變為民族的疆界，亦是推動殖民地民族主義的重要作用力（參見安德森著，吳叡人譯，《想像的共同體》，頁125～144。）。安德森的論述多少忽略了非西方的民族主義不但是西方的仿造品，更是對西方的抵抗這個雙面性。非西方的民族主義者或被殖民者受容民族主義的過程，是經過激烈的鬥爭、經由與西方的意識型態對立進行想像，期望在最後建構出「它自己」的民族與文化內涵。

相較於安德森，查特吉則從被殖民者的角度去觀察西方的民族主義概念如何被轉化、挪用，最後成為抵抗官方民族主義的工具。查特吉認為這個過程大致可分為三個階段來觀察：1、啟程／離開期：殖民地的民族主義者接受了西方後啟蒙時代的理性思維，意識到東、西文化本質的不同，以及現代、傳統之間的優劣位階，而引發攀登文明階梯的欲望。但在他們吸收西方現代文明以求富強的同時，卻招來破壞自我傳統的危機。因此，對這些民族主義者而言，如何「離開」西方殖民者的殖民現代性牽制、「啟程」去建構一個西方的物質文明與東方的精神文化的綜合體，是這個階段最重要的問題：2、動員／策略期：啟程／離開期的論述是菁英式的，無法整合不識字的大眾共同抵抗

治時期殖民地民族主義如何理所當然演藝抵抗殖民論述的「雙重的二元對立」架構，正是直覺式地將帝國主義、殖民主義等西方脈絡下的詞彙，附著在十九世紀末至二十世紀前半日本對亞洲鄰近地區的侵略行爲上、掉進「歐洲中心主義」的陷阱，在忽視日本殖民主義獨特性之同時，連帶簡化了台灣殖民地民族主義。而跳脫「歐洲中心主義」、辨明西方典型殖民主義與日本殖民主義的差異，進而在此基礎上重新解釋台灣殖民地民族主義，可說正是本文方法論與戰後民族主義敘事最後、也可能是最關鍵的區別。有鑒於此，本節接下來將繼續以吳叡人的博論爲張本，配合日本學者小熊英二透過研究近代日本統治其鄰近地區（沖繩、愛奴、台灣與朝鮮等地）的相關政策、討論「日本人」的國境界是憑據什麼樣的要素和型態而設定變化的《〈日本人〉の境界》一書，試著將日本殖民意識型態的獨特性予以具體化。

在點出「歐洲中心主義」可能招致的偏差後，吳叡人進一步指出：西方典型殖民主義是基於「差異原則」，而不是以消除地理、文化與種族等等障礙的做法進行殖民統治；但日本的殖民主義在剝削殖民地的同時，卻仍強調地理、文化與種族的相近性，而將殖民地以「差序式吸收（differential incorporation）」的方式編排進一個按等級劃分的「日本民族共同體」中。〔註52〕也就是說，我們經常能在西方典型殖民主義背後發現一套業已成熟的官方民族主義論述發揮支撐的功能，但日本殖民主義卻是由一個正在製造、邊界尚未確定的民族國家所發動，它與日本近代民族主義的建構進程幾乎重疊──日本殖民主義的終極目標並非單純的經濟利益，而是爲了明治維新以降，

殖民。因此到了這個時期，殖民地民族主義者開始詆毀西方現代性、標榜草根文化，積極與大眾進行歷史性的聯合（但只是將大眾納入民族運動中、給他們一張他們看得懂的入場卷，而非將他們置於領導位置）；3、抵達期：當民族運動達成它建立民族國家的目標、亦即將殖民母國置換成自己的民族國家之時，（西方／殖民的）「秩序」的論述本地中產階級延用，以鞏固他們在這個新的民族國家中的領導霸權（參見帕爾塔‧查特吉著，范慕尤、楊曦譯，《民族主義思想與殖民地世界：一種衍生的話語》（南京，譯林，2007年），頁62～66。譯本中各階段的名稱分別爲「分離期」、「策略期」與「完成期」，本文參照原文，將各時期重譯成「啓程／離開期【the moment of departure】」、「動員／策略期【the moment of maneuver】」與「抵達期【the moment of arrival】」。原文參照：Partha Chatterjee, *"Nationalist Thought and the Colonial World: A Derivative Discourse."*Univ Of Minnesota Press, 1993.p.48～52.）。

〔註52〕 Wu, Rwei-ren. *"The Formosan Ideology: Oriental Colonialism and the Rise of Taiwanese Nationalism, 1895～1945.",* p.29～32.

基於避免被西方侵略、邊緣化的民族主義式建國計畫：藉著近代中央集權的國家機器，日本先統一了本州，然後經營北海道、兼併琉球，緊接著取得台灣與庫頁島的主權以打開南北通路、鞏固日本本土國防，最後則是日韓合併。〔註53〕正因爲殖民主義與民族主義齊頭並進，日本並不像西方那些老牌帝國，在一開始就將殖民地「排除」在殖民母國之外、純粹視爲經濟剝削的對象，而是一方面經由漸進式的同化政策（內地延長主義），期盼將殖民地吸納進日本民族國家的位階秩序中；另一方面卻又優化自身已受西方現代化洗禮的文化位階，以鞏固統治地位，形成一套特殊而曖昧的殖民論述。對於日本這種位居於半邊陲位置、以民族主義反抗西方殖民霸權對其邊緣化的同時，將它的東方鄰居邊緣化、民族化的殖民主義，吳叡人發明了「東方式殖民主義」（oriental colonialism）這個詞彙稱之。

「東方式殖民主義」具體而言可歸納出下列三項特色：

1. 以「同文同種」（黃種人、儒家禮教）爲修辭的殖民論述。
2. 以日本已受西方現代化洗禮爲修辭的殖民論述。
3. 在上述兩套用以合理化統治的殖民論述中，將鄰近地區編排進一個在日本官方民族主義的計畫下、按等級劃分的帝國之中。

吳叡人認爲，上述日本的「東方式殖民主義」在台灣導致了兩個主要的政治後果：首先，是貫徹「同化（文化涵括）先於整合（政治涵括）」——亦即要求台灣人在文化上得先當一個好的「日本人」，才能成爲眞正的「日本公民」——而製造出一個特殊的「不完整的日本公民」範疇，長期將被殖民者置放在「制度的閾限（institutional liminality）」、也就是安德森所謂「受阻礙的朝聖之旅」（cramped pilgrimage）〔註54〕之中。這種殖民體制的「排除」形式，不

〔註53〕 Wu, Rwei-ren. "*The Formosan Ideology: Oriental Colonialism and the Rise of Taiwanese Nationalism, 1895～1945.*", p.21～32。

〔註54〕 安德森原本使用這個詞彙作爲第一波民族主義興起的重要原因之一。歐裔海外移民出身的官員，其仕途的頂峰，亦即其所能被派任的最高行政中心，往往只是殖民地的行政首府；但半島人（出身於母國西班牙、葡萄牙）官員卻能夠在殖民地和帝國兩個空間之中移動，而且殖民地的經驗經常成爲半島人官員回返母國就任要職的資本。歐裔海外移民出身的官員被限制在殖民地盤旋移動，此即「受束縛的朝聖之旅」，這個經驗造成歐裔海外移民開始出現宿命、共同體的想像。安德森認爲，歐裔海外移民「受束縛的朝聖之旅」後來也發生在非歐裔的被殖民者身上，只是因爲交通工具的進化、現代化教育的擴散等原因，而使得朝聖規模有所不同。參見安德森著，吳叡人譯，《想像的共同體》，頁65～66、126～127。

但造就了被殖民者的共同命運,更讓這些被殖民的空間高度政治化,爲將來的殖民地民族主義打下領土疆界的想像基礎;其次,雖然日本在東亞稱王,但對西方而言仍是個邊陲。爲了抵抗西方,日本以天皇爲核心的「國體」論與「家族國家」論等新傳統主義(neo-traditionalism),去邊緣化東亞鄰近地區,這致使在日本殖民統治下的知識分子一方面積極、全面地吸收西方知識發展其反對論述,指責日本殖民統治是不完全的現代性,一方面則在藉西方現代意識型態建構自我民族主體時,免去了非獨創的焦慮以及對西方感到憎恨的心理。〔註55〕

若想進一步映證吳叡人的論述,前文所揭之小熊英二討論近代日本對待琉球、愛奴、台灣與朝鮮等帝國領土,何以時而將這些土地上的人民納入「日本人」、時而又劃分爲「非日本人」的專書,《〈日本人〉の境界》,絕對是重要的參考資料。在處理日本經略台灣的部份時,小熊告知讀者:領有台灣前,日本可說完全沒有相應的殖民經驗。因此,是否將台灣本地居民吸收至「日本人」中,以及台灣在日本帝國中的位置等問題,並非一開始就有定論,而是在一片混亂、飽受國內外撻伐的狀況下,逐漸磨合出以「同文同種」爲修辭的「同化台灣」之路線。〔註56〕只是小熊認爲,造成日本官方傾向於「同化台灣」的原因,其實來自於國防需要與對歐美的抵抗意識──西方帝國主義對殖民地的統治,第一個在意的是能不能從殖

〔註55〕 Wu, Rwei-ren. *"The Formosan Ideology: Oriental Colonialism and the Rise of Taiwanese Nationalism, 1895～1945."* p.40～42。台灣的民族主義者試圖脫離的對象不是西方、其所顧慮的也主要不是像典型的西方殖民地如何在「(西方的)殖民現代性」下維持自我的眞實性,而是想要將台灣人吸收到體現它自身「民族的現代性」秩序之中的東方式殖民主義、是想要如何在「(東方的)新傳統主義殖民」下維持創造力或創造的眞實性。因此,台灣不用(至少在一開始)擔心掉入西方殖民現代性的陷阱中,也不必然會有非獨創的焦慮,西方的現代性思潮,反而是台灣被殖民者的盟友。

〔註56〕 小熊英二,《〈日本人〉 境界》(東京,新曜社,2003 年),頁 78～86。最初能夠有系統地提出方針者,首推當時司法省英籍顧問卡庫德(William. Kirkwood)。卡庫德建議日本政府採取間接統治,在抑制統治成本的前提下,主張尊重台灣風俗習慣、大力批判「日本人化」的做法。相較於卡庫德將台灣「排除」在日本之外,建議日本政府不應該將台灣視爲殖民地、而是與內地制度稍有不同的海外領土的原敬,則可視爲倡議將台灣「包攝」進日本之中最具代表性的人物。原敬認爲,台灣與日本地理、人種相近,因此具有成爲大日本帝國「眞正一縣」、成爲日本民族國家統合對象的條件──這也成爲後來日本官方用來解釋「同化台灣」的合理性最常見的說法。

民地獲取經濟利益，但日本這個新興的帝國，和歐美先進國家相比，實力有所差距，被歐美列強入侵的恐懼仍然如影隨形，因此如何促進國防的利益往往影響殖民政策的執行。〔註57〕

　　雖然日本內部的輿論逐漸支持「同化台灣」的概念，但政策具體的執行還是一直徘徊在擴大差異或縮小差異之間，不斷因為現實環境而表現出折衷變化與猶豫不決。比如強調台灣人忠誠心之培養的教育政策，以及授予台灣總督幾近獨裁地位的六三法與三一法，皆呈現出日本一方面欲將台灣編入帝國之中，但另一方面又不願意給予台灣人等同於日本國民的權利與義務的曖昧色彩，也因而造成台灣人「是日本人又不是日本人」的感受。〔註58〕這種曖昧的殖民政策在1919年時任首相的原敬，藉朝鮮三一獨立運動展開殖民地政策改革時，看似出現轉機。出身東北（相較於薩摩、長州、土佐等組建近代日本的核心藩閥，東北人一向處於弱勢邊緣的地位）的原敬，延續他於明治時期的「同文同種」論述，提倡「文明化」同化（給予台灣人同等於日本人的國民權利）的「內地延長主義」，欲將台灣「包攝」進日本帝國之中，並以此抑制藩閥勢力、避免總督府獨裁王國的出現〔註59〕——台灣第一位文官

〔註57〕　小熊英二，《〈日本人〉 境界》（東京，新曜社，2003年），頁83～93。

〔註58〕　出處同上，頁110～146。台灣的教育政策與內地相比不但偏重「修身」和「國語」這兩門科目，而且徵收修業費，修業年限也做了縮減。而台灣的法律，雖然與沖繩和北海道一樣都被排除在日本的法律之外，但沖繩和北海道的法律是由帝國議會制定的特別法，台灣的立法權卻掌握在總督手中，這個狀況雖然違反日本憲法，但卻是既成事實。儘管六三法當初在國會討論的過程中引起激烈的爭辯，但反對六三法的民權派議員，其目的是為了保護憲法以及使議會能夠抵制藩閥勢力，台灣人的人權或台灣的定位，並非主要問題。很多議員和日本的知識分子，於此問題上表達了將台灣納入日本、但卻又不願意給予台灣人相等於日本人的權利之矛盾——「編入日本」和「擁有平等權利和義務」理論上是同時進行的，但能將兩者放在一起思考的人少之又少。

〔註59〕　出處同上，頁241～246。不只台灣，原敬對待朝鮮亦是如此。其於朝鮮推行的改革像是適用內地法、財政國防司法等交由中央監督、教育與內地同一方針、允許內地人與朝鮮人混居及通婚等，都表現了原敬的內地延長主義之特色。原敬的內地延長主義，獲得朝鮮軍以及朝鮮總督（長谷川好道）的支持，但朝鮮軍與朝鮮總督，是因為國防立場而贊同同化論。對他們而言，促進共學或通婚這些同化政策，並不會侵犯軍方或總督的既得權益。只是原敬是強調「文明化」的同化而非移植日本文化，亦即在制度上給予朝鮮人與內地同樣的權利，將朝鮮人視為日本國民，這可能與原敬東北人出身、想要以近代文明打破藩閥的背景有所關聯；但軍方是強調「日本化」的同化，欲將朝鮮人改造成忠誠的天皇子民，是不是「國民」並不在考量之中。

總督田健治郎上任之後在台灣具體推行的種種政策〔註 60〕，即是對原敬「內地延長主義」的應和。只是儘管田健治郎視台灣爲「非」殖民地，打出「一視同仁」、「內台融合」等口號，但「日本化」同化、亦即培養台灣人的忠誠心之優先性，仍然被他排序在政治均等之前；此外，在三一法問題上田健治郎也和原敬背道而馳、堅持台灣總督的立法權。〔註 61〕由此看來，原敬的殖民地政策改革，嚴格說來並無根本上的成效，所謂的「內地延長主義」最後只是變成一塊徒有其表、官方用來抵銷或攏絡被殖民者反抗聲浪的招牌。也許我們可以將原敬的「文明化」同化（國民權利的給予）和軍方、殖民地總督偏好的「日本化」同化（對日本忠誠心的培養）視爲日本同化論述的兩大方向，只是「日本化」同化佔有相對優勢，「文明化」同化基本上是張空頭支票，其微弱的可能性，也隨著原敬的猝逝而消滅；而且小熊認爲，原敬朝向「文明化」同化前進的「內地延長主義」，其實並沒有拒絕「日本化」同化偏好的、以漸進的方式將台灣「包攝」進日本帝國之中的想法。〔註 62〕也就是說，日本的殖民政策看似在 1920 年代之初發生了內部路線之爭，但在「漸進主義」這方面是有所共識的。也正是因爲「同化」與「漸進」兩組詞彙並行，將日本國民資格的認定繫之於遙遠不可知的未來、讓殖民者得以避談具體時程表，最後造成「包攝」與「排除」共存、「是日本人又不是日本人」的狀況成爲台灣被殖民時期的基調。

將以上的資料與吳叡人「東方式殖民主義」概念相互比對，我們可以發現「日本化」同化偏向「同文同種」爲修辭的殖民論述，「文明化」同化即是

〔註 60〕 如創設州、市、街、庄知地方共同團體的特別制度，並分別設置作爲諮詢機關的官派協議會、發出受理內地人與台灣人間婚姻與收養申請的通知、允許內地人與台灣人共學、除親族法等若干例外，內地的民法和商法均適用於台灣人等。

〔註 61〕 小熊英二，《〈日本人〉的境界》，頁 258～259。1921 年原敬和田健治郎相互妥協之下的法三號向議會提出，值得注意的，是在審議過程中台灣原住者的權利變成焦點——這是六三法審議時沒有的現象，也反應大正民主時代對人權的重視：法三號審議論爭中的主要問題，是要採行英國式的殖民地自治還是法國式的同化主義，將統治方針以英、法做爲比喻類型，是明治時期以來的常用方式，但意義卻出現變化。明治時期英國型態意味著間接統治或總督府的自治，法國型態則是同化政策；但大正時期英國型態卻變成設置殖民地議會的原住者的自治，法國型態則變成憲法的實行與參政權等國民權利的獲得。詳見

〔註 62〕 出處同上，頁 253～257。

以日本已受西方現代化洗禮爲修辭的殖民論述；而不管是「日本化」還是「文明化」，都源自於防堵西方列強入侵、進而將鄰近地區編排／「包攝」進建構中的民族國家之中的日本官方民族主義計畫。至於小熊英二所謂「是日本人又不是日本人」、這個因爲以「漸進」／差序式的方式將殖民地「包攝」進日本帝國所造成的結果，其實與吳叡人所謂特殊的「不完整的日本公民」、所謂「制度的閾限」彼此有強烈互文性。因此，至少在小熊英二引述的資料中，我們應該可以確認使用「東方式殖民主義」表現日本殖民意識型態的適切性。〔註63〕而如果我們同意將吳叡人「東方式殖民主義」做爲日本殖民意識型態的模組，那麼台灣殖民地民族主義的研究就可能有了不同以往的出發點——儘管台灣的殖民地民族主義也像其他被西方殖民的弱小民族一樣，表現出企圖重新掌握身份詮釋的渴望，但這種替自我文化尋求政治屋頂（這個屋頂絕不能輕率地以中國性或「台灣一島」的疆界想像來註解）的渴望，卻是在非常親密地（雖然不是主動地）參與了日本民族國家的建構過程中醞釀出來的產物。

　　本文在研究方法方面可說相當倚重吳叡人「東方式殖民主義」的概念，只是對本文而言，「東方式殖民主義」仍然是個不完全的框架。主要的問題出

〔註63〕　有些學者強烈排斥將日本殖民主義視爲特殊的殖民主義。如荊子馨就強調，儘管日本的殖民主義因爲時空環境的不同而必然有其特殊性，但殖民者與被殖民者之間的結構卻是相似的，而且它和全球資本主義與殖民主義的普遍性，更有相互依賴的親密關係。荊子馨指出，日本殖民主義的後進性以及非白種人的種族構成，雖然逼使日本殖民者必須創造一套不同的「地位優越性策略」，以此區隔和嚇阻西方殖民主義，但這套策略同樣是一種爲了確立其殖民統治正當性的「殖民論述」。因此，從「差異說」來理解日本的殖民主義，只會造成隱藏、歪曲或美化日本殖民主義的結果，對後殖民的開展、遺留在被殖民者身上的傷痕反而有害。本文非常贊同荊子馨從殖民結構的類同性上發展後殖民觀點，而且他的分析強而有力地控訴日本殖民論述虛僞的自我美化（比如日本官方總是繞開「殖民」一詞、強調治理台灣甚至東亞鄰近地區是爲了東洋和平）、提示我們在討論日本殖民論述時必須恪守的一個有關「殖民位階」的重點。但一方面將日本殖民主義視爲特殊的殖民主義，並不必然表示丟棄「殖民位階」，而與荊子馨平復殖民傷痕的努力相互衝突，反而有助於呈現台灣人的歷史困境、對日本殖民論述的曖昧性以及其對台灣民族主義的吸引力做出解釋；另一方面，本文以爲荊子馨把日本認定爲一個完整的（儘管沒有進入成熟資本主義階段的）民族國家、進而將「同文同種」等殖民論述單純視做維持殖民結構的功能性修辭，有可能忽略了「同文同種」的源頭正指向一套發展中、欲將鄰近地區編入民族國家中的官方民族主義。詳見荊子馨著，鄭力軒譯，《成爲「日本人」》（台北，麥田，2006年），頁35～52。

在吳叡人顛析「東方式殖民主義」對台灣可能的影響之後，開始回到文本、將台灣殖民地民族主義於 1919 至 1937 這段期間，對台灣民族文化的追求分爲「文化的誕生」〔註64〕（1919～1923）、「文化的破壞」〔註65〕（1923～1929）、「文化的新生」〔註66〕（1930～1937）等三個階段。本文的意見主要有下述兩項：首先，雖然吳叡人的博論副標題爲「Oriental Colonialism and the Rise of Taiwanese Nationalism, 1895～1945」，但事實上他取材的範圍是以 1919 年至 1937 年這段時間爲主。1919 年這個起點，自然是受制於台灣接受近代思潮洗禮的知識分子，要直到 1920 年代前後才臻於成熟；但以 1937 年爲下限，雖

〔註64〕 在這個階段，吳叡人以爲台灣知識分子認知到「保存固有文化」與「創造新文化」這二元結構的重要性。前者爲主體性的防衛，表現在議會設置請願運動的具體訴求中，強調台灣漢民族（而非中國）與日本的差異性，並主張保存台語和漢字；後者則以《台灣青年》等傳媒爲主，主要受日本大正民主思潮影響，引進新康德學派的文化主義與人格主義，以及威爾遜的民族自決論，企圖創造民族的新文化、符合自治或特殊參政權的資格。參閱吳叡人，〈福爾摩沙意識型態──試論日本殖民統治下臺灣民族運動「民族文化」論述的形成（1919～1937）〉，刊於《新史學》第 17 卷 2 期，2006 年 6 月，頁 134～151。（本註腳和以下兩註腳，皆摘要自這篇單篇論文。其內容實爲吳叡人博論之濃縮。）

〔註65〕 在文化誕生階段遺留下來的傳統與現代之間的矛盾問題，因爲中國五四的思潮引進而浮上檯面，知識分子的態度開始從文化主義的溫和啓蒙轉變爲徹底批判。這時期的成果主要有三：一爲以白話文普及智識，使民族運動得以擴大社會基礎；其次爲嚴重動搖舊傳統、舊文化的權威；三則以白話文抵禦日本的日語推廣運動。吳叡人認爲，這時期對台灣舊有文化傳統的批評，讓台灣開始和「舊中國」疏遠，但卻又無法憑藉白話文或中國的新文化論述接近「新中國」，造成台灣「中國意識的危機」。再配合此時工農等群眾運動以及左翼思潮的抬頭，知識分子開始反省中國白話文做爲啓迪民智的適切性，同時思考眞正符合本土現實的文化論述，而逐漸推離現代中國民族主義的進路，開始更爲明確地將「台灣」想像成一個民族。出處同上，頁 151～174。

〔註66〕 這個階段台灣知識分子面對的問題是，掃除偶像之後，如何讓文化新生？可從形式與內容兩個方向來談。就形式而言，是語言民族主義的出現，這主要表現在鄉土文學／台灣話文論戰中；就內容而言則是「民族文化」的想像與「台灣學」的嘗試，即以學術的態度去「發現台灣」、建構台灣的獨特性，主要表現在《福爾摩沙》與《台灣文藝》等刊物上。值得注意的是，吳叡人認爲，雖然台灣文化民族主義在這個時期開始走向成熟，但卻無法忽視日本同化主義強大的影響，使其分化出「以台灣話文爲基礎的純粹語言民族主義」以及「愛爾蘭式（假借日文）的文化混血民族主義」兩個並存的方向。而且當同化的壓力日漸擴大，台灣話文一派就逐漸被邊緣化，假借日文一派則成爲主流。新生的台灣話文尚未充分發展就被迫退卻、成爲防衛固有文化的角色，積極入侵的日語卻搖身一變成爲主體建構的工具。出處同上，頁 174～213。

然可推斷爲台灣進入戰時體制、殖民地民族主義的追求受到新一波衝擊，但似乎也讓「東方式殖民主義」產生了斷裂，使讀者對此觀念能否延續到皇民化時期、眞正突破將皇民化時期割裂出去的「雙重的二元對立」之框架產生疑慮。其次，則是吳叡人徵引的史料或文本，過於集中在被殖民者主體如何回應「東方式殖民主義」的這個層次上。這與本文將殖民地民族主義視爲殖民者與被殖民者雙向互動的結果，以及同時討論殖民者如何據其需求實行政策與被殖民者如何回應的嘗試，有比重上的不同。即便想像殖民地民族主義的主體是被殖民者，但促使被殖民者想像的作用力，主要還是來自於殖民者的影響。吳叡人「東方式殖民主義」之概念與實踐，實爲本文不可或缺的理論張本，只是在接下來的章節延伸使用時，必須以上述兩項意見爲主軸加以充實。

　　總結以上辯證，重新整理本文討論皇民化時期民族主義敘事時之取徑，大致可歸納爲以下三點：

1. 迴避替日治時期台灣的民族主義「命名」的欲望。
2. 皇民化時期新文學中的民族主義敘事儘管因爲不同的時空背景而產生差異，但其中有些部份其實是前行時代積累和延續的成果，無法全然割裂開來，必須同時進行「共同」與「差異」的考察。
3. 台灣的殖民地民族主義敘事是相應於日本殖民主義的產物，但兩者的關係無法全然以既有的西方典型殖民主義研究來套用，而是要置放在「東方式殖民主義」下進行分析。

　　最後本文想透過第二點和第三點，稍微擴充有關「共同」與「差異」的基本命題。從第三點來看，本文研究方法的重心之一在於探討殖民者與被殖民者的互動關係，而這也意味著第二點所謂「共同」與「差異」的命題不應該限於被殖民者。本文以爲，對殖民者而言，即使因爲時空環境而表現出不同的統治技藝與殖民修辭，但日本將台灣包攝進建構中的日本帝國／民族國家的「東方式殖民主義」意識型態應該是以一種屬於殖民者的「共同」課題的姿態貫串整個日治時期。在此邏輯下，我們才能解釋台灣必然相應於「東方式殖民主義」而誕生的殖民地民族主義，如何在統治技藝與殖民修辭的差異以及時代氛圍的不同之狀況下，仍舊表現出對自我身份詮釋、替自己的文化尋找政治屋頂的「共同」欲望。總而言之，本文將依循上述三個重點，從台灣知識分子於不同時空發表的文學、文化論述與作品實踐之中，尋找「共

同」的有關掌握身份詮釋欲望、民族主義式的表現，並將之回扣到日本的殖民意識型態、殖民政策上做一歷史性的研究。

第五節　研究範圍與章節安排

　　接下來對本文研究範圍與取材稍做介紹並解釋。首先，雖然筆者一再強調「皇民化時期新文學」，但這個稱謂過於抽象，因此對研究的具體時間範圍與對象必須進一步說明。首先，「皇民化時期」這個時間單位的定義，雖然大致與上述前行研究雷同、是以 1937 中日戰爭爆發至 1945 年終戰爲準，但若論及「皇民化時期新文學」，則其範圍將會壓縮在 1940 年元月至 1944 年元月。將 1940 年視爲觀察皇民化時期新文學的開端，其原因是遲至 1940 年元月《文藝台灣》創刊爲止，台灣人的新文學活動除了黃得時在《台灣新民報》學藝欄策畫的「新銳中篇小說特輯」之外，幾乎趨於停滯；至於將 1944 年元月當成下限，則是因爲象徵當時台灣近代文壇（包括在台日人與台灣人）尚能擁有自主性的綜合文藝雜誌《台灣文學》與《文藝台灣》這時相繼走入歷史，此後台灣的文學活動由文學奉公會主導，讚揚皇軍與大東亞聖戰的文字壓倒性地攻佔版面，難以判斷此時台灣知識分子的言論究竟是陽奉陰違還是果眞認同官方的戰爭修辭。

　　但正如上一節所示，本文認爲皇民化時期新文學中的民族主義敘事，應該要與前行時代進行比對、理當先行討論前行時代知識分子與「東方式殖民主義」的互動關係。只是鑒於本文主要的皇民化議題，不擬枝節過繁而失焦，因此將取材的範圍大致限於 1927 年台灣文化協會左右分裂，至 1937 年《台灣新文學》與《台灣文藝》先後停刊這段時間，再往前的段落則藉由前行研究的成果加以補充。選取這段時間自有其意義：首先，鄉土文學／台灣話文論戰，以及首次集結台灣文壇的台灣文藝聯盟成立、發行機關誌《台灣文藝》等這些歷史亮點，除了象徵文學活動趨於成熟，也更表現出從政治場域轉進文學場域的知識分子，如何透過文學活動進行界定自我文化疆界、構築「想像的共同體」的氛圍；其次，能夠嫻熟操作日語的作家世代出現，他們與日本不論是語言工具抑或知識體系的親密性，皆有可能影響他們看待自我文化與發展民族主義敘事的方式。

　　關於這個部份，本文還要克服一個問題：此時強力牽引知識分子與作家

者並非民族主義，而是左派的文藝思潮——當時台灣文壇不管是理論介紹、論述進行或作品的主題風格等，都一再表現出左派思想主流的地位，上述鄉土文學／台灣話文論戰更可視爲一場「文藝大眾化」論戰——而強調聯合世界無產階級以抵抗資本主義的思潮，要如何與民族主義敘事產生連接？這是許多將 1930 年代視爲台灣殖民地民族主義興盛期的先行研究沒有深入處理的。因此，當台灣知識分子與作家擁抱階級意識時，如何對殖民地的民族議題與殖民者的官方民族主義做出回應，或者換句話說，左派／普羅文藝的敘事特色如何能夠予台灣殖民地民族主義敘事以參考之架構、又會呈現出什麼樣的特色，將是本文論述重心所在。而這個時期具體的文學表現，本文將從鄉土文學／台灣話文論戰與台灣文藝聯盟成立的意義爲軸，一方面分析楊逵、張深切這兩位執 1930 年代文壇牛耳的知識分子，以及其他有關台灣文學／文化定義與期望之論述；另一方面則從台灣作家受容左翼思潮後，衍生的帶有強烈階級意識的社會寫實風格、以及台灣「鄉土」空間符碼的引用等兩種現象，探討左翼思潮與民族主義敘事的關係。

在討論台灣 1930 年代的民族主義敘事之後，本文將回到皇民化時期，先從「戰爭」此一因素的介入，分析日本「東方式殖民主義」在意識型態與具體的殖民技藝上與前行時代相比有何變與不變。如同上述，皇民化時期的新文學、尤其皇民文學，因戰後民族主義敘事雙重的二元對立，而經常從日治時期新文學史中斷裂出去。即使日後有意圖破戰後民族主義敘事的研究，也大多強調皇民化時期台灣如何因爲殖民者的改弦易轍所造成的「時空環境差異」，而必須與前行時代切割。因此，本文若要重將皇民化時期新文學中的民族主義敘事置回日治時期台灣文學史，必須同時對殖民者的「東方式殖民主義」以及台灣知識分子此時發表的言論文字加以討論。不過除了日本官方的殖民政策與意識型態，皇民化時期在台日本人亦積極介入台灣新文學場域，不但生產諸多作品，更開始建構台灣文學史相關論述，對台灣人知識分子造成極大的影響。他們的出現當然受益於官方政策許多，但我們不能直接將其視爲官方的代言人，在台日本人與官方之間的互動其實有值得商榷之處，他們如何拉扯台灣人知識分子的民族主義敘事更應該重新被討論。不過礙於篇幅與筆者學力所限，本文並不擬對在台日本人做全面性的討論，他們的意見將會置於台灣人爲主體的脈絡下來呈現。

而有關皇民化時期新文學的取材，本文一樣分爲論述與作品兩個部份。

論述方面，將以皇民化時期在台日本人與台灣人彼此爭奪台灣文化的發言權、詮釋權的兩大關鍵事件——台灣文學史的建構與糞寫實主義論戰——爲主；作品方面，則以張文環的鄉土書寫與陳火泉、王昶雄、周金波等人的「皇民文學」爲主。張文環皇民化時期的鄉土書寫，在戰後的民族主義敘事中一向被奉爲經典。以「雙重的二元對立」觀之，鄉土書寫與認同立場搖擺的「皇民文學」的確不相似，但兩者間的連接是否如此簡單可抹殺、鄉土書寫是否全然表現出抵抗官方的姿態，重新回到歷史脈絡與文字中，或許有不一樣的答案。陳火泉的〈道〉和王昶雄的〈奔流〉，算是糞寫實主義論戰的具體成果之一，不管是戰前或戰後的知識分子，皆無異議地認爲兩者足堪代表「皇民文學」，因此本文勢必要針對兩篇作品予以討論。而周金波的帶入，當然是爲了回應本文研究動機中對周金波「登樓」的疑惑。相較於其他被戰後民族主義敘事同樣視爲民族立場傾斜的作家，周金波在戰後很長一段時間，既無人爲其作品辯解，自己也不曾公開迴護或「反省」自己的皇民思想，去世後更選擇歸葬日本——如此一位對日本表現出明顯且持續的認同的知識分子，本文將試圖從他的作品中，一方面探究日本官方的民族主義敘事何以對台灣人有吸引力；另一方面則從中觀察台灣的殖民地民族主義拉扯的痕跡。周金波寫作生涯一直延續到終戰前夕，只是鑒於本文對「皇民化時期」的範圍界定，筆者將以周金波 1941 至 1943 年發表、從〈水癌〉、〈志願兵〉等初出茅廬之作，到〈氣候、信仰和宿疾〉、〈鄉愁〉等作品爲主。

　　基於上述，本論文預定的章節安排如下所示：

第一章　緒論

　　第一節　研究動機

　　第二節　跨世紀的皇民文學論爭

　　第三節　戰後台灣的民族主義敘事之特徵

　　第四節　從「皇民文學」到「皇民化時期新文學」以及「東方式殖民主義」
　　　　　　下的殖民地民族主義

　　第五節　研究範圍與章節安排

第二章　左翼思潮的在地化與 1930 年代台灣的殖民地民族主義敘事

　　第一節　殖民地民族主義敘事迂迴的進路（上）：知識分子思想的遞變

　　第二節　殖民地民族主義敘事迂迴的進路（下）：台灣文藝聯盟及其周邊

　　第三節　1930 年代台灣小說創作中的民族主義敘事

第三章　戰雲密布下的台灣殖民地民族主義敘事

　　第一節　皇民化時期日本的「東方式殖民主義」

　　第二節　楊雲萍、黃得時的台灣文學相關論述與民族主義敘事

　　第三節　張文環小說創作中的「鄉土」與民族主義敘事

第四章　從鄉土書寫到皇民文學

　　第一節　糞寫實主義論戰：美學假面下的政治鬥爭

　　第二節　〈道〉與〈奔流〉：如何成為日本人

　　第三節　周金波與皇民化時期民族主義敘事的總結：鄉關何處

第五章　結論：一則「家」的寓言

　　除去第一章緒論，以下針對其他章節進行方式具體說明：第二章「1930
年代台灣新文學中的民族主義敘事」旨在建構一個可供之後討論皇民化時期
民族主義敘事時的參照座標或比較的基準。在第一節中，將透過文化協會的
分裂與鄉土文學／台灣話文論戰，扼要說明此時知識分子在左翼思維的影響
之下，致使 1920 年代的文化啟蒙工作出現轉變、民族主義不再能包容左翼思
維等現象；第二節則透過台灣文藝聯盟的組成與其同仁發表的相關文字，呈
現台灣的殖民地民族主義敘事在民族與階級兩個論題間糾葛、迂迴前進的現
象，以及其與日本之間曖昧的關係；第三節則針對當時的小說作品，分析其
如何和文化論述一起建構出台灣獨特的「語言——文化」疆界，在反擊殖民
者之同時，回望殖民者對台灣的視線。

　　第三章「戰雲密布下的台灣殖民地民族主義敘事」之第一節，本文將先
藉助柳書琴的碩論〈戰爭與文壇——日據末期台灣的文學活動（1937.7〜
1945.8）〉，重建皇民化時期台灣文壇的發展、破除戰後民族主義敘事對皇民化
時期刻版的「黑暗」想像，其次則透過日本近衛新體制下的地方／外地文化
政策，釐清皇民化時期日本的「東方式殖民主義」與之前同化時期之間的關
係；第二節則以楊雲萍與黃得時的研究文字為主，穿插在台日本人的文化論
述（主要是島田謹二的文學史建構），最後與 1930 年代知識分子的敘事相較
異同；第三節將進入張文環皇民化時期的一系列鄉土書寫，從張文環對待台
灣鄉土、傳統的態度中，追問台灣殖民地的民族主義敘事之演變。

　　第四章「從鄉土書寫到皇民文學」，可能是本文全篇最為重要的部份。本
章第一節是從日治時期台灣文壇最後一次論戰——糞寫實主義論戰——談
起，希望配合之前日本「東方式殖民主義」的諸多討論，藉此找出一向遭受

分割的鄉土書寫與皇民文學之間彼此連接的可能；第二節本文將重新閱讀陳火泉的〈道〉和王昶雄的〈奔流〉，對台灣人思考「如何成爲日本人」的議題展開探索；第三節則集中討論周金波的作品，觀察周金波在日本官方民族主義下被勾起的渴望與焦慮，以及身爲被殖民者的困境，並描述周金波如何標示「回家」的道路。

最後必須對本研究的侷限附加聲明：本論文偏重討論皇民化時期文學表現中的民族主義敘事，難免過分突顯殖民地文學與（不管是被殖民者的還是殖民者的）政治欲望之間的牽絆。雖然日治時期的新文學開筆之際就往自己身上標註了政治標籤，但並不表示文學表現僅能以政治性的方法解讀。近年來許多學者紛紛以「現代性」等相關詞彙介入日治時期文學研究，主要就是因爲政治性的解讀有流於狹隘之弊。雖然筆者對於以「現代性」作爲切入日治時期新文學的方法論之適宜性稍有保留，但本文重以民族主義敘事爲工具，多少受到做爲方法論的「現代性」啓發，而將民族主義敘事當成現代性的一環加以深刻、複雜化，以期能修補戰後民族主義敘事的雙重二元對立。但研究的侷限也就於此突顯出來：儘管本文刻意避開戰後民族主義敘事諸如抵抗、台灣意識或中國意識等政治問題，但本質上還是採用了政治性的框架限制日治時期的文學表現，一方面致使在文本分析時可能將原本政治性並不強烈的作品編排進框架中；另一方面則忽略了如新感覺派、浪漫主義、都會性格、大眾通俗與女性意識等日治時期新文學許多精彩的表演。只是研究不可能面面俱到，日治時期文學研究的侷限或問題往往表示日治時期文學更多值得被挖掘、描述的面容。從質疑戰後民族主義敘事出發，本文的目的其實也是希望能夠開拓新的可能、希望能夠替皇民時期新文學在整個日治時期的位置或意義添加一筆註腳。

第二章　左翼思潮的在地化與 1930 年代台灣的殖民地民族主義敘事

前言

　　1930 年代的台灣新文學，在諸多前行研究中一向被視為日治時期新文學發展一個至為重要的階段，甚至奉為日治時期新文學的「正統」。其原因固然是在政治運動上受到壓制的知識分子轉進文化場域，使得文學的功能倍受重視、文學理論與實踐有了長足的進步，鄉土文學／台灣話文論戰，以及其後如繁花盛開的文學社團與雜誌，更帶來台灣新文學史上頭一次豐碩的收穫；但除此之外也不能否認這個時期台灣知識分子因國際左翼思潮的傳播，開始偏重以寫實主義的手法暴露殖民地社會現況、批判殖民統治的戰鬥姿態，如何給予台灣戰後民族主義敘事「雙重的二元對立」的情節架構取用不盡的象徵資源。〔註 1〕

〔註 1〕　這部分可參見遲秋、呂正惠主編，《台灣新文學思潮史綱》（台北，人間，2002年）以及游勝冠，《台灣文學本土論的興起與發展》（台北，群學，2009年）。前者勉力將中國新文學運動與台灣新文學運動相勾連，塑造兩岸間的文學脈動起伏是一致的印象：於是 1930 年代的台灣文壇的鄉土文學／台灣話文論戰，以及其後普羅文藝的風行，就必然是相應於中國文壇此時意欲突破白話文仍然掌握在少數知識菁英手上的現象而興起的「大眾文、大眾語」論爭、必然是受到魯迅等中國左翼文人的影響。至於游勝冠的著作，雖然在分析 1930年代台灣文壇時，同時拉進中國與日本在台灣形構近代思想上扮演的角色、去討論台灣怎麼在日本與中國之間調適，避開了堅持單一概念可能招致的盲點，但是他以「台灣文學是站在『台灣立場』、懷抱『台灣意識』而創作的文

　　在緒論中，本文援用吳叡人對日治時期台灣殖民地民族主義的一系列討論，以及「東方式殖民主義」的概念，即是用以繞開戰後民族主義「雙重的二元對立」的策略。但本文對吳叡人將 1930 年代的台灣新文學以「文化的新生」來歸檔的做法——它在吳叡人的台灣殖民地民族主義三階段論中，代表經歷「中國意識的危機」後，如何在日本同化主義強大的威脅中，走向修剪、建構與殖民地疆界「等身大」的語言或文化內涵的成熟階段——有些異議。吳叡人雖然注意到左翼思潮的引進和受容，在 1930 年代台灣文化／文學場域的主要活動中扮演了非常重要的角色，但左翼思潮一開始就是被他收編在民族主義的潮流下，以一延續者之姿擔負起 1920 年代「未完成」的使命。單就民族主義與左翼思潮的主客地位而言，吳叡人的解釋似乎和戰後的民族主義敘事主流的認知並無多大不同。本文於此有兩個問題：首先，我們真的能將 1930 年代台灣的知識分子在言談論述中，演繹鮮明左傾色彩的「動機」歸諸於如吳叡人所言，是用以修剪、建構與殖民地疆界「等身大」的語言或文化內涵，以及動員庶民大眾加入民族主義陣營之策略嗎？其次，如果情況並非如此單純，強調世界無產階級聯合的左翼思潮又要如何與殖民地民族主義連接？如同本文於緒論所言：雖然民族主義敘事是日治時期新文學中重要的表現，但並不表示民族主義可以收編所有的美學取向。換言之，我們在討論日治時期新文學中的民族主義敘事時，不但要揚棄「雙重的二元對立」、認識台灣在「東方式殖民主義」下的特殊性，更要考慮到民族主義如何與當代場域中其它思潮彼此互動、影響。本章目的即是希望對上述兩個問題詳加討論，並以此爲基礎進一步分析此時台灣殖民地民族主義的具體特色，以便與本文其後兩章皇民化時期的部份做一比較。

　　本章第一節將從知識分子開始表現出「左傾」徵兆開始談起，從回應「東方式殖民主義」的角度，重新解釋其與 1920 年代以台灣文化協會爲主體的抵殖民運動之間的關係，然後切入台灣話文／鄉土文學論戰這場實則爲左翼知識分子內部爲了辯證如何在台灣實踐「文藝大眾化」而起的論爭，討論左翼思潮在地化的現象，以及其對台灣殖民地民族主義可能的助益與影響。其次，

　　學，強調台灣文學相對於中國文學、外來文學有其自主性，並且有意識地引導台灣文學向台灣這個座標回歸的文學論。」（游勝冠，《台灣文學本土論的興起與發展》【台北，群學，2009 年】，頁 5）之概念，將日治時期台灣新文學視爲當代本土論的起源發軔，仍然有著「雙重的二元對立」之痕跡。

第二節則對台灣文藝聯盟、這個經常被論者視爲具現 1930 年代「共同體想像」的文藝團體如何表現民族主義敘事加以分析。最後，第三節則分兩個部份討論 1930 年代小說創作中的民族主義敘事。第一個部份挑選表現出強烈階級意識、批判資本主義體制的作品，觀察其中與台灣殖民地民族主義可能的連接；第二個部份則以此時作家筆下開始出現的「鄉土」空間爲題——長於使用台灣話文的蔡秋桐與將「鄉土」精緻化、浪漫化的翁鬧，將是主要的分析對象——希望從中探求與民族主義敘事密切相關的「語言——文化」疆界的意義。

第一節　殖民地民族主義敘事迂迴的進路（上）：知識分子思想的遞變

　　台灣引介左翼思想，早在 1920 年代初期就已見諸《台灣青年》、《台灣民報》等刊物上；實踐方面，二林事件、鳳山農民組合以及台灣農民組合成立等代表性的農民運動，也在 1930 年代之前就相繼發生。〔註 2〕上述吳叡人所謂民族主義引渡左翼思潮以爲用的說法，應該較適合套用在這個階段——此時知識分子主要的關懷並非如何替無產階級大眾發聲、而是如同吳叡人所言，受到日本大正民主思潮與中國新文化運動的影響，展開一系列在「創造新文化」與「保存固有文化」之間取捨、溝通甚至相互抨擊的工作，左翼思潮就因此被當成「創造新文化」、或者民族解放的戰略之一引介進台灣。如陳逢源和許乃昌等人，他們援引社會主義的目的並非無產階級革命，而是在尋求其對弱小民族解放的協助。〔註 3〕但當左翼思潮在 1927 年造成原本以民族運動爲共同方向的台灣文化協會左右分裂——左派知識分子連溫卿、王敏川等人掌握文協實權，林獻堂、蔡培火、蔣渭水等元老脫退，另組台灣民眾黨——文化場域的主流似乎就出現了主客逆反的現象。關於文協分裂，許多前行研究者已紛紛替我們提示了它的重要性，〔註 4〕它與文學場域之間的關係也

〔註 2〕　詳見史明，《台灣人四百年史》（蓬島文化公司，1980 年），頁 613～632。

〔註 3〕　這部份可詳見朱惠足，《現代的移植與翻譯——日治時期台灣小說的後殖民思考》（台北，麥田，2009 年），頁 45～52。朱惠足主要是比較陳逢源、許乃昌與佐野學在面對社會主義態度上的不同，進而去論述台灣知識分子如何因爲被殖民者的身份，無法繞開「民族」談論「階級」的現象。

〔註 4〕　像是前文所徵引的文學史論述，不管其意識型態如何，1927 年文化協會分裂都是不可不提的重大事件。如《台灣新文學思潮史綱》就將 1927 年文化協會分裂後到 1937 年，視爲日治時期台灣新文學的成熟階段。此外，葉石濤在《台

正如游勝冠所言：「台灣反抗運動由溫和抗爭漸趨激烈，1927年是關鍵性的一年……反抗運動的質變，對文學運動走向也產生影響，但這種影響要遲至1930年以後才看得出來。」〔註5〕因此，本文想要討論1930年代左翼思潮與民族主義敘事之間的關係，應該要先針對這個事件進一步分析。

（一）1927年台灣文化協會分裂的意義

如果將文化協會分裂的原因，主要歸諸像史明所指出，因爲日本殖民政策的改變、「解除不許台灣人單獨設立『會社』的禁令，進而再允許他們投資金融業……台灣的地主、資本家普遍的與日本企業及日本資本主義發生經濟利益上的互相關聯……從民族解放戰線開始後退甚至逃脫」〔註6〕，就能較爲具體地理解原本將左翼思潮視爲戰略之一（像前已述及，在《台灣民報》上刊載的社會主義相關的文字）、以文協爲運轉中心的「民族」活動，如何因爲原有的外部殖民關係逐漸滑動、模糊，而使得內部資本家／地主對工農無產者的階級矛盾激化、招致分裂的事實──這裡必須強調，「階級」其實本來就是台灣固有的現象，本地的地主與族系資本在日本統治台灣時並沒有被消滅，只是地位不若以往穩固，這也是他們投入「民族」這面大旗下、發起如議會請願等政治社會運動之主要原因。換句話說，台灣後天的（日本統治台灣才帶來的）「民族」問題，自一開始就背負著（固有的）「階級」芒刺，也象徵台灣本地資本家／地主的兩面性：以「民族」去抵抗殖民者利益上的威脅、反對日本的同化政策（事實上仍與殖民者保持往來），但當內部「階級」問題激化，則反過來壓制這種意識。〔註7〕

由此看來，台灣文化協會分裂之前的台灣民族主義敘事的情節架構，並不像戰後民族主義敘事所想像的如此與日本殖民者二元對立。荊子馨在《成爲「日本人」》一書中就提醒我們：由於1920年代台灣議會請願運動及文化啓蒙背後的領導群，其身份既是政治權利受到嚴格限制的被殖民者、卻又同

灣文學史綱》（高雄，文學界雜誌社，1987年）中，雖然將日治時期新文學的「成熟期」界定在1926～1936年（賴和的〈鬥鬧熱〉發表到禁用漢文這段時間），但他同樣將文化協會分裂視爲造成「成熟期」作家風格的時代因素之一。

〔註5〕 游勝冠，《台灣文學本土論的興起與發展》，頁28～29。
〔註6〕 史明，《台灣人四百年史》，頁522～523。
〔註7〕 這部分可參考涂照彥著，李明峻譯，《日本帝國主義下地台灣》（台北，人間，2008年），頁426～432之討論。

時是殖民地經濟的受益者，而造成這項運動表現出既堅持自主的台灣意識，卻又同時肯定這種自主性可以擺在帝國的架構之下、一種「帝國的台灣與台灣人的台灣」平行並存的矛盾訴求〔註8〕──1920 年代台灣主流的政治社會運動，不論其宗旨為廢除台灣人與日本人在政治和法律上的不平等（即將被殖民的主體「包攝」在日本帝國之下）的同化會和六三法撤廢運動，抑或後起的以自治主義（類似「排除」於帝國之外，卻又是非獨立式的殖民地自治〔註9〕）為進路的台灣議會請願運動，其實都沒有否認日本的政治主權。只是對日本「東方式殖民主義」而言，1920 年代這種穩健求取台灣人平等地位的政治社會運動，還是帶來不小的壓力。如同本文緒論所示：「東方式殖民主義」將台灣「包攝」進日本帝國之中的策略，雖然有「日本化」同化與「文明化」同化之爭，但大體上是以「日本化」同化取得優勢（亦即被殖民者要先在文化精神上成為好的「日本人」，才能被視為「日本國民」）、帶有漸進主義的特質。而 1920 年代台灣主流的政治社會運動，儘管承認台灣人是日本國民，但實際上是在策劃一套與日本「東方式殖民主義」無法扣合、能夠保護被殖民者文化主體的「同化」程序／情節：繞開「日本化」、走向「文明化」，把台灣文化以「文明化」的方式多元地和日本結合在一起。〔註10〕

〔註8〕 荊子馨著，鄭力軒譯，《成為「日本人」：殖民地台灣與認同政治》（台北，麥田，2006 年），頁 122～125。

〔註9〕 它處於一個「向日本（既存的國民國家）統一」和「自日本脫離（建設新國民國家）」之間的第三路線。造成 1920 年代台灣政治社會運動從「包攝」擺盪到「排除」的關鍵人物為林呈祿，他在〈六三法問題的歸著點〉這篇文章中指出：撤廢六三法的結果無非等同於承認日本的同化政策，於台灣人謀求平等權利的幫助並無實際效用。有鑑於此，林呈祿在承認日本主權的前題下，開出另一條自治主義的進路。但這與當時日本內部討論的、交由台灣總督府「自治」的版本不同，林呈祿的版本是讓台灣人民自己決定政策的自治主義。林呈祿的意見引起很大迴響，最後更成為台灣議會請願運動理念上的張本。雖然請願運動和先行的同化會、六三法撤廢運動在策略上有著「包攝」和「排除」的差異，但其實都沒有脫離下文所述「繞開『日本化』、走向『文明化』」這個主要特徵。詳見小熊英二，《〈日本人〉境界》（東京，新曜社，2003 年），頁 339～345。

〔註10〕 這部份亦可參考小熊英二《〈日本人〉境界》一書中的史料引證。小熊從《台灣青年》上刊載的文字中發現：台灣的知識分子對於「日本化」與「文明化」這兩個議題的分辨非常敏銳，他們大都主張自己做為一個日本人／國民，就應該要與日本人擁有同樣的權利與法律地位，而且也表現出追求近代文明的強烈企圖心、對自我傳統展開批判，但卻沒有因此贊同「日本化」，反而非常排斥。如蔡培火〈吾人的同化觀〉就在表現出致力追求「文明化」的企圖之

　　因此，日本殖民政策的轉變，說來是一種犧牲部份經濟利益換取政治利益的戰略——藉著「同化」台灣人中的既得利益者，讓他們失去扮演阻撓（官方主流的「日本化」）同化政策的資格。從領導 1920 年代政治社會運動的資本家／地主逐漸無法在自身的階級利益與無產大眾日益嚴重的赤貧狀況之間找到調解點的結果來看，這個戰略的確獲致預期的效果；但與此同時，我們也應該要注意 1920 年代日本經濟長期消頹的作用力如何配合日本官方的戰略，致使台灣內部的階級矛盾愈演愈烈——原本國運蒸蒸日上的日本先是在1923 年碰上關東大地震，政府為重建而大舉外債，經濟狀況開始走下坡；1927爆發昭和金融恐慌，內閣雖採緊縮財政、恢復金本位方針，但卻造成貿易衰退、資本獨占；最後 1929 世界性的經濟大恐慌，更使日本陷入難以掙脫的泥沼。殖民母國遭逢一連串的危機，殖民地台灣自然無法倖免於難。回顧上文史明所謂台灣本地資本家／地主「普遍的與日本企業及日本資本主義發生經濟利益上的互相關聯」之處，除了說明台灣本地資本家／地主的兩面性格，其實也提醒了我們殖民地台灣已經無法與日本切割開來。我們發現自 1920 年代後期至 1930 年代初期，台灣知識分子開始大量使用「碰壁」這個詞彙，比如 1934 年台灣文藝協會的機關誌《先發部隊》之創刊宣言，就以強烈的措詞指出「我們台灣的凡有分野，都已是碰進了極端之壁」〔註 11〕。而「碰壁」所指，無非是台灣銀行金融危機、工廠倒閉、失工的洪水，甚至日本財閥趁台灣瀕臨危機時併吞弱小企業進一步鞏固獨占地位等等〔註 12〕與日本經濟狀況惡化可勘「媲美」的現象。

同時，批判不尊重個性、實則製造人種差異的「日本化」同化。小熊除了進一步將1920 年代台灣的抵殖民運動加以細分，更以同化會總裁板垣退助的言論，將日本與台灣對「同化」議題的認知差異呈現出來：當時以己身之名望擦亮台灣同化會招牌的板垣退助，看似大力支持林獻堂等人「一視同仁」的說法，但事實上板垣並沒有贊同「直接」給予台灣人平等的政治權利。對板垣而言，日本統治台灣是為了抵抗歐美白人、維護東洋的和平，因此日本的殖民政策應該和歐美不同，一方面要大力推行國語和修身教育，另一方面則讓內地人移往台灣促進通婚，以「同化」培養忠誠的天皇子民。這種論調無非複述了日本主流的漸進式「同化」論述——在灌輸「日本化」方面大可「一視同仁」，但政治權利或法律地位等「文明化」的「一視同仁」卻必須延後實行——而與林獻堂等人的期待有所落差。小熊英二《〈日本人〉　境界》，頁323～332。

〔註11〕　〈宣言〉，刊於《先發部隊》創刊號（1934 年 7 月）。
〔註12〕　詳見史明《台灣人四百年史》，頁 378～385。

　　綜括上述，台灣文化協會分裂的主要原因其一爲日本統治技藝的更新，其二則須從歷史環境的作用力來解釋。而文化協會分裂之後，蔡培火、蔣渭水等脫退者成立台灣民眾黨，《台灣民報》也轉移至民眾黨繼續發行，左傾文協則於 1928 年另創週刊《台灣大眾時報》。1928 年，亦是台灣共產黨於上海成立之時。台共創辦了明確標舉「普羅列塔利亞文藝」的機關誌《台灣戰線》，同期稍早也有基於「文藝大眾化」理念、以文藝喚醒無產階級意識的《伍人報》、《洪水報》、《赤道》等左翼刊物陸續出現。我們從《台灣大眾時報》的創刊詞應該可以窺見台灣的左翼思潮如何正式就戰鬥位置：

> 我們台灣也自受了資本主義的侵入以後，由資本家壟斷經濟上一切的利益……我們如果要擁護大眾的利益，不論於政治方面、經濟方面、社會方面，若非由我們大眾本身去抗爭，那是決不可能的呵！
> 我們台灣的解放運動，也以順應了世界的潮流由少數的紳士閥運動，而進展到大眾運動，這固然是可喜的現象了。〔註13〕

這篇創刊詞最重要的意義，除了針對資本主義表現出明確的左翼立場之外，應該就是將前行者（舊文協）推動的解放運動視爲「紳士閥」運動而與「大眾」運動對立起來。再從同年七月，《台灣大眾時報》刊載的黃石輝批判蔡培火〈台灣社會改造之管見〉的文章，像是「挑大肥（大糞）的人夫」對比「翹腳撚嘴鬚」的人道主義者、貧苦人家沒機會上學的聰明子弟對比低能卻一路前進上級學校的公子哥等等字句，〔註14〕那種以「階級」、「大眾」等觀念，在被殖民者內部進行強烈批判，無非是本文上述台灣的社會運動，原本可以外部的「民族」問題包裹內部「階級」問題，卻在此時錯開的具體例證。

　　誠如橫路啓子的觀察：

> 1920 年代初期，台灣的「新」知識分子可說是藉由「文化的」一詞，建構出漢語文化圈。但是，這條疆界線卻受到社會主義的影響，產生重大變化———由民族昇華到階級之基本性質的轉變……在這種「階級」與「民族」的對立下，各個團體均抱持著不同的政治思想，因而衍生政治鬥爭，也將台灣知識分子區隔地更細微。〔註15〕

〔註13〕敏（王敏川），〈創刊詞〉，刊於《台灣大眾時報》創刊號（1928 年 5 月）。

〔註14〕黃石輝，〈「改造」之改造（一）〉，刊於《台灣大眾時報》第九號（1928 年 7 月）。

〔註15〕橫路啓子，《文學的流離與回歸》（台北，聯合文學，2009 年），頁 212〜213。

所謂「由民族昇華到階級之基本性質的轉變」的說法，與游勝冠「他們所對抗的主要是日本的殖民資本主義，以及台灣的土著資產階級與地主，而不再完全是民族對立中的日本」〔註16〕之說相呼應。因此，當1930年代台灣知識分子受容左翼思潮所激發出的批判力，經常指向被殖民者自我內部的矛盾、挑戰前行時代菁英式引領台灣文化向上的思維，他們其後密切地將關懷的目光投注在大眾身上的現象，是否可以完成前行者未竟的民族主義者工作、甚至殖民地民族主義的「策略」來概括，實在值得商榷。

　　總而言之，本文認爲1927年台灣文化協會的分裂象徵著台灣知識分子處理殖民地問題、進行敘事時方法論與目的論上的轉變：台灣日治時期的社會／文化運動伊始，左翼思想只是攀登文明階梯所需的養分之一，而且大體上也是以右派的民主主義或弱小民族自決等觀念爲敘事之參考，發展出一套「解決殖民地的民族問題，就等於同時解決了階級問題（或者說民族問題是此時的當務之急）」的情節架構；但到了1930年代前後，左翼思想受到莫大重視，知識分子（不論其意識型態或左或右）紛紛將「階級」視爲社會／文化運動的工作重點，「民族」問題、或者說原先菁英式的文化啓蒙，以及在民族自決等觀念主導下進行的工作，在批判內部結構的聲浪中，似乎不再能佔有主導地位，原本直指日本「東方式殖民主義」矛盾（亦即強調日本並非「殖民」台灣、台灣是日本憲法下之領地，卻又不給予台灣人等同於日本人／國民之地位的矛盾）、巧妙抽換官方論述，並且嚴肅地拒絕「日本化」同化的台灣殖民地民族主義敘事，也就開始爲左翼路線所替換。至於台灣大量引進左翼思想之後，如何用以處理具體的殖民地問題；以及揚起階級大旗、主流思想主客易位，是否代表「民族」這個觀念在敘事的持續進行中一路走下坡、甚至完全失去作用力？這些問題應該能從1930年展開的鄉土文學／台灣話文論戰、這場因知識分子對左翼思想如何實踐或在地化而起的論爭之中尋得進一步的解答。

（二）鄉土文學／台灣話文論戰

　　1930年黃石輝於《伍人報》發表〈怎樣不提倡鄉土文學〉，揭開鄉土文學／台灣話文論戰的序幕。下引這段文字，幾乎已是日治時期新文學史不得不提的經典之語：

〔註16〕游勝冠，《台灣文學本土論的興起與發展》，頁30。

> 你是台灣人，你頭戴台灣天，腳踏台灣地，眼睛所看到的是台灣的
> 狀況，耳孔所聽見的是台灣的消息，時間所歷的亦是台灣的經驗，
> 嘴裡所說的亦是台灣的語言；所以你的那枝如椽的健筆，生花的彩
> 筆，亦應該去寫台灣的文學了。〔註17〕

單從這段引文來看，當黃石輝一再強調台灣這塊殖民地「行政疆界」特殊的
時空意義、並以共同體式的呼告，要求居住其上的人們生產能夠回應如此特
殊意義的文學，的確很容易讓人將黃石輝的主張與民族主義敘事做出連接。
如果我們暫且承認黃石輝正在進行民族主義敘事，那麼這篇引發論戰的文
字，其後半段左翼色彩強烈、關於破除文藝專屬於菁英的現況等「文藝大眾
化」的主張，自然就會被視為殖民地民族主義邀請大眾入陣支援的具體表現。
但本文以為，這篇文章的情節架構應該是先意識到「大眾」的存在，然後才
引導出「我們」這種共同體想像——黃石輝在這篇文章稍後寫到：「如果要
文藝大眾化去，就不可不以環繞著我們的廣大群集為對象。」〔註18〕這裡的
邏輯應該理解成為了要達成「文藝大眾化」、因為文學的內容必須以勞苦大眾
為主體，用以表現文學的文字也就必然要使用「我們」（台灣）的勞苦大眾都
能理解的文字——這其實是一套左翼思潮如何於台灣在地化的提案，即使「在
地化」往往暗示著將殖民地的行政疆界「民族化」的效果，但黃石輝的立場
並非以「民族」為優先。正如黃石輝早於1928年發表的〈「改造」之改造（二）〉
這篇文章中所示：階級運動不是民族運動，民族運動卻是階級鬥爭的一部份，
階級鬥爭是全體的，而民族運動卻是部份的，主張階級者並不會反對民族運
動，主張民族者卻會反對階級鬥爭。〔註19〕由此可見，黃石輝雖然沒有全然
反動民族運動，但他卻已將「階級」拉高到「民族」之上、成為進行敘事首
要考量的核心價值。

　　這種「階級」取代「民族」的優先性，可說貫串了整個鄉土文學／台灣
話文論戰。關於論戰的過程，可參照以下橫路啓子的分期整理：

1. 初期（1930年8月至1931年12月）：贊同黃石輝的郭秋生與黃純青，
   認為「台灣話文」（台灣話、主要是福佬話的文字化）比起漢文或中國

〔註17〕引自橫路啓子，《文學的流離與回歸》，頁40。

〔註18〕出處同上，頁41。

〔註19〕黃石輝，〈「改造」之改造（二）〉，刊於《台灣大眾時報》第十號（1928年7
　　　　月）。

白話文，較有讓台灣言文不一致的狀況緩解的功效；反對黃石輝的意見，則主要出於廖毓文、林克夫、朱點人等「萬華三勇士」。三人的批判，大致皆以為鄉土文學與台灣話文的概念過於狹隘，無法與中國甚至整個世界接軌，且創設台灣話文，不可能獲得政治力的奧援，中國白話文或日文反而更能治療台灣勞苦大眾的文盲症。

2. 中期（1932 年 1 月至 1932 年 9 月）：支持鄉土文學／台灣話文者以《南音》為基地，以採集民間歌謠等方式實踐台灣話文，並提出創設全島統一機構以利進一步將台灣話文規模化的想法；批判鄉土文學／台灣話文者，則大致與初期的意見一致，其中最為激烈者當屬賴明弘。他抱持濃厚的社會主義立場，認為台灣更該普及世界語而非台灣話文，談普羅階級更不能只談台灣的普羅階級，甚至給《南音》扣上右派反動份子的帽子。影響所及，《南音》與黃石輝開始排除鄉土文學的概念、只針對台灣話文的部份加以迴護。

3. 後期（1932 年 9 月至 1934 年 4 月）：論戰自《南音》停刊後沉寂了一段時日，直到 1933 年 8 月，貂山子發表〈對建設台灣鄉土文學的形式的芻議〉這篇主張以中國的注音符號來建設台灣話文、呈現台灣獨特的鄉土之美的文字後，始重燃戰火。之前批判鄉土文學／台灣話文最力的賴明弘，仍堅持其世界普羅階級的立場，並強調無法擁有自己中央政府的台灣，不可能實現以台灣話文醫治文盲症的夢想；黃石輝與郭秋生則再次復述台灣幾乎沒有任何空隙允許中國白話文發展、中國白話文無法滿足台灣的現況，郭秋生更進一步指出：台灣話文是混雜日語、中國白話文的獨特語言，並稱之為「台灣國語」，可幫助中國國語更加完整；林越峰則以為中國白話文實則和台灣話相近，且能與中國彼此連繫，但以中國白話文創作的文學，大可保留台灣特殊的語境。論戰最後，各家論者並無法取得共識，論戰可說無疾而終。[註20]

從上引述之論戰過程，我們看到由黃石輝帶出的兩個關於左翼思潮在地化的母題——鄉土文學與台灣話文——在論戰進行中，逐漸偏重於台灣話文的往來辯證，鄉土文學的概念並沒有被深入討論，甚至贊成派最後也將鄉土文學排除在外。其中的理由，主要是因為社會主義色彩較為鮮明的知識分子，將鄉土文學解釋（或者誤讀）為右派的反動文學或封建時代遺毒，使得黃石輝

〔註20〕 詳見橫路啓子，《文學的流離與回歸》，頁 40～72。

提出的鄉土文學概念，反而回過頭牽制他左翼色彩強烈的「文藝大眾化」之初衷。《南音》在遭受賴明宏扣上右派反動份子的帽子後，隨即與容易引起爭端、流於鄉土趣味而湮滅左翼戰鬥力的鄉土文學論劃清界線，只迴護雜誌贊同台灣話文的屬性，其實就是間接承認了鄉土文學有著封建反動的潛在性質。由此看來，雖然表面上、或者說方法上，參與論戰的各家論者並沒有取得共識，但從動機而言，他們的敘事中想要解決的問題與最終目的其實是一樣的：如何以「文藝大眾化」破除菁英貴族式的文學傳統，以及如何啓蒙台灣的勞苦大眾、賦予他們知識力量。「大眾」當然是知識分子積極想要延攬的對象，只是在這裡，我們很難肯定知識分子要「大眾」加入的陣營是民族主義的陣營。

不過 1930 年代台灣的知識分子在左翼思潮的影響下，對 1920 年代由舊文協領導的民族運動加以批判、提出以「階級」取代「民族」之優先性，並不斷辯證左翼思潮在地化的方法等種種敘事特色，是否表示「階級」與「民族」之間的關係必然對立？關於這個問題，或許可從左傾意識型態強烈的吳坤煌於 1933 年在《福爾摩沙》上發表的〈台灣的鄉土文學論〉這篇文章來看。吳坤煌在〈台灣的鄉土文學論〉中，抨擊鄉土文學是舊文學培養出來的、不斷反芻過去的反動文學，強調以階級爲主體去建設新文化，才應該是台灣文學最終的目標。在此吳坤煌看似理所當然抬高了「階級」的地位，但我們也注意到他同時指出以無產階級爲主體的文化，並不是靠著全盤否定舊文化、將各民族的差異統一在國際主義之下的方式可以建立的，而是要擷取舊文化的精華、讓各民族在文化上自由競爭，才有在未來誕生的可能。〔註 21〕文章的最後，吳坤煌更引述了史達林的話做結：

> 像我們這樣，相信民族文化在形式和內容上都融合成一個統一的文化，而且擁有一種共通語言的人，在無產階級××（原文檢閱削去）期的現在，卻同時又是鼓吹民族文化之最高發展的人，這也許會令人覺得不可思議。其實沒什麼好奇怪的，爲了創造一個擁有一種共通語言的統一文化的條件，民族文化在發展與進步的同時，也必須有機會顯示它的力量。〔註22〕

〔註 21〕　詳見吳坤煌著，涂翠花譯，〈台灣鄉土文學論〉，原刊《福爾摩沙》第二號（1933 年 12 月），收於黃英哲主編，《日治時期台灣文藝評論集（雜誌篇）·第一冊》（台南，國家台灣文學館籌備處，2006 年），頁 81～82。

〔註 22〕　出處同上，頁 86。

由此可見，雖然在 1930 年代成為知識分子首要之務的「文藝大眾化」時常批判「民族」的狹隘保守，但那主要是針對可能消解「階級」戰鬥性、由資本家／地主領航的「民族」概念，左翼思潮其實非常樂意將進步的民族主義當成盟友、甚至發展民族文化之間的差異，但與民族主義合作、將其置回敘事中的最終目的，是走向國際主義式的無產階級解放。

以吳坤煌的說法回顧鄉土文學／台灣話文論戰，他一方面幫我們合理化了台灣知識分子基於「文藝大眾化」的理想，開始進行民間歌謠的蒐集、往來辯證台灣話文的可能性，以及整理台灣獨特的屯墾移民經驗等等這些左翼思潮在地化的工作；另一方面也隱約將這些在地化工作與民族主義相勾連，表現出提取象徵資源、建構想像邊界，甚至連接被殖民者（無產階級大眾）的「文化──語言」以打造葛爾納所謂「高級文化」的民族主義敘事──當然這種民族主義敘事必須在「階級」的帶領下走向無產階級解放、必須不斷為其身如何能有階級性與戰鬥性辯護──陳培豐曾於〈識字‧書寫‧閱讀與認同〉這篇文章中指出：雖然參與鄉土文學／台灣話文論戰者表面上各自表述、各自堅持中國白話文或台灣話文，甚至日文等書寫策略，實際上他們是以同樣的文體在近代印刷時興的場域中進行對話。〔註 23〕也就是說，在左翼思潮領軍下的鄉土文學／台灣話文論戰，其實暗中指涉一個民族主義的可能，日後象徵本土知識分子「共同體想像」實現的台灣文藝聯盟，更可視為論戰藉鄉土文學以及台語文字化等議題，使台灣文化場域中對文學有興趣的人相互認識、引發思考台灣文學未來的方向所帶來的結果之一。〔註 24〕

除此之外，鄉土文學／台灣話文論戰的核心雖然主要圍繞在「文藝大眾化」與台灣內部的階級矛盾上，但也同時具有民族主義式抵抗日本「東方式殖民主義」之效用──促成鄉土文學／台灣話文論戰的原因，除了知識分子對左翼思潮的認識到達一定程度，也不可忽視日本同化政策的觸角深入民間、導致台灣的主體性產生危機此一歷史事實。上述陳培豐的文章中對此亦

〔註 23〕 所謂「同樣的文體」，陳培豐稱之為「東亞混合式漢文」，是 1930 年代存在於台灣社會一種混雜日文、中國白話文以及台灣話文的文體。這種文體雖然經常被形塑成不同政治立場或文化認同的象徵，但實際上是相互類似、交織重疊的文體。陳培豐，〈識字‧書寫‧閱讀與認同──重新審視 1930 年代鄉土文學論戰的意義〉，收於行政院文化建設委員會編，《台灣文學與跨文化流動──東亞現代中文文學國際學報 3，台灣號》（台北，行政院文化建設委員會，2007 年），頁 109。

〔註 24〕 這部份可參考橫路啟子，《文學的流離與回歸》，頁 255。

已分析得很清楚：1930 年代的台灣知識分子，面臨日本鋪天蓋地的「國語同化」政策（如於社會底層廣設國語傳習所、挪用庶民的歌仔冊爲教化軟體等）所導致普羅階級教化權嚴重流失的問題，鄉土文學／台灣話文論戰便是種爭奪教化權、與帶有殖民性的漢文或日文劃清界線的抵殖民表現。〔註 25〕即使這些知識分子（不管其贊同或反對台灣話文）都意識到，當政治勢力掌握在殖民者手上，要推動以被殖民者爲主體的知識教育體系形同癡人說夢，但當他們同時批判殖民者的「國語同化」帶來的文化貧血症，以及少數菁英專屬的舊文學——或稱其爲「古典漢文學」，台灣的古典漢文和日本是可以相互溝通的，日本統治初期，即是藉由具有支撐「同文同種」論述之色彩的古典漢文，消解台灣知識分子可能的反動——就有了過濾殖民性的力量。

　　綜合以上兩個部份的討論，本文認爲 1930 年代於台灣取得主流地位的左翼思潮，並不能單純視爲 1920 年代「民族」路線的延續。不是「階級」成爲殖民地民族主義邀請大眾入陣的策略，反而是「民族」成爲左翼思潮圖謀發展的盟友——台灣文化協會左右分裂、鄉土文學／台灣話文論戰乃至於台灣文藝聯盟的成立，主要是台灣知識分子受到左翼思潮影響並開始加以在地化的程序，無法單純以一整體性、階段性的民族主義發展史觀來解釋。也就是說，知識分子在思想光譜遞變、情節架構重心挪移的過程中，因爲台灣被殖民的獨特文脈，使得左翼思潮資助了民族主義敘事的發展、或者說民族主義敘事轉進了左翼旗幟之下——在以無產階級解放爲目的的敘事中，我們發現了 1930 年代知識分子民族主義式的、維繫自我主體詮釋權的欲望，仍然在看

〔註 25〕陳培豐，〈識字・書寫・閱讀與認同——重新審視 1930 年代鄉土文學論戰的意義〉，收於行政院文化建設委員會編，《台灣文學與跨文化流動——東亞現代中文文學國際學報 3，台灣號》，頁 90～95。不過本文必須稍加言明：陳培豐在這篇文章中所持的主要意見與本文恰好相反。他以爲論戰與其說是「文藝大眾化」的結果，不如說是種基於台灣知識分子的文化危機感而誕生的言語民族主義——亦即「文藝大眾化」是論戰的現象，不是答案。但本文以爲，陳培豐以「若都持左翼立場，何以意見如此分歧？」爲由，反對「文藝大眾化」做爲論戰雙方共同的出發點有待商榷。一個抱持同樣目標的陣營內部，實踐方法不見得人人皆同，這本是極爲常見的現象，如日本左翼陣營內部，同樣在 1930 年代針對「文藝大眾化」展開交鋒。此外，若依陳培豐的意見，那我們也可反詰：「若都對日本殖民性存在文化危機感，何以意見如此分歧？」總之，本文以爲陳培豐對鄉土文學／台灣話文論戰的民族主義屬性，其分析有獨到之處，但那是置放在本文「階級資助民族發展」的理解下來延用的。

似差異的情節架構裡逡巡不去。至於從 1920 年代末期至 1930 年代初期,開始轉進左翼旗幟下的台灣殖民地民族主義敘事,其後續發展與特色具體而言如何?受到鄉土文學/台灣話文論戰影響、在翼思潮資助下卻又同時具現 1930 年代本土知識分子「共同體想像」的台灣文藝聯盟,其重要性與代表性絕對無法輕忽,可做為接下來討論的對象。

第二節　殖民地民族主義敘事迂迴的進路(下):台灣文藝聯盟

　　台灣文藝聯盟這個繼台灣文化協會之後、由台灣本土知識分子為主體組合成的文藝團體,其誕生的原因除了鄉土文學/台灣話文論戰的作用力,日本殖民政府在這段時間,開始積極壓制有可能對日本官方民族主義造成威脅、無法被收編/同化的反對勢力,亦是主要原因。1931 年,台灣共產黨遭到大檢舉,〔註 26〕台灣民眾黨(雖然成員最初多是從左傾文協脫退的人士,但其後強調階級問題的處理、聯合工農大眾,仍帶有左傾色彩)也被迫解散,台灣人在政治層面的運動,就只剩下台灣地方自治聯盟此一在體制內、在承認日本殖民統治的合法性之下爭取政治自由的團體。殖民者彈壓反對勢力,其結果正如許多前行研究所指出:台灣知識分子因此退守文學場域,促成日治時期台灣新文學一定程度上脫離政治社會運動的牽絆、進入成熟階段。

　　陳芳明即將 1934 年台灣文藝聯盟成立後的日治時期台灣新文學稱之為「聯合陣線時期」,以為「台灣作家已經意識到必須採取聯合陣線的方式,以文學團體形式批判殖民體制。聯合陣線指的是作家暫時拋開意識型態或政治信仰,而以日本殖民者為共同的敵人,進行使命式的文學抗爭。」〔註 27〕不過鑑於前一節的討論,本文以為陳芳明的看法有兩點勘議:首先,台灣的知識分子或作家們這個時期聯合陣線的嘗試,並非在拋棄意識型態或政治信仰的前提上成立的,相反的,他們是「聯合」在左翼的旗幟之下、他們的最大公約數是階級性的;其次,從「批判殖民體制」、「共同的敵人」以及「使命式的文學抗爭」這些詞彙來看,陳芳明似乎與吳叡人等前行研究者有志一同

〔註 26〕 詳見史明,《台灣人四百年史》,頁 599～601。
〔註 27〕 陳芳明,《台灣新文學史》(台北,聯經,2011 年),頁 32。

地將聯合陣線以一種連貫的民族主義史來解讀。讓台灣知識分子的思想光譜產生遞變的左翼思潮儘管的確替民族主義敘事開拓出發展延續的空間，但別忘了在他們敘事的情節中，批判的鋒芒經常指向台灣人自己內部的資本家／封建地主（雖然最後也可能歸結於外部的、日本殖民者「不完全的現代性」的批判），若其背後真有「使命」，也應該是指稱身為左翼知識分子的使命而非民族主義式的使命。

從台灣文藝聯盟的機關誌《台灣文藝》在其創刊號上用以替代創刊詞的〈熱語〉中，應該可進一步驗證此時台灣知識分子放左翼思想跑前頭、再在實踐的過程中釋放民族主義敘事的狀況──〈熱語〉首先對讀者喊道「我們希望把這本雜誌辦到能夠深入識字階級的大眾裡去」〔註 28〕這句復述鄉土文學／台灣話文論戰主要精神的左傾口號，緊接著再奉上「惜乎台灣還未有春秋」〔註 29〕、「看我們的藝術之花在世界心臟上開放吧！」〔註 30〕兩條暗示民族主義敘事之可能的口號──前一條「春秋」所謂，當然是《台灣文藝》希望自己能在亂世之中扮演引領台灣文化向上提升之角色，但「春秋」亦能指稱史書（而且是使亂臣賊子的「邪說」危懼的史書），於是這句口號多少透露出解構殖民者的敘事、護持台灣主體性的企圖；至於後一條抱有發揚「我們」固有的文化資產的口號，則意味著破除被殖民的劣等處境、以與世界各地多樣的民族文化平起平坐。由此看來，表面上毫無編排邏輯的〈熱語〉，其實回應了上一節本文引述的吳坤煌對「階級」與「民族」之看法：在階級解放這個最終目的之下，應允各民族擷取舊文化精華、讓異民族文化彼此平等地自由競爭。

因此，假若我們要將聚集本土作家組成的台灣文藝聯盟，視為「共同體想像」的具體實踐，並從中尋找 1930 年代民族主義敘事的特色，也許還是要先回到「階級」這個議題上來看。

（一）「階級」與「民族」的互動

關於台灣文藝聯盟如何看待「階級」議題，曾經參與台灣農民組合、被譽為「終身信奉社會主義⋯⋯他所從事的社會運動與文學活動無不帶有社會

〔註 28〕 〈熱語〉，刊於《台灣文藝》第一卷第一號（1934 年 11 月），頁 1。
〔註 29〕 出處同上，頁 1。
〔註 30〕 出處同上，頁 1。

主義的性格」〔註31〕的同仁楊逵，應該最具代表性。在文聯與《台灣文藝》
創刊的 1934 年底，楊逵曾發表一篇回顧 1934 年台灣文壇的文字。楊逵雖然
欣喜這一年象徵著台灣文壇正式就戰鬥位置，但仍憂心忡忡地指出當前文壇
主流依舊充斥「資產階級末期的頹廢傾向，其中有許多沒有熱情也沒有進取
精神的作品。」〔註32〕什麼是既無熱情又無以得見進取精神的作品？從隔年 2
月發表的〈文藝時評──藝術是大眾的〉一文，可知悉楊逵是將其定義為「純
文學作家逃避在『桌上文學』這種雕蟲小技中，創作的對象不是讀者，而是
自己的心境……他們都想躲進象牙塔裡。而大眾文學（通俗文學）作家諸君
則是迎合讀者，大要色情、怪誕、不知所云的猴戲或魔術，好像只要贏得笑
容與掌聲就好。兩者都偏離了藝術的本意。」〔註33〕而相較於耽溺在自我世
界中的純文學或投大眾所好的通俗文學，楊逵理想中的文學或藝術應該存在
著「本來就不可能脫離鑑賞者而存在」的精神，而這位「鑑賞者」當然要與
「普遍化」連接起來，進而證成面對大眾的無產階級文學、積極的寫實主義。
〔註34〕1935 年 4 月，楊逵繼續刊出〈文藝批評的標準〉這篇許多論點與〈文
藝時評──藝術是大眾的〉如出一轍的文章，不斷圍繞在「我們在創作時，
一定要以讀者大眾為對象……我們評定作品好壞的標準，在於讀者大眾的反
響。」〔註35〕如此觀念上，既否定文學是為了完成自我、更強調文學創作必
須明白它真正想要傳達情感的對象是無產階級大眾。由這幾篇文章看來，對
楊逵而言，「文藝大眾化」的堅持與強烈的「階級」立場，無非是進行敘事時
不可捐棄的重要情節。但若仔細推敲〈文藝批評的標準〉這篇文章的開頭，
我們卻又察覺事有蹊蹺：

〔註31〕 黃惠禎，《左翼批判精神的鍛接──四○年代楊逵文學與思想的歷史研究》（台
北，秀威資訊，2009 年），頁 27。

〔註32〕 楊逵著，涂翠花譯，〈台灣文壇一九三四年的回顧〉，原刊《台灣文藝》第二
卷第一號（1934 年 12 月），收於黃英哲主編《日治時期台灣文藝評論集（雜
誌篇）‧第一冊》，頁 119。

〔註33〕 楊逵著，涂翠花譯，〈文藝時評──藝術是大眾的〉，原刊《台灣文藝》第二
卷第二號（1935 年 2 月），收於黃英哲主編《日治時期台灣文藝評論集（雜誌
篇）‧第一冊》，頁 133～134。

〔註34〕 出處同上，頁 136。

〔註35〕 楊逵著，增田政廣、彭小妍譯，〈文藝批評的標準〉，原刊《台灣文藝》第二
卷第四號（1935 年 4 月），收於黃英哲主編，《日治時期台灣文藝評論集（雜
誌篇）‧第一冊》，頁 226。

> 文章是一種進化的語言形式，就好像唱片、廣播一樣，目的是把自
> 己的感情、思想或觀念傳達給遠處或後代的人，或者是不能同時共
> 處一地的人。〔註36〕

這種藉由近代印刷語言，連接「不能同時共處一的人」的概念，讓我們想起安德森「共同體想像」形成的條件。當然如同上文引述黃石輝看似民族主義式、實則以左翼思潮為主體的敘事，我們無法把楊逵的「共同體想像」直接視為民族主義式的，因為他召喚的「共同體」是以無產階級大眾為主體、其最終目的也是喚起無產階級團結意識以奪回應有的權益。只是楊逵的無產階級「共同體想像」與台灣被殖民者的主體性之間，並非毫無溝通的可能存在——楊逵於 1937 年《大阪朝日新聞》台灣版發表的〈談藝術之「台灣味」〉中寫到：

> 為了要充分抒發這種芳香或風味，我們台灣作家必須深入探究台灣
> 的語言、習慣、風俗、制度……這當然不限於水牛和查媒間的問題，
> 從台灣特有的自然、生活面（習慣、制度、風俗）到受制於這些條
> 件的台灣式的思考，所有層面的問題都涵括在內。〔註37〕

雖然這篇文章書寫時可能已經受到不同時空環境的拉扯，但當一再強調社會主義路線的楊逵於此標舉「台灣味」，我們還是能觀察到「階級」與「民族」互動的姿態：雖然引介進台灣的「文藝大眾化」或積極戰鬥的寫實風格，一開始並不主要是為了建構台灣主體性、或者延續 1920 年代台灣知識分子未竟的志業，但對作家所處的「現實」加以觀察，必然會產生出屬於台灣的、特殊的左翼文學。在楊逵的敘事中，書寫台灣特殊的無產階級文化當然須以左翼思潮為經緯，但當台灣的左翼文學生產出來、當台灣的無產階級共同體受到召喚之時，其實也連帶確認了台灣特殊的疆界性——就這個層面而言，無產階級文化和民族文化之間並無衝突，這應該是從鄉土文學／台灣話文論戰以來，台灣知識分子的共同體認。

　　另一位在 1930 年代嶄露頭角的作家呂赫若，也曾於《台灣文藝》上發表明顯受到左翼思潮影響的文字。如他批評台灣詩人的作品「都是些無用、無

〔註36〕黃英哲主編，《日治時期台灣文藝評論集（雜誌篇）・第一冊》，頁221。

〔註37〕楊逵，〈談藝術之「台灣味」〉，原刊於《大阪朝日新聞》台灣版（1937 年 2 月 21 日），收於彭小妍主編，《楊逵全集・第九卷：詩文卷（上）》（台北，國立文化資產保存研究中心籌備處，2001 年），頁 476。

法感動他人，個人主義的產物」，指出「如果不能正確地認識那種感情所引發的現實事態，對作者來說，即使那種感情表現不是虛假，而是貨眞價實的東西，從客觀上來看，也類似欺瞞、無聊的感慨。」〔註38〕，並進一步揚棄「只視爲了藝術而藝術的觀念如命」的創作態度、強調「著重現實的觀察……努力留意自己的生活，『從生活中出發』的那些「樸實地執著要從事眞正的文學」的作家，才是值得仿效的。〔註 39〕從「引發感情的現實事態」、「著重現實的觀察」等用語，我們應該可以確認當時文壇大致上承接了鄉土文學／台灣話文論戰以來以寫實美學爲取徑的共同意識，但這種對「現實」加以觀察、「從生活中出發」的共同意識，其實隱喻著被殖民者共同命運（被殖民者的「現實」處境）以及固有的共同文化資產（被殖民者的「現實」日常）的呈現，進而可能連接自我身份的詮釋。

截至目前爲止的討論，我們不難發現：1930 年代左翼思潮對台灣知識分子強大的影響力，使得原本「民族」議題的優先性讓位給了「階級」；但「階級」雖然看似排擠「民族」，但那主要是因爲敘事的最終目的不同。左翼思潮在台灣在地化的過程中，並沒有否定台灣身爲一個「民族」的特殊性，甚至給予了「民族」擴充深化的可能。左翼思潮一開始並非台灣殖民地民族主義的權宜之計，但「民族」和「階級」也非水火不容。因此，當陳芳明把台灣文藝聯盟的主事者張深切，於楊逵發表上述〈文藝時評——藝術是大眾的〉之同一期《台灣文藝》上刊載的〈對台灣新文學路線的一提案〉這篇文章，視爲「民族」立場的代言，而與楊逵的「階級」對立起來，〔註 40〕似乎就有調整的空間。觀諸張深切所謂「如果我們祇意識的偏袒無產階級，那末階級文學終於不能成爲無產階級的文學，甚至恐將反成反動文學。因爲階級文學若祇爲純階級的工具，則容易陷於千篇一律的毛病，若祇爲個人的工具，則容易陷於造作的無稽之談。」〔註 41〕的說法，他的確對無產階級文學強烈的目的性與工具性感到不安，但這並不代表他反對左翼思潮：

〔註38〕 呂赫若著，林至潔譯，〈關於詩的感想〉，原刊《台灣文藝》第三卷第二號（1936年 1 月），收於《呂赫若小說全集（上）》（台北，印刻，2006 年），頁 368～369。

〔註39〕 呂赫若著，林至潔譯，〈兩種空氣〉，原刊《台灣文藝》第三卷第六號（1936年 5 月），收於《呂赫若小說全集（上）》，頁 372。

〔註40〕 詳見陳芳明，《台灣新文學史》，頁 125～127。

〔註41〕 張深切，〈對台灣新文學路線的一提案〉，刊於《台灣文藝》第二卷第二號（1935年 2 月 1 日），頁 85。

> 再反覆一些說，台灣固自有台灣特殊的氣候、風土、生產、經濟、
> 政治、民情、風俗等，我們要把這些事情，深切地以科學的方法研
> 究分析出來……不爲先入爲主的思想所束縛，不爲什麼不純的目的
> 而偏袒，祇爲了貫徹「眞、實」而努力盡心，祇爲審判「善、惡」
> 而研鑽工作，這樣做去，台灣文學自然在於沒有路線之間，而會築
> 出一有正確的路線。〔註42〕

所謂「以科學的方法研究分析出來」、「眞實善惡」的路線等等，未嘗不是標
舉寫實主義的美學觀。我們也看到張深切在另一篇〈《台灣文藝》的使命〉中
表達了「不要祇爲滿足自己的意象而執筆，最要緊的還是要把大眾爲對象，
來完成咱們的啓蒙工作」〔註43〕這種與「文藝大眾化」相呼應的理想、看到
他在文聯佳里支部成立大會上，如何堅持「藝術不可爲藝術而藝術」的立場
與林茂生展開爭辯。〔註44〕這些種種，都能映證張深切受到左翼思潮影響並
爲其辯護的痕跡。

　　最後，也許可以梁明雄對台灣文藝聯盟評價來引出這部份討論的小結：

> 文聯團結了全台灣的作家於一堂，以文學作爲武器，向日本殖民體
> 制展開了密集的批判，也創造了具有鮮明本土認同色彩的台灣鄉土
> 文學作品。〔註45〕

這段強調文聯抵殖民的「民族」特質、並把鄉土文學置於同一個框架之下的
文字，與本文的立場有些出入。首先，台灣文藝聯盟是統合在左翼思潮而非
民族主義的旗幟下，雖然不同的知識分子會表現出不同強度的意識型態，但
從以上的討論可見，「階級」才應該是最初聚合這些知識分子的作用力；其次，
台灣文藝聯盟的確延續了1930年代初期鄉土文學／台灣話文論戰以來對「本
土認同色彩」的興趣，但一方面那目的並非只停留在抵殖民，而是更龐大的
對資本主義經濟生產體系的批判（亦即將台灣特殊的無產階級文化導向國際
無產階級文化）；另一方面，這種由左翼思潮在地化而來的本土認同──亦即
在1930年代初期鄉土文學／台灣話文論戰之中規劃出來、具有過濾日本「東

〔註42〕 張深切，〈對台灣新文學路線的一提案〉，刊於《台灣文藝》第二卷第二號（1935
年2月1日），頁86。

〔註43〕 張深切，〈《台灣文藝》的使命〉，刊於《台灣文藝》第二卷第五號（1935年5
月），頁20。

〔註44〕 詳見梁明雄，《張深切與《台灣文藝》研究》（台北，文經，2002年），頁116。

〔註45〕 出處同上，頁124。

方式殖民主義」的台灣「文化——語言」疆界——延續到台灣文藝聯盟時期，是否真的表現出積極的抵殖民力道？這將是本文接下來討論的主題。

（二）民族主義敘事的困境：「鄉土」的裂痕

台灣文藝聯盟除了糾集島內本土知識分子於一堂之外，東京留學生的匯流亦使其「共同體想像」的代表性、動員力更上層樓，《台灣文藝》積極開放版面給這群東京留學生，更表示他們逐漸成為台灣文壇的主流。因此，當 1935 年 2 月，文聯東京分部召開創立茶會，茶會上的談話內容就非常值得我們注意——它象徵著文壇新一代的中堅分子對台灣未來走向的期許。從刊在《台灣文藝》上的紀錄來看，出席者大致上是針對《台灣文藝》這份雜誌的形式、內容等方向進行意見交流。至於貫串其中的意識型態，基本上也可以與上文「階級」與「民族」互動的說法相互呼應。比如說吳坤煌對《台灣文藝》上刊登的詩作「成為無心的獨白」感到惋惜，並以為這種詩「不能紓解民族悲情和知識分子的鬱結」、好的詩「不可能選擇和社會無關的題材」等等。〔註46〕但引起本文興趣的，是賴貴富的意見。首先，賴貴富提出希望《台灣文藝》能「加入例如犯罪輿論之類大眾有興趣的內容」或者「多多收集有人閱讀的題材」〔註47〕以增加讀者群的意見，但都沒有得到正面的支持或回應；其次，賴貴富以為台灣作家的當務之急是「創造能和日本抗衡的台灣民眾的文藝」〔註48〕，這則獲得了張文環的認同。

關於賴貴富的第一項意見，本文以為反映出不斷強調文藝大眾化、以「階級」觀點進行書寫時（台灣、日本皆然）面臨的理論與實踐之間的困境：叫喊為大眾而寫的知識分子，經常要求文學不可退讓的純粹性質、貶抑無法揚發戰鬥性的通俗文學，但他們預設的大眾讀者，往往喜愛通俗文學勝過純文學。〔註49〕這個議題當然值得進一步發揮，但與本文的主旨較無關，故先予

〔註46〕 顏水龍等著，涂翠花譯，〈台灣文聯東京分部第一次茶會〉，原刊《台灣文藝》第二卷第四號（1935 年 4 月），收於黃英哲主編，《日治時期台灣文藝評論集（雜誌篇）·第一冊》，頁 233。

〔註47〕 出處同上，頁 229～231。

〔註48〕 出處同上，頁 233。

〔註49〕 反對賴貴富意見的賴明宏等人，堅持讓《台灣文藝》保持純文學獨立，但純文學這個辭彙某種程度上就否定（甚至貶抑）通俗性質的存在——在上述楊逵的〈文藝時評——藝術是大眾的〉中，也可找到同樣的立場——但通俗有時反而比純文學更能影響大眾、更貼近大眾。這個時期台灣知識分子不可能

以割愛，將焦點集中在第二項意見，亦即創造和日本抗衡、屬於台灣民眾的文藝這部份。賴貴富抗衡日本的說法，看似表達了殖民者與被殖民者之間基進的的差異性、表達了對自我文化主體能夠做爲抵殖民力量的信心，但若回頭與吳坤煌在座談開始之前，對台灣的文藝逐漸逼近日本文壇水準、以及進攻《文藝春秋》與《改造》據點的現象感到欣慰的開場白〔註 50〕相互對照，其實透露出 1920 年代台灣文化協會攀登文明階梯、提升台灣文化向上以與世界等高的敘事情節出現轉折──在這群海外（東京）知識分子之間，如何於日本（中央文壇）內部尋找一個「位置」，正式成爲議題。

　　從文聯東京支部的另一次座談會、載於《台灣文藝》第三卷第七、八號合刊的〈台灣文學當前諸問題──文聯東京支部座談會〉之紀錄，可看到「如何打進日本中央文壇」一事持續受到留日知識分子的關注。在這次座談會中，寫作能夠呈現台灣「殖民地特色」的鄉土文學是與會者的共識，但關於以什麼樣的文字去表現的問題，卻引起各家爭議。有趣的是，我們發現如何使用日文做爲傳達台灣特殊語境的方案，取代了鄉土文學／台灣話文論戰中中國白話與台灣話文兩派的爭執。如翁鬧、張文環、賴貴富等人，以「大廳」這個台灣固有詞彙爲例，往來辯證是要直接使用日文「廳間」抑或在「大廳」旁以假名標注「ひろま」。〔註51〕以留日知識分子爲主體的文聯東京支部，反覆思量如何以日文傳達台灣特色，當然自有其歷史世代與地緣關係可解釋。郭一舟在這次座談會中，對方言文學提出強烈的期待，這固然象徵著母語的使用，仍然對欲求掌握身份詮釋的知識分子有莫大的吸引力，但此時日文與非日文（不管中國白話還是台灣話文）之間勢力的消長，以及新一代知識分子對日文書寫出現焦慮，卻是無法否認的現象。

　　而這個現象，本文以爲正表現出台灣的殖民地民族主義敘事遭遇的困境

　　　　對這個觀念一無所知，從他們積極尋覓能夠突破精英階級專屬的文字、搜羅
　　　　民間故事與歌謠等等企圖，就能理解他們對大眾文化的重視。但當視野轉移
　　　　至文學領域，就呈現了理論與實際情況之間的距離。

〔註 50〕顏水龍等著，涂翠花譯，〈台灣文聯東京分部第一次茶會〉，原刊《台灣文藝》
　　　　第二卷第四號（1935 年 4 月），收於黃英哲主編《日治時期台灣文藝評論集（雜
　　　　誌篇）‧第一冊》，頁 228～229。

〔註 51〕詳見莊天祿等著，陳藻香譯，〈台灣文學當前諸問題──文聯東京支部座談
　　　　會〉，原刊《臺灣文藝》第三卷第七、八號合刊（1936 年 8 月），收於陳藻香、
　　　　許俊雅編，《翁鬧作品選集》（彰化，彰化縣立文化中心，1997 年），頁 221～
　　　　236。

──如同上一節所述，鄉土文學／台灣話文論戰過程中，在左翼思潮導引下，知識分子試圖使用殖民者無法理解的中國白話文（或者說被台灣內化的中國白話文）或台灣話文書寫台灣特殊的大眾文藝，進而規劃出民族主義式的台灣「文化──語言」疆界；但當文聯東京支部開始討論如何將台灣殖民地的特色、將自我固有的文化材料做爲打進中央文壇的資源（而且還是使用殖民者的語言文字），並對內地讀者是否能夠了解念茲在茲、企圖向內地「翻譯」甚至「解釋」這種殖民地文化，台灣「語言──文化」的疆界，其可能具有的抵殖民性就被轉化了。但這種面對日本這個大他者時，自我轉化「語言──文化」疆界的民族主義敘事困境，並非俟及這群留學日本的知識分子逐漸成爲台灣文壇的中堅才出現的。

在左翼思潮資助下的民族主義敘事，即便將台灣無產大眾與鄉土抬舉爲主體、在鄉土文學／台灣話文論戰中往來辯證何種語言文字才能擔任此種文化的載體，但台灣知識分子這股熱情，其實仍然參雜了日本官方與台灣總督府的影響。如1927年，與台灣總督府關係密切的《台灣日日新報》舉辦了「台灣八景」的選拔活動，至截止日期爲止，共收得三億六千萬張投票。雖然此活動並沒有一人一票的限制，但三億六千萬如此驚人的票數，若無民眾相當程度的自發性參與，也不可能達成。1930年，爲紀念荷蘭人興建普羅民遮城三百年，台南市役所舉辦「台灣文化三百年紀念會」，除了各項康樂活動與展覽會之外，更有當時台北帝國大學校長幣原坦等人的演講會。1932年，同樣在《台灣日日新報》的企劃下，公開甄選具有台灣特色的民間歌謠，亦獲得熱烈的迴響，短短幾天就收得將近四百首的歌謠。〔註52〕這些活動當然說明日本官方一直以來對「發現台灣」的熱情──如果我們將日治初期進行的舊慣調查，視爲「發現台灣」的濫觴，那1920年代後期開始的這些活動，就是官方「發現台灣」的欲望藉由近代傳媒（除了報紙之外，廣播、電影也在此時發揮強大的影響力）推動，從較爲嚴肅的殖民政治學擴及到一般大眾的生活、從「發現台灣」擴及到「打造台灣」，更體現官方塑造「共同體想像」的努力。當然官方的「共同體想像」和台灣本土知識分子經由鄉土文學／台灣話文論戰的辯證而規劃出的「語言──文化」疆界不同，官方「發現台灣」或「打造台灣」，其目的不出「向日本全國宣傳台灣的鄉土藝術、人情風俗、

〔註52〕 有關《台灣日日新報》這兩次的活動以及「台灣文化三百年紀念會」，詳見橫路啟子，《文學的流離與回歸》，頁106～110。

歷史古蹟等」〔註 53〕這種將台灣「包攝」進日本帝國下的宗旨；但當台灣本土知識分子對這些活動並不加以批判，甚至時而表現出歡迎的態度，台灣的「語言——文化」疆界就存在著能夠被統治者轉化、加以利用的曖昧空間。

　　除了台灣統治當局所推動的一連串活動，我們也要注意日本內地在 1930 年代興起、由官方而非由左翼思潮帶動的鄉土風潮：當時日本內部鑒於世界金融危機、農村陷入凋零與九一八事變，在文部省的推動下，展開培養兒童愛鄉、愛國心，以圖從思想上救濟農村的全國性鄉土教育運動。其結果不但使得結合農村救濟與尊皇愛國的農本主義大為盛行，因左翼思想遭受打壓而被迫轉向的知識分子之間，也產生回歸鄉土的現象。〔註 54〕這股強調培養愛國心的鄉土風潮，當然有助於日本官方民族主義的擴張，而當它的影響擴及台灣，我們很難不去質疑鄉土文學／台灣話文論戰中，各家實則大同小異的敘事所憑依的「鄉土」概念，是否真如許多前行研究所指出，可以如此明顯表現出抵抗殖民性的意義，而不被統治者的「鄉土」稀釋——本文以為這也是賴明弘等人於論戰中激烈反對鄉土文學概念的原因。賴明弘等人將鄉土文學視為中產階級的、為統治者服務的反動文學，其實隱約指出台灣「語言——文化」疆界的曖昧性。論戰中不管是贊成或反對鄉土文學者，最後都會強調左翼思潮的戰鬥性，這未嘗不是與統治者的鄉土概念切割的努力，但也證明了此時由左翼思潮導引、而與官方的鄉土概念有所差異的「語言——文化」疆界，如何容易掉入「東方式殖民主義」的視野、變成帝國疆界下地方風情式的趣味。但當台灣的知識分子強調左翼的戰鬥性以迴避官方民族主義的收編，卻仍無法避免地面對另一個層次的難題——當大量的日本左翼思潮與創作方法被引介進台灣、台灣文壇也出現許多階級取向的作品，一方面使得台灣文壇和日本中央文壇在書寫主題上有了密切的接合，另一方面卻也讓台灣「語言——文化」疆界的特殊性有可能被日本中央文壇統一在「階級」之下而消解。

　　因此，回顧上述文聯東京支部兩次會議的內容，其實如何打進日本中央文壇、如何以日文呈現殖民地特色等問題被列入討論，只是在能夠純熟使用

〔註 53〕橫路啓子所引《台灣日日新報》於 1932 年 4 月 6 日公開甄選台灣歌謠時的用語，詳見橫路啓子，《文學的流離與回歸》，頁 107。
〔註 54〕詳見橋本恭子，〈在台日本人　鄉土主義——島田謹二　西川滿　目指　〉，刊於《日本台灣學會報》第九號，2007 年 5 月，頁 231～252。

日語的世代，或留學日本的知識分子逐漸成爲文壇主力等不可抗拒的因素下，將台灣殖民地民族主義敘事既有的潛在困境給檯面化了。也就是說，原本因受容左翼思潮而發展的「語言——文化」疆界在其辯證的過程中，不斷要強調自身的階級戰鬥性質以與官方做切割，但當階級性被揚發，再配合此時日語世代的出現，台灣文壇就因硬體（日語）以及軟體（左翼思潮）的共同性，而與日本中央文壇產生緊密聯繫，許多作家也開始表現出對中央文壇的欲望。

在緒論中，本文徵引了吳叡人「東方式殖民主義」的系列討論。對吳叡人而言，台灣因爲特殊的「雙重邊緣性」，使得知識分子在引介西方外來思潮時，免去了西方殖民地所面臨的非獨創的焦慮。但本文以爲，吳叡人的說法，一方面只是解釋了知識分子面對外來思潮的「心態」，並無法進一步分析台灣受容外來思潮後，具體的實踐或應用是否有所轉化；另一方面，則忽略了當台灣知識分子因無法迴避的國語同化教育，而與日本產生緊密的連結，他們思想養分的來源就會逐漸集中在日本內部知識體系——即便是西方思潮，也是經過日本內部再製的西方——的這項事實。比如像上文引述的楊逵於《台灣文藝》發表的〈文藝時評——藝術是大眾的〉，其對權五郎提倡「職業代表」投入文藝評論的建議加以宣揚擴充，[註55] 以及〈文藝批評的標準〉的最後，引述島木健作「搧動讀者」的雜感來鞏固自己對文學評論應立足於「社會性」與「讀者反響」的說法 [註56] 等等，都是模擬複製日本內部知識體系。以日本普羅文壇馬首是瞻的楊逵也許是特例，模擬與複製的左翼思潮，也正如鄉土文學／台灣話文論戰以來在地化的現象，最後還是會因爲台灣獨特的文脈以及對身份詮釋的欲望而有所調整。只是這股可視爲日治時期台灣知識分子積極想要解決自我之存在焦慮的「共同」敘事欲望，其情節架構卻從1920年代「文明化」同化（承認日本的政治主權）的進路，逐漸轉成以「文化」往日本內部去尋找證成（即承認日本中央的文化位階）之機會的現象，這就使得原本的「語言——文化」疆界陷入困境。只是困境的造成，並非因爲這些

〔註55〕楊逵著，涂翠花譯，〈文藝時評——藝術是大眾的〉，原刊《台灣文藝》第二卷第二號（1935年2月），收於黃英哲主編，《日治時期台灣文藝評論集（雜誌篇）·第一冊》，頁133～138。

〔註56〕楊逵著，增田政廣、彭小妍譯，〈文藝批評的標準〉，原刊《台灣文藝》第二卷第四號（1935年4月），收於黃英哲主編，《日治時期台灣文藝評論集（雜誌篇）·第一冊》，頁226。

知識分子不夠純熟、無法辨別殖民性的陷阱，而是台灣的殖民地民族主義敘事遭遇的是日本特殊的「東方式殖民主義」，本來就擁有無法以二元對立來看待的複雜性。

從本節對台灣文藝聯盟的性質與當時知識分子的言談論述之分析，我們發現 1930 年代初期鄉土文學／台灣話文論戰中，知識分子如何以左翼思潮為引導，延續對民族主義式的對身份詮釋的欲望，但也同時將既有的困境檯面化：左翼思潮給予台灣知識分子對固有文化的信心，在企圖以台灣獨特的無產階級文化打進世界文化中心、擺脫殖民地身份的同時規劃出一套民族主義式的「文化──語言」疆界；但與此同時，於左翼思潮在地化之下發展的民族主義敘事，卻弔詭地往日本帝國內部之中尋求位置。也許我們可以把左翼思潮視為一座橋梁。對台灣內部而言，它連接了「民族」與「階級」這兩個議題；但對台灣外部而言，它也連接了日本與台灣，使得台灣的民族主義敘事出現被日本官方民族主義敘事收編、被日本中央文壇以共通的書寫主題消解的可能。

第三節　1930 年代台灣小說創作中的民族主義敘事

上一節簡略回顧 1930 年代知識分子相關的言談論述，本節則試著從文學創作的部份，來進一步討論 1930 年代殖民地民族主義敘事的特色。1930 年代趨於成熟的台灣文壇，文學創作的類別已然精緻化，如《台灣文藝》上就以隨筆雜文、詩歌、小說甚至戲曲來替作品分類。只是由於小說這類文體的敘事性或情節性比其他文體強，較能與本文的主題符合，以下將把取材範圍限定在小說創作。

1930 年代台灣的小說創作，暫且不論其使用語言是日文或漢文，很大一部份是以「階級」為主題、鋪陳情節發展的作品，比如說《台灣文藝》前三期，從「階級」切入的小說幾乎占去一半以上的比例。當然 1930 年代的小說創作不只侷限在「階級」，如以女性命運、留學生經驗、現代都會或男女情愛等為主題的作品也時有精采之作，與當時偏重「文藝大眾化」等相關的言談論述相較，可謂開創了多元豐富的視角。但本文的宗旨在於探究台灣新文學中的民族主義敘事，而在上一節中，本文也分析了 1930 年代台灣民族主義敘事與左翼思潮之間的關係──如知識分子思想光譜遞變之後，「階級」概念如何可能給予「民族」資助，以及其得力於左翼思潮的同時也因左翼思潮而產

生困境等特色──因此本節在小說創作的取樣上將會把範圍集中在以「階級」爲議題的作品，試著從中探詢它們是否與當時知識分子的言談論述一樣，反映出對「民族」問題的思辯。

（一）從「模擬」到「民族的階級」

1930年代爲數眾多的「階級」小說，多少映證了前文所述，左翼思潮給台灣的知識分子帶來思想遞變、敍事目的或情節架構重心移轉的影響。在這個部份，本文將以琅石生的〈闇〉、呂赫若〈暴風雨的故事〉以及張文環〈部落的元老〉等三篇小說爲主軸，其中再穿插其他作者的作品，先針對「階級」與「民族」這兩個議題之間的關係加以分析。選取〈闇〉做爲起點，是因爲這篇作品帶有「模擬」日本左翼文學經典的明顯痕跡，但又同時表現出在地化的傾向，既能與1930年代知識分子在言談論述上大量引介左翼思潮的現象做一比較，也向我們提示了當時台灣「階級」小說的情節特色；至於〈暴風雨的故事〉則在此一共同的基本情節之上，將日本的殖民現代性置入，隱約呈現出「階級」與「民族」之間的互動；最後〈部落的元老〉則是本文用以說明1930年代的作家，如何沿用「階級」概念，去看待殖民者與被殖民者之間「民族的階級」之問題。

1935年2月刊出、由署名琅石生所寫的短篇小說〈闇〉，其內容大概是講述剛被工廠開除的主角洪阿泉，在大稻埕的陋巷中被半強迫拉去嫖妓，卻發現床上躺著的是舊識阿足，阿泉這也才知悉阿足從十四歲被賣身後迄今爲止的悲慘生活。〔註57〕排除掉〈闇〉的男女主角是舊識或敍事人稱等安排，主角在半強迫的情況下目睹身患重病卻還要被迫出賣肉體的女人這個主要的情節架構，以及在繁華的都市遊蕩的主角、女主角所處空間的幽暗穢臭與飽受摧殘的肉體之描寫、被壓迫者奄奄一息甚至死亡的隱喻等等，都與日本普羅文學作家葉山嘉樹一腳跨進文壇的名作〈淫賣婦〉有著高度的相似性。〔註58〕我們或許可以斷定〈闇〉是琅石生對葉山嘉樹的致敬，也能理解日本普羅文藝對台灣的影響程度，但這篇「〈淫賣婦〉台灣版」透露出來的訊息不只如此。

〔註57〕 琅石生，〈闇〉，刊於《台灣文藝》第二卷第二號（1935年2月），頁56～63。
〔註58〕 關於〈闇〉與〈淫賣婦〉之間詳細的異同比較，可參考王姿雯，〈昭和戰前期における日臺プロレタリア文學の交流──葉山嘉樹「淫賣婦」と琅石生「闇」〉，刊於《東方學》第116期（2008年7月），頁146～162。

　　從 1930 年代初期的鄉土文學／台灣話文論戰中，我們觀察到台灣知識分子並非無批判地接受左翼思潮。上文反覆陳述、左翼思潮如何引導台灣民族主義敘事建構「語言——文化」疆界，以及「語言——文化」疆界又如何因為左翼思潮而出現裂痕等等，當然就是左翼思潮回應台灣需求而在地化的例證——模仿其實包含在再現當中、或者說就是一種再現的手段。因此，與理論在地化的現象一樣，當〈淫賣婦〉裡工廠或矽肺病等近代資本主義／工業記號，在〈闇〉中被代換成封建地主剝削以及農村女性的悲慘境遇等記號，從這位同樣被折磨地人不像人的女主角身上，我們就必須注意到是否產生了台灣特有的文化脈絡才能解讀的意義。

　　讀者當然能夠閱讀到像楊華〈一個勞働者的死〉咒罵著「可憐由他精血結晶製成的鋼鐵，變成了許多無用的玩具，供有錢人們去享受……他們資本家有鮮衣美食的供養，華屋大廈的居住……但是工人們怎樣，粗衣裂食，卑屋陋室……」〔註59〕、「唉！可惡的資本家啊！你們對於勞工的心思，最好一天二十四點鐘都給你作工、拼命地作工，勞工們的工錢，你們最好想減低到小而又小的限度！」〔註60〕這類將階級二元對立式呈現，極盡批判近代工業化文明中的資本家、替無產階級者抱不平之能事的作品。但當時台灣文壇大部份沾染「階級」色彩的小說，其批判的目標不只是資本家或資本主義，而更可能像〈闇〉一樣，導向台灣固有的地主與封建地制。比如徐青光在〈謀生〉一作中，寫下了「祇有同一階級才會理解同一階級的痛苦……不同一階級而要求他的了解同情，這層是很困難的，因為他們利益上是永遠不能併在一起的。」〔註61〕這種強烈表達「階級」立場的句子，但他使用「階級」概念所批評的對象，卻指向操控竹圍村的地主，造成「階級」問題的，也主要是像「鐵租」這種無視農民權益的封建地制。再如林越峰的〈好年光〉，也借傳興之口指出傳統地主對農人不合理的的剝削：「熟年有什麼用？收成好，穀子多，價錢就的確賤。哼。頂好是有田租收的人，去年旱，稻子『敗』，租粟一粒也不減。今年稍稍好一點，就到處在鬧漲租。」〔註62〕由此可見，雖然「階級」受台灣作家推崇甚至「模擬」，但在實際賦予情節的過程中，正如必

〔註59〕 楊華，〈一個勞働者的死〉，刊於《台灣文藝》第二卷第二號（1935 年 2 月），頁 137。

〔註60〕 出處同上，頁 140。

〔註61〕 徐青光，〈謀生〉，刊於《台灣文藝》第二卷第三號（1935 年 3 月），頁 42。

〔註62〕 林越峰，〈好年光〉，刊於《台灣文藝》第二卷第七號（1935 年 7 月），頁 178。

然回應殖民地特殊情境而在地化的左翼思潮,這類批判封建地主以及以農村小鎮爲背景(而不是資本家以及工業都市)的「有點像,又不太一樣」的「台灣左翼文學」就此被生產出來。

由呂赫若所寫的〈暴風雨的故事〉,大致也遵循著台灣左翼文學的情節特色。佃農(無產階級者)老松仍舊是〈暴風雨的故事〉的主角,小說中他因暴風雨致使收成泡湯,沒辦法繳給地主寶財佃米,寶財則揚言要收回老松的田地,此舉引發老松妻子罔市的怒火。原來罔市長期被寶財侵犯,卻因寶財以佃田爲要脅而不敢聲揚,如今才恍然大悟。之後老松養的豬被抓走抵債,唯一經濟來源的雞也被寶財留學日本的兒子殺死,生活被逼到死線。罔市對此表現出抗爭意識,老松卻唯唯諾諾,甚至反過來對妻子發怒;直到罔市上吊,老松才得知寶財對罔市欺侮,最後小說就以老松殺掉寶財做結。〔註63〕如果允許本文多做聯想,埋伏在暗夜中的老松,與賴和〈一桿秤仔〉裡的秦得參可說極爲相似──老松與秦得參的夜襲,最後都把將他們生活逼入絕境的威權者消滅,替讀者出了一口氣。當然我們不可能判斷呂赫若是不是對〈一桿秤仔〉的結局致敬,只是引人注意的差異是,老松消滅的是與他「同一民族」的威權者。〈暴風雨的故事〉可說以激越的方式,表達了台灣左翼文學對同一民族內部的「階級」之批判,更與1930年代的知識分子對前行資產階級文化菁英引領的民族運動之不滿隱約扣合。

只是除去批判封建地主的筆法,〈暴風雨的故事〉另外還有值得探究之處:我們看到呂赫若描寫了固有封建地制與國家機器(巡查)的關係、描寫了地主搬出留學日本學「法律」的兒子威嚇阿松等情節,雖然份量並不重,但仍提醒了讀者注意與民族內部威權者合謀的現代性──這就引出了「階級」與「民族」互動的可能。關於這個部份,張深切的〈鴨母〉有更深刻的描寫:仕紳簡化某天不見鴨母六隻,誣賴是窮困的養鴨人阿應偷去,要阿應歸還六隻鴨母,並且做餅給庄裡的人以謝其罪。之後阿應找到偷鴨母的真兇,簡化卻抵死不道歉,阿應氣不過找律師要告簡化,律師卻被簡化買通。阿應再去找日本律師幫忙,看似正義感十足的日本律師最後仍與威權者連通一氣、搓掉阿應的訴訟。〔註64〕我們發現在阿應的想像中,象

〔註63〕 呂赫若,〈暴風雨的故事〉,原刊《台灣文藝》第二卷第五號(1935年5月),收於呂赫若著,林至潔譯,《呂赫若小說全集》,頁87～117。

〔註64〕 張深切,〈鴨母〉,刊於《台灣文藝》第一卷第一號(1934年11月),頁44～53。

徵現代性秩序的法律應該是公平正義的，而帶來現代性的日本人也應該有如此特徵，但當阿應決定撤掉訴訟、如夢初醒地從日本律師的事務所走出來，他必定明白了現代性秩序其實只是為了壓榨剝削弱勢者、為了既得利益者謀福利而存在的。

由此可見，滑動到以「階級」視角去對內部進行批判的知識分子並沒有將「民族」問題丟到一旁，與此相反，他們非常警覺地將日本殖民者視為內部「階級」問題激化的催化劑、非常警覺日本殖民者帶來的現代性並沒有給予台灣光明，在現代性亮麗的表面下反而矛盾地並存封建體制、反而讓無產階級者陷入深淵的事實。〔註65〕台灣作家對內部封建體制的批判有多重，日本官方宣揚的現代性改造就有多虛幻——在這裡，「階級」的視野就幽微地趨近「民族」層次的批判、或者說，以弱勢者的共同體為主體去建構更為精緻化的民族主義敘事。

相較於〈暴風雨的故事〉，或其他藉由直接批判內部封建體制的方式、間接批判日本殖民現代性等作品之迂迴，張文環〈部落的元老〉則有更清晰的展示。我們看到原本當郵差的榮叔開了家走在文明先端的理髮店，改行當理髮師，而後逐漸發達，榮叔變成了榮爺：

> 榮爺最近成了這部落的「半紳士」，也就是，沒有支配權的資本家。
> 說是資本家，卻不是房地產、金融業者之類的，就本質上言，他其實也是無產者之一。只是無產者完全不具任何權力，榮爺則不同，

〔註65〕 這些主要以農村為背景的台灣「階級」小說，很多都會安排在農村中無法生活下去的無產階級往「城市」移動去謀生。但是那座看似充滿希望、能夠幫助無產階級脫離封建體制、象徵現代性秩序的城市，仍然與既得利益者合謀。由張慶堂創作的〈鮮血〉就是很好的例子。〈鮮血〉的主角九七，原本信心滿滿可以有好收成繳出不合理的田租、甚至還能存上一點錢。但拼上健康的身體耕田的九七，最後仍無法收成與田租相應的稻米量，才驚覺被地主欺瞞、驚覺想要老老實實靠勞動發財，根本不可能的事實。爾後九七前往 B 市討生活，從 B 市的剪影中，我們就能觀察到無產階級者在虛假的現代性中逃不出生天的現象：「B 市是一個新興的市鎮，因為有個車站的緣故，所以它的熱鬧，特別來得迅速，最近為得要使交通便利，把全市街道重新改建，毀壞了許多家屋，換來許多平坦寬闊的馬路。房屋被扯毀，有錢人便趁此機會建築高樓大廈。但是多數無錢窮民，因房屋被毀壞，房地被損失，至於無能力重新再建作，便把剩下僅有的地坡，賣給有錢人去建造崇巍洋樓而流落變成無家可歸的漂浪者，B 市就這樣地，隨著崇巍洋樓增加，漂浪者也逐漸增加起來了。」（張慶堂，〈鮮血〉，刊於《台灣文藝》第二卷第十號，1935 年 9 月，頁 117。）

只要相關於這個部落的事，他就擁有「什麼都講」的權力。〔註66〕
「沒有支配權的資本家」如此奇怪的稱謂，指的其實是台灣內部另一種特殊的「耆老／士紳」階級，雖然其與直接對農民進行壓榨的地主不同，但張文環同樣把這個階級評價為「封建制度的殘骸」〔註67〕。而這個階級正是因為與殖民者過從甚密、或者說對殖民／被殖民的關係毫無警覺，而能在台灣（被殖民的）現代化社會中以一種合謀的姿態不合理地被延續下來——比如榮爺為了在接待巡察時能以「敬語」表達，而去參加國語講習會之描寫就是條線索。雖然身為部落耆老的榮爺並沒有仗殖民者之勢力欺人，但在張文環戲謔幽默的筆觸中，我們卻讀到了更深一層的、關於被殖民者身份的寓言：榮爺提升的只是他在被殖民者內部的「階級」，永遠不會是「民族的階級」，而且這種提升往往只是假象，並不會因為與殖民者交善而獲得擔保。在榮爺的葬禮上，場面派頭表面上與部落的元老旗鼓相當，但送葬的人是因利誘而來，並非發自內心。最後榮爺的兒子因開設賭場，被罰去清理野狗屍體，受不了侮辱逃開的結局——也只能逃開，既無法面對殖民話語對給予主體的侮辱，亦無從改變這個結構——更加強了這個寓言的強度。

藉由琅石生的〈闇〉的系列討論，我們確認了這個時期的台灣作家在作品中大量援引了「階級」概念；而呂赫若〈暴風雨的故事〉不但面向我們激情地展示了台灣作家的「階級」概念所針對者，往往不是現代化或資本主義改造後新興的資本家，而是內部固有的封建地制和地主，也將封建地制和地主與日本的殖民現代性做出連接，隱約表現出「民族」的批判力；張文環〈部落的元老〉則更為清楚解釋了台灣內部的傳統階級，如何因為與殖民者利害與共的關係而被不合理地保存下來，並進一步指出靠著與殖民者交善所提升的地位之虛假性。從以上作品的敘事中，我們反復閱讀到台灣當時的「階級」問題、體認到當時無產階級者的困境與悲劇，但台灣的「階級」問題，絕非僅以資本主義體制的剝削可以解釋，最後我們總是看到殖民者為了維繫「民族的階級」帶來的另一種現代化伎倆。

〔註66〕 張文環著，陳明台譯，〈部落的元老〉，原刊《台灣文藝》第三卷第四、五號合併（1936年4月），收於陳嘉瑞編，《張文環全集（卷一）小說集【一】》（台中縣立文化中心，2002年），頁118。
〔註67〕 出處同上，頁118。

（二）「鄉土」空間的意義

　　上述大量描寫本地封建制度與地主對無產階級的剝削，進而牽引出對日本殖民現代性的批判等作品，足以顯示當時作家受到左翼思潮的社會寫實美學的影響，紛紛從生活周遭取材、創作出具有台灣味的「階級」小說之狀況，而這類型的小說與當時知識分子的言談論述可說一致指涉了左翼思潮的在地化。作家賦予作品以台灣味（雖然經常藉以傳達對封建傳統的批判、帶有負面書寫的色彩）更象徵鄉土文學／台灣話文論戰之中規劃出來的「語言──文化」疆界、亦即台灣「鄉土」空間的摹寫被具體實踐──當時的作家即使書寫主題非關「階級」，也往往對台灣「鄉土」空間持有高度興趣。如王錦江的〈青春〉裡，那位企圖在只有男性能成功立名的台灣替女性揚眉吐氣，卻在青春年華罹患肺結核的女主角所住進的療養院周遭的景色：

> 遠遠地圍住三面之翠黛色的峻峭的高山。那下面，高高低低的水田，
> 期間點綴紅磚硃瓦、撓脊地古式的大厝和茸稻草的茅屋。在田裡悠
> 然地行來穿去地帶草笠的農人和耕犁的水牛。時而雪皓的白鷺在暖
> 風吹得一起一伏的黃金波裡翱翔。〔註68〕

從上兩節的討論，我們發現知識分子敘事中的「鄉土」概念，一方面隱喻被殖民者解決存在焦慮、掌握身份詮釋的欲望而帶有過濾殖民性的作用；但另一方面，打從「鄉土」概念創生之初，就難以擺脫日本官方將「鄉土」收編為帝國轄下的地方風情之作用力，以及中央文壇不論在軟、硬體上共同性的牽制，而致使其支援的民族主義敘事之疆界出現裂痕。此時被置放進作品中的台灣「鄉土」空間，雖然與知識分子在言談論述中的「鄉土」概念同樣可視為左翼思潮在地化的結果，但兩者之間的關係、亦即被實踐的台灣「鄉土」空間在何種程度上回應或轉化「鄉土」概念，仍然須要加以辯證。有鑑於此，這個部份本文將選取蔡秋桐〈理想鄉〉與翁鬧〈戇伯仔〉這兩篇作品為討論張本。這兩篇小說的共同性在於：雖然穿插「階級」概念、甚至以「階級」為主題，但實際上「鄉土」空間才是它們致力經營的部份。換言之，這兩部作品所構築的「鄉土」空間，不只是左翼思潮必然引導作家描寫置身之環境所致，而更可能是在作家有意識地援引台灣鄉土符碼之下形成的。如〈理想鄉〉對台灣話文地大量使用、〈戇仔伯〉對酬神廟會或傳統信仰的描寫等等。

〔註68〕　王錦江，〈青春〉，刊於《台灣文藝》第二卷第四號（1935 年 4 月），頁 118。

因此，分析這些作品中「鄉土」、或者說「語言──文化」疆界的特殊意義，應該能夠讓1930年代台灣民族主義敘事的面目更爲細緻。

蔡秋桐的〈理想鄉〉是一篇諷刺意味濃厚的作品，題目擬爲烏托邦味十足的「理想鄉」，骨子裡實爲反烏托邦。小說從以牛寮爲家的無產階級者乞食叔失眠的一夜寫起，但隨即將重心轉往村落的指導者老狗母仔（日本姓「中村」的福佬話諧音），如何強迫村民無償勞動、美化村落環境。村落的生活在老狗母仔的努力下看似改善提升、變成一個理想鄉，其實老狗母仔藉此吞食了村裡經濟利益。無產階級者如乞食叔等村民，在老狗母仔的威權之下只能任由老狗母仔呼來喚去。〔註69〕雖然蔡秋桐將乞食叔的身份設定爲無產階級者，但〈理想鄉〉諷刺的對象並非資本主義制度，或如同上文其它以「階級」爲主題的作品那般，強烈抨擊封建地制與地主、進而將日本的殖民現代性隱約置入其中，而是直接把「老狗母仔」與其帶來的村落改造工程，做爲日本殖民者與殖民現代性的全體性借代來批判：來台灣四十餘年（與當時日本殖民台灣的時間約莫等長）的老狗母仔「他選定吾鄉的中央地點，建置他的高樓，四方八達可有道路直通至他之高樓，譬準樹木，他之高樓是幹，其他庄眾的住家是枝、葉啦，一登樓上全庄一一可修入眼界。」〔註70〕無非寓言著殖民者與被殖民者之間的位階與臣屬關係，而當高高在上的老狗母仔怒罵村人「台灣人如今還戇的如此，怎有實行自治的必要！」〔註71〕、或者強調赤貧者莫受高等教育徒增世間擾亂之時，日本殖民者自傲的態度與一貫愚民的現代化方針可謂躍然於紙上。

但是引起本文注意的並不只是這篇反烏托邦的寓言強烈的嘲諷性。相較於同時期的小說，蔡秋桐的〈理想鄉〉因爲明快的節奏與人物誇張的嘻笑怒罵，而讓空間設定繞開嚴肅的寫實筆法表現出十足的虛構性。但正是因爲虛構性，讀者反而能夠以隔絕外界干擾的姿態深入字裡行間。因此，當蔡秋桐在這個十足虛構的空間大量填塞進台灣話文，就使得十足的台灣味在文本內部自成一個世界、讓讀者輕易辨別出「語言──文化」疆界的存在。而且這個因爲虛構而鮮明無比的鄉土空間，進一步被蔡秋桐做爲翻轉殖民者威權的

〔註69〕 愁洞，〈理想鄉〉，刊於《台灣文藝》第二卷第六號（1935年6月），頁132～137。
〔註70〕 出處同上，頁133。
〔註71〕 出處同上，頁135。

工具——如指導者的日本姓氏「木村」被翻譯成「老狗母仔」，即爲村民（被殖民者）將象徵威權的話語透過學舌，轉換成自己熟悉的語言，並於其中包裝詆毀的結果。至於這位老狗母仔雖然致力將他所認爲的、汙穢落後的台灣「鄉土」改造成理想中的「鄉土」，但改造後表面上井然有條的「鄉土」，卻時時表現出嘲諷殖民者現代性秩序的力量。文章後半，豬羔姆的咒罵正是藉由屎尿廁池的汙穢，把對「理想鄉」的嘲諷推上高潮：

> 斬頭！短命！不是街不是市。道路也清到那麼光溜溜，元理末廁池
> 是要創在偏僻地方，怎麼慣慣都是叫人起在道路邊，那像建廁池街？
> 怎麼講著起在道邊咯！大大人來才有看見咯！才知咱有起廁池咯！
> 〔註72〕

〈理想鄉〉走筆至此，無疑替我們演示了什麼是過濾殖民性甚至抵抗殖民性的「鄉土」，在反烏托邦的虛構空間中，被殖民者生產出殖民者無法解釋、掌握的文脈——不管是被翻轉的語言還是被殖民者陽奉陰違的日常。

　　對戰後台灣的民族主義敘事而言，像〈理想鄉〉這類明辨殖民與被殖民之間界線並譏笑殖民者的作品，當然是值得被大書特書的象徵資源。只是蔡秋桐這類使用「階級」概念或以台灣話文具體實踐左翼思潮在地化，卻又同時繞過「階級」直接向殖民者展示自我「語言——文化」疆界的作品，在當時的文壇其實並不多見。大多數帶入「階級」概念的作品，其情節運轉之狀況如同上述，是在左翼思潮寫實美學的引導下將「鄉土」表現爲一個「階級」的世界，再進而將「民族的階級」納入批判的範圍。而那些與蔡秋桐一般刻意援引鄉土符號、致力建構鄉土空間的作者也並沒有「直接」向殖民者擺出明顯的對抗意圖。也就是說，1930 年代在小說中被實踐的台灣「鄉土」其意義是更爲複雜的：當台灣的知識分子或作家受容強烈戰鬥意識的左翼思潮，發展出替無產階級發聲、書寫底層大眾的生活等共識後，我們發現民族主義敘事對身份詮釋的渴望，因爲帶有過濾或批判殖民性的「語言——文化」疆界而得到回應，但是這個看似對殖民者有排斥性的「語言——文化」疆界，其實並非如戰後民族主義敘事所想像的總是帶有昂揚的戰鬥氣勢。

　　要討論這類型的「鄉土」，翁鬧的〈戇伯仔〉絕對是值得分析的作品。以往的前行研究，大多將翁鬧視爲台灣現代主義或新感覺派的重要旗手，而與

〔註72〕愁洞，〈理想鄉〉，刊於《台灣文藝》第二卷第六號（1935 年 6 月），頁 137。

服膺左翼寫實美學、或以創作寄託批判意識的諸多作家加以區隔。如陳芳明所言：

> 他的作品全然沒有反抗意識，是全心專注於技巧經營的作家。他的登場，開發了台灣文學的新感覺……那種心理世界的探索，內在意識的窺探，等於使台灣文學的版圖又擴張許多。〔註73〕

不過現代主義或新感覺，是否真的和左翼寫實美學彼此對立？對挖掘現代生活中的人性深感興趣的現代主義，與積極暴露資本主義體制種種弊端的左翼寫實，其實同樣都是現代性的產物、同樣都在檢討與反思現代性對人類的影響，只是美學興趣或實踐方法之間存在著「心性／現實」的差異。因此，現代主義即便表現出對文學技巧的經營、人性慾望的探索等內向式的偏好，也不能據此全然與左翼思潮切割、進而判斷其缺乏社會批判力。從翁鬧針對賴明宏發表於《台灣新文學》上的〈夏〉、這篇以鮮明的階級對立為情節軸心的小說所發表的評論來看，雖然翁鬧否定二元對立式、亦即將所有的資產階級視為惡徒的階級觀點，但他其實非常贊同揭發社會的醜惡和卑劣之必要，而且還警覺到在台灣少之又少的資產階級之上，存在著一個更龐大的勢力（日本殖民政府）。〔註74〕由此可見，翁鬧與左翼思潮沒有完全脫鉤，儘管他的美學信仰與「階級」有所差距，但這並不表示他無法創作帶有「階級」觀點的作品──以下將要討論的〈戇伯仔〉正是例證。〈戇伯仔〉中主角與其家庭困苦的無產階級生活，當然是本文將〈戇伯仔〉納入本章討論範圍之原因，但更重要的原因如同上文所揭：〈戇伯仔〉和蔡秋桐的〈理想鄉〉雖然援引「階級」概念，基本上卻在刻意經營一個「鄉土」空間。只是兩者的「語言──文化」疆界，其作用或意義卻有所不同。

　　在1935年《台灣文藝》上發表的〈戇伯仔〉是從中國的算命仙跟戇伯仔一來一往的口語式詩句題銘開始，雖然詩句採用詼諧的打油詩形式，但卻已經隱約暗示了台灣的「鄉土」空間。而在這個被暗示的「鄉土」空間中，翁鬧演繹貧困的無產階級者戇伯仔與他一家人的生活點滴：原本住在山上的戇伯仔一家，在戇伯仔瞎眼的父親死去之後搬回山下，戇伯仔開始種植香蕉、

〔註73〕陳芳明，《台灣新文學史（上）》（台北，聯經，2011年），頁142。
〔註74〕翁鬧著，涂翠花譯，〈《新文學》三月號讀後感〉，原刊《台灣新文學》第一卷第三號(1936年4月)，收於黃英哲主編《日治時期台灣文藝評論集（雜誌篇）·第一冊》，頁457～461。

鳳梨等作物，卻難以溫飽，只好央求清水街上一家魚乾店的老闆雇用他，但不久即被解雇。沒了工作的戇伯仔，進山去批竹筍到平地零售，一天在路旁發現鄰居牛母橫倒路邊的屍體。隔天戇伯仔再上山，牛母的屍體已經不見，只剩下他的扁擔，整篇小說也就此劃上句點。〔註75〕如果蔡秋桐是以台灣話文為工具去展示台灣的「鄉土」空間，翁鬧就是以色調灰暗、節奏緩慢的筆觸表現之——翁鬧藉著戇伯仔患有嚴重砂眼的眼睛，一步步帶領讀者觀看台灣底層人民的日常起居與風土習俗，像是吃蛇的萬六、酬謝土地公的傳統慶典與大戲。但翁鬧不像上述批判台灣內部「階級」或「民族的階級」的作家，也不像蔡秋桐，他並不處心積慮想要透過「鄉土」空間說些什麼，他只是讓沒有起伏也不激情的情節在「鄉土」空間中流動著。

如果說〈戇伯仔〉的情節有個核心，那可能被徘徊在人（砂眼與瘧疾）、植物（萎縮病的香蕉）、動物（患白喉的雞）間份量沉重的疾病書寫所強化的戇伯仔一家人生活在水平線下看不到希望、猶如「呆版的鉛灰色曠野」〔註76〕一般的生命。翁鬧也試圖將無望的沉重感延展到整個社會，如「村子裡，人人都牛馬般地幹著活。他們之中沒有一個人懶惰的，也沒有一個人在想著生活以外的事，或策劃著什麼陰謀。然而，那種晴朗的笑容卻從他們臉上消失了。他們都變得習慣於用萎縮的、扭曲的面孔來看東西，與別人交談。」〔註77〕這般廣泛觸碰底層勞動者的困境的描寫。但那畢竟不是訴諸激烈赤裸的控訴。除此之外，小說中亦曾經提到戇伯仔一家與其他村人，是因為不景氣的關係而陷入經濟困境，但翁鬧也沒有分擔太多的重心在處理「階級」這個問題上，或者對殖民統治下台灣的經濟問題進行思辨。小說裡的角色只是鑲嵌在「鄉土」空間中，予讀者無能為力之感，而非帶來希望或一吐胸中塊壘之酣快。小說中表現出積極能量之處，反而是翁鬧對戇伯仔夢境的描寫：

> 老伯仔所站著的大地搖起來了。緊接著以可怕的速度沉下去。老伯
> 仔禁不住地雙手摀住面孔，不過心倒是平穩的。臉上顯現出決心之
> 色。就在這時，奇異的智慧掠過了老伯仔的心。雙腳從地球浮起。

〔註75〕翁鬧著，鍾肇政譯，〈戇伯仔〉，原刊《台灣文藝》第二卷第七號（1935年7月1日），收於張恆豪主編，《翁鬧、巫永福、王昶雄合集》（台北，前衛，1992年），頁21～49。

〔註76〕出處同上，頁25。

〔註77〕出處同上，頁45。

> 他掙扎。生命開始搖撼。完了！但得活下去！老伯仔本能地反抗起
> 來。他死死趴住地球──〔註78〕

夢境的帶入，當然來自於翁鬧對現代主義技法的沿用。在以「階級」爲主題
的小說中穿插內心意識的描寫，可說打亂了「階級」小說既有的寫實方式，
卻也給「階級」小說帶來新的可能。如同朱惠足所言：「……翁鬧並非沒有關
注到殖民統治對台灣百姓造成的壓迫與剝削，只是他沒有選擇在小說當中直
接加以控訴，而是透過細緻的心理描寫，來呈現殖民統治下台灣底層人民的
『人性』。」〔註79〕翁鬧正是藉由夢境，將人性中對生存之欲望表現出來，進
而與戇伯仔等人天天等著自己陽壽告終、毫無希望的現實生活做一強烈對
比、正是藉由「階級」宣揚現代主義式的主題：在表現出現代社會中人類找
不到生命存在價值的離散氛圍、耽溺於陰鬱的負面或疾病書寫之同時，藉此
批判現代性對人性的戕害。〈戇伯仔〉一方面映證了現代主義與左翼思潮的關
懷是可以互通的，另一方面也塑造了台灣的「鄉土」空間另一種型態──它
既不是曾經被知識分子視爲象徵落後的符號，也不是單純用以過濾殖民性的
符號，而是與欠缺生命力的人物相得益彰的疲軟符號、是一個失去活力的「鄉
土」空間。

　　在上一節的討論中我們看到，翁鬧曾經於文聯東京支部座談會上，對於
如何以日文將台灣的特色傳達給日本內地的讀者發表過意見。〈戇伯仔〉即可
視爲翁鬧實踐的成果之一。只是當翁鬧實踐出一個疲軟、失去活力的「鄉土」
空間，其意義就值得我們進一步推敲。如上一節所述，1930 年代熟悉日語的
作家企圖打進中央文壇，既象徵被殖民者掌握身份詮釋的欲望，也含括了中
央文壇、甚至日本殖民政府一直以來閱讀台灣的欲望。因此，翁鬧筆下現代
主義式疲軟的「鄉土」空間，也可能是對日本凝視台灣的回應──它既反應
出被殖民者身份的殘破不堪，更把台灣的「鄉土」以負面書寫的姿態「翻譯」
給日本這個文化上的強勢者，隱約表現出戳破日本對台灣鄉土的想像與諷刺
日本殖民現代性的作用。但這並不是指稱翁鬧與蔡秋桐的「鄉土」空間殊途
同歸。當翁鬧安排戇伯仔將生存的意志壓抑在潛意識中以夢境的形式演示出
來，翁鬧的「鄉土」空間最終還是陷入自我舔拭絕望與孤獨的氛圍之中，它

〔註78〕張恆豪主編，《翁鬧、巫永福、王昶雄合集》（台北，前衛，1992 年），頁42。
〔註79〕朱惠足，〈「現代」與「原初」之異質交混：翁鬧小說中的現代主義演繹〉，收
　　　　於《台灣文學學報》第十五期（2009 年 12 月），頁30。

也許有著讓被殖民者確認自我的疆界性，但這個疆界性卻也演繹了一個無法扭轉、徘徊不去的困境。

小結

　　本文以為，台灣的殖民地民族主義並不是一個循序漸進、平順的過程。1930 年代移動到台灣來的左翼思潮，對台灣殖民地民族主義的影響，並不能只以「民族領導階級」的角度來詮釋，更不能理所當然將「階級」視為「民族」的附庸。1930 年代台灣的民族主義敘事發展，是在左翼思潮的影響與拉扯之下迂迴前行的。台灣受容左翼思潮，從具體的歷史背景來看，當然是對應蕭條碰壁的經濟狀況，以及此時日本統治當局與台灣本土既有的封建地主／資產家疏通了經濟利益上的來往管道，使得台灣內部階級對立的情況檯面化。在這個情況下，台灣的知識分子的思想光譜與敘事型態產生變化，開始以左翼思潮批判台灣內部既有的封建地主／資產家，進而波及前行時代由仕紳支助發起的「民族」啟蒙運動，最後造成左翼思潮取代了原先民族主義在情節架構中的份量。

　　只是左翼思潮看似排擠民族主義既有的舞台，但實則暗中資助其發展。在鄉土文學／台灣話文論戰中，知識分子雖各持己見，但共同目標皆是啟發無產大眾、治療文盲症，這也連帶使得大眾的語言以及民間固有傳統受到重視，讓台灣特殊的、擁有過濾殖民性功效的「文化──語言」疆界被規劃出來，更造成台灣文藝聯盟「共同體」的實現。透過分析當時知識分子與作家的敘事特色，我們映證了即使表現出強烈「階級」意識的知識分子，也沒有將「民族」問題完全排除在外，解決存在焦慮與掌握身份詮釋的欲望，依舊是賦予情節時搶眼的元素。只是如此帶有過濾殖民性的「文化──語言」疆界，並無法全然擺脫日本官方民族主義的影響。這方面知識分子只能不斷為其階級性迴護，以求與官方的鄉土概念切割，但這又引出另一個層次的問題：當階級性被強調，台灣文壇就找到與日本中央文壇的共通性；再配合此時日語世代逐漸登臨文壇、打進日本中央的願景，無形中就消解了殖民地「文化──語言」疆界的特殊意義。

　　當時的小說創作，也回應著左翼思潮的在地化、回應在鄉土文學／台灣話文論戰中規劃出來的「文化──語言」疆界。首先，從大量援引二元對立

的「階級」概念爲情節架構的小說中，我們看到台灣內部特殊的封建地制與地主仕紳，取代了近代工業資本主義與資產階級成爲批判對象，日本殖民現代性也被間接納入攻擊範圍之中，隱約將民族主義敘事中的「共同體」以威權之有無區分得更爲細緻；其次，我們也發現作者開始在文本內部積極經營台灣的「鄉土」空間，而這個空間雖然有辨識自我身份，以及過濾殖民性、諷刺殖民性的效用，但並不總是如此帶有戰後民族主義敘事所鍾愛的昂揚的氣勢。

第三章　戰雲密布下的台灣殖民地民族主義敘事

前言

　　朱點人於 1936 年底出版的《台灣新文學》雜誌上發表了〈脫穎〉這篇小說。〈脫穎〉的內容大致在述說沒有錢娶老婆、在官衙裡擔任雜役工友的陳三貴，暗戀主任的女兒犬養敏子，卻明白彼此身份地位的懸殊而苦惱不已。其後主任的兒子在日滿戰爭（即九一八事變）中陣亡，主任態度豹變，積極安排女兒嫁給台灣人，以免自己的孫子再踏上征途，陳三貴便藉此機會，入贅到犬養家。〔註1〕〈脫穎〉中對入贅一事挾帶鮮明的諷刺意味，一再強調日本主任的姓氏「犬養」、三貴入贅之後變成「犬養三貴」等處，和本文上一章引述的蔡秋桐作品〈理想鄉〉中，將日本指導者的姓氏諧擬成「老狗母仔」的筆法有異曲同工之妙。朱點人對屈從型人物加以批判，並指控台灣人在被殖民的狀況下受盡歧視、即使能力優秀也出不了頭天的事實，在戰後民族主義敘事中，理所當然列編為「抵抗」殖民者的模範教材。只是對戰後民族主義敘事而言，〈脫穎〉的重要性不僅於此。它出現在台灣文壇的時間點，正劃下一道歷史的分界線──1936 年的台灣，剛迎來極具象徵意義的「武官」總督小林躋造，隔年，蘆溝橋事變爆發、中日戰爭開打，國家總動員法在台實施，

〔註 1〕　朱點人，〈脫穎〉，原刊《台灣新文學》第一卷第十號（1936 年 12 月），收於楊華等著，《薄命》（台北，遠景，1997 年），頁 133～152。

小林總督揭示「皇民化、工業化、南進基地化」等三大治台政策——在此之前是日本統治者標舉「內地延長主義」爲招牌的同化時期,在此之後則是因應軍國主義的需要而猶如燎原烈火的皇民化。戰後民族主義敘事認爲,在皇民化時期成長起來的知識分子,正因爲這道歷史分界線而無從效法 1920、1930 年代對日本殖民主義施以批判的先行者,甚至失去了民族道德、對日本產生認同感,像〈脫穎〉這類型的作品自然成爲絕響。

　　不管論者抱持中國意識或台灣意識,幾乎都把日本的皇民化政策等同於徹底消滅台灣人既有民族認同的苛政——就像「『皇民化運動』的罪惡目的,就是要殖民地台灣向著日本『本土化』,用日本國的『大和文化』全面、徹底地取代中國文化,消滅台灣同胞的民族意識。」〔註 2〕、抑或「1937年 9 月,當局強迫推行『皇民化運動』,意圖以大和民族意識壓制漢民族意識,以『大和文化』徹底取代台灣本土文化,消滅台灣人的民族意識。」〔註 3〕等這些論述文字所呈現的——而與保有應允被殖民者重新論述殖民政策之空間的同化時期兩相隔離。在殖民者高壓統治下,原本可待收穫成熟果實的台灣新文學,也就理所當然產生斷裂、進入黑暗期。即使是後起積極擺脫民族主義道德本位研究,它們對皇民化時期的判斷其實也沒有全然揚棄這道歷史的分界線。

　　雖然皇民化時期與同化時期的確有一視可辨的眾多差異,但若僅從「差異」著手、把兩個時代「斷裂」開來,將會衍生出兩個值得探討的問題:首先,「斷裂」史觀營造出此時日本政府施以高壓統治,而導致台灣文化主體消亡與台灣人「抵抗」殖民之努力攔腰斷折等刻板印象。只是日本的皇民化政策是否全面表現出對台灣文化的排斥性,以及台灣文化場域或言論空間自1937 年中日戰爭全面開打之後,是否真的在國家威權的宰制下一蹶不振?重新閱讀史料後,我們將會發現有加以澄清之必要;其次,則是皇民化時期的新文學被定型爲負面的、與「健康」的前行時代隔離,而能彰顯前行時代豐功偉業的對照組。但當本文經過前一章的討論,察覺前行時代的台灣知識分子表現出來的民族主義敘事可能不是想像中的如此「健康」、察覺被殖民者並非直到皇民化時期才突然思考「如何成爲日本人」時,是否表示皇民化時期新文學受戰後民族主義所詬病的特色,其實有可能是前行時代積累和延續的

〔註 2〕　趙遐秋、呂正惠編,《台灣新文學思潮史綱》(台北,人間,2002 年),頁 115。
〔註 3〕　游勝冠,《台灣文學本土論的興起與發展》(台北,群學,2009 年),頁 64。

成果？如何回應這兩個問題，正是本文探討皇民化時期新文學中的民族主義敘事之關鍵。

　　前兩章本文處理了皇民化之前的台灣殖民地民族主義與日本「東方式殖民主義」之間的關係：日本的殖民主義由於與其官方民族主義齊頭並進，而有將殖民地「包攝」進一個尚在建構、邊界不斷擴大的民族國家／帝國之中的欲望；而做為日本「東方式殖民主義」之回應的台灣殖民地民族主義敘事，先是自 1920 年代前後，由本土資本家／地主引領的政治社會運動與文化啟蒙運動開始，建構一套繞開「日本化」同化（但並非排斥編入日本帝國之中）的情節架構，然後於 1930 年左翼思潮在地化的影響下，在批判既有內部路線之同時，逐漸發展出打造台灣的「文化──語言」疆界、卻又同時將此疆界納入日本中央之下的民族主義敘事。延續以上之基礎，接下來兩個章節將針對日本「東方式殖民主義」以及台灣的殖民地民族主義行進至皇民化時期（即 1937 年中日戰爭全面開打直到 1945 年終戰）、在遭逢「戰爭」這個時空環境變數之時，以何種面貌展開互動，以及如何可能接續 1930、甚至 1920 年代等部份展開討論。

　　具體而言，本章將以下述兩個軸心鋪陳：第一個軸心是關於日本因應「戰爭」此一時空環境變數，如何調整其殖民政策或修辭的動態變化，並於其中思索辯證皇民化時期日本的殖民意識型態與前行時代的連接。這部份本文將先爬梳皇民化時期的歷史脈絡，再行分析大政翼贊會文化部配合戰時體制而擬定的「地方／外地文化」政策，以及稍後「大東亞共榮圈」之歷史意義，既調整皇民化時期的刻板印象，亦希望從殖民者這一邊，重新連結原本因「戰爭」而斷開的歷史階段。而這將是本章第一節的工作。緊接著第二個軸心，本文將轉向被殖民者這一邊，剖析他們回應殖民者的政策與看待自我文化的方式。本章第二節主要以當時知識分子的言談文字為對象，楊雲萍與黃得時兩人有關台灣文學的相關論述──儘管大量的前行研究已經反覆討論（尤其是黃得時的部份），但詮釋的結果幾乎都依傍戰後民族主義敘事「殖民者對被殖民者」的情節架構行走──將為戮力之處。至於第三節，本文選取張文環這位皇民化時期「鄉土書寫」的代表性作家，來討論皇民化時期新文學中被進一步細緻化的「鄉土」形象的功能意義，以及與日本殖民意識型態和政策之間的牽連，進一步比對其與 1930 年代知識分子於左翼思潮在地化下的鄉土書寫之異同。最後必須附加說明：本章的架構無法妥善對待此時在種種歷史

因素加持下強勢介入台灣新文學場域的「在台日本知識分子」——比如黃得時的研究，原本就是回應島田謹二稍早的文學史建構工程而來——筆者並非沒有意識到在台日本知識分子的重要性，只是在台日本知識分子的文學表現所涉及的議題過於複雜，將其納入討論的範圍可能會導致主題失焦，因此，本章將在台日本人的部份做爲台灣知識分子的對照組補充說明，不再另開獨立的章節。

第一節　皇民化時期日本的「東方式殖民主義」

　　若要質問將皇民化時期想像爲台灣新文學史上的黑暗期這種基於「時空環境差異」而衍生的斷裂史觀，最有力的證據應該是此時許多與「斷裂」擦出違和感的文字。比如說呂赫若於太平洋戰爭——這個一般被視爲日本軍國主義邁向最高峰的關鍵——之後所進行的書寫：

> 門樓已經是座古老的建築物，牆壁上裝飾的色彩與各種人形雕飾紛紛剝落，僅留下痕跡。門上有塊以青字寫著「福壽堂」的匾額。這塊匾額也快壞了，上面結滿蜘蛛網……「後龍」靠近四棟。就在所謂的後龍後面，甘蔗的枯葉掩埋如山高，又蓋了一間豬舍、家禽的小屋，以及廁所。乍看就知道是古老的建築物，由於沒有什麼人氣，給人鴉雀無聲的感覺。四棟與某個後龍大部份的牆壁已傾圮，窗櫺也脫落，滿目瘡痍，每個入口的門都緊閉。〔註4〕

呂赫若這段引領讀者徘徊鄉土空間的細膩文字絕非特例。我們應該不難發現許多被奉爲經典、以台灣鄉土或固有文化爲對象的學術研究與文學作品，耐人玩味地於皇民化時期、甚至戰事益發吃緊的1940年代之後大量產出——如當時主持《台灣文學》、被視爲戰時台灣知識分子領袖之一的張文環，其倍受後世讚譽、帶有濃厚台灣色彩的「鄉土書寫」；或者楊雲萍著手整理台灣古典文學的史料、以及黃得時台灣文學史的建構，也皆於皇民化時期展開——若只以熱衷程度而言，皇民化時期台灣知識分子對自我文化的關照，其實不比1930年代寫實主義喧囂塵上之時來得遜色。如果按照「斷裂」史觀，皇民化時期理應是日本殖民者欲以大和文化徹底消滅台灣文化的時代，如何可能允許此種類型的作品大量出現？

〔註4〕呂赫若著，林至潔譯，〈財子壽〉，收於《呂赫若小說全集》（台北，印刻，2006年），頁264～265。

　　皇民化時期的到來，是 1937 年之後日本一步步陷入戰爭的泥沼、為了調動殖民地的人力物資協助戰爭而造成的歷史結果，其中必定含有壓制可能危及戰爭動員的一切不穩定因素的成份，因此殖民地的文化與言論空間，當然也不可能像前行時代一樣擁有一定程度的自主性。只是即使消滅、壓制被殖民者的文化認同與言論空間之特色實存，這種特色是不是可能在戰後台灣民族主義的敘事中，因為建構當代集體認同的需要而被渲染成刻板印象？呂赫若與其他皇民化時期知識分子的表現，正替我們指出以「斷裂」史觀檢驗皇民化時期日本的殖民主義、或者再現台灣文壇之狀況如何失之偏頗。

　　皇民化時期日本的殖民政策，大體上雖然呈現出國家威權壓抑控制、鞭策被殖民者學步大和文化等特色，但其實仍因時空環境的起伏，而有「激進控制」與「彈性治理」的動態變化，無法概而論之。正如柳書琴所言：

> 廣義的皇民運動，包含兩個名稱、性質、起源與操作不盡相同的運動。以皇民奉公會成立的 1941 年 4 月為界，前者是以「皇國臣民化」為目標、由多種不同性質以及目標不一的運動鬆散組成，可視為日本國民精神總動員運動台灣版的「皇民化運動」；另一則是以「臣道實踐」為目標，由皇民奉公會統一策劃發起的「皇民奉公運動」……在指導理念上，（狹義的）「皇民化運動」著重同化與控制的激進同化主義路線；「皇民奉公運動」則強調彈性治理與文化動員的翼贊文化路線。〔註5〕

本文以為，上述皇民化時期台灣知識分子規模性地投身鄉土，其關鍵應該就是在「激進控制」與「彈性治理」之間（而非只有官方威權由上而下指導整編）的夾縫中發生的。這就表示如果不能重新分辨日本殖民主義因應戰爭動員而來的諸多政策調整與其殖民意識型態之間的關係，就不可能理清台灣皇民化時期民族主義敘事的性質。有鑒於此，本文參考柳書琴的碩士論文〈戰爭與文壇──日據末期台灣的文學活動（1937.7～1945.8）〉，先將戰爭時期的台灣文壇大致分為蟄伏期、復甦期與消頹期等三階段，整理成下表，再依此展開討論：

〔註5〕　柳書琴，〈帝國空間重塑、近衛新體制與台灣「地方文化」〉，收於石婉舜等編，《帝國裡的「地方文化」：皇民化時期台灣文化狀況》（台北，播種者，2008年），頁5。

分期	時　間	時局與台灣文壇
蟄伏期	1937 年 4 月	◆ 台灣總督府控管報刊媒體，廢除漢文欄。
	7 月	◆ 蘆溝橋事變，中日戰爭全面開打，人心浮動，台灣軍司令部與總督府共同推行治安強化工作。
	9 月	◆ 第一次近衛內閣推行國民精神總動員運動。
	1938 年 4 月	◆ 國家總動員法施行。
	11 月	◆ 近衛內閣發表第二次近衛聲明，透過「日華親善」等口號，號召建立「東亞新秩序」。
	1939 年 11 月	◆ 由西川滿主導的台灣詩人協會成立，並發行機關雜誌《華麗島》。
	1940 年 1 月	◆ 台灣詩人協會改組爲台灣文藝家協會，並發行機關雜誌《文藝台灣》。
	2 月	◆ 公佈台灣戶口規則修改，允許改日本姓名。
復甦期	7 月	◆ 第二次近衛內閣成立，爲以民意牽制軍部以盡早解決對中國的戰事，展開新體制運動。
	10 月	◆ 新體制運動的核心組織大政翼贊會組成，但在軍部的反制下與國民精神總動員運動合流。
	11 月	◆ 長谷川清出任台灣總督。緩和前任總督小林的皇民化政策，應和大政翼贊運動。
	1941 年 2 月	◆ 在總督府情報課策畫下，台灣文藝家協會進行改組，但《文藝台灣》已交由文藝台灣社發行，不再是協會的機關刊物。
	3 月	◆ 公佈修正台灣教育令，廢止小學校、公學校，一律改稱國民學校。
	4 月	◆ 大政翼贊會的台灣最高組織皇民奉公會成立。
	5 月	◆ 張文環組啓文社，發行雜誌《台灣文學》。
	10 月	◆ 第二次近衛內閣總辭，東條英機上台。
	12 月	◆ 日本偷襲珍珠港，太平洋戰爭開打。東條英機內閣確認「大東亞戰爭」名稱，向英美宣戰。
	1942 年 5 月	◆ 戰時最高統制文藝團體日本文學報國會成立。
	6 月	◆ 中途島海戰，太平洋戰爭日本由盛轉衰的關鍵。
		◆ 大政翼贊會改組，文化部長岸田國士因翼贊會官僚化及日本思想界全面右傾等因素而請辭。翼贊文化景氣開始消退。
	7 月	◆ 台灣文藝家協會再次改組，成爲官方外圍組織。
	11 月	◆ 東條內閣成立大東亞省，爲配合其設立，日本文學報國會召開第一屆大東亞文學者大會。

分期	時　間	時局與台灣文壇
復甦期	1943 年 2 月	◆ 西川滿〈赤嵌記〉、濱田隼雄〈南方移民村〉與張文環〈夜猿〉獲皇民奉公會頒發「第一屆台灣文化賞」。
消頹期	4 月	◆ 皇民奉公會文化部改組為台灣文學奉公會。 ◆ 以工藤好美的〈台灣文化賞與台灣文學〉一文對張文環、濱田隼雄兩位得獎作家懸殊評價為導火線，引發糞寫實主義論戰，於論戰中誕生「皇民文學」之口號。
	8 月	◆ 第二屆大東亞文學者大會召開。
	11 月	◆ 台灣文學奉公會召開台灣決戰文學會議，會中西川滿主動要求所有的作家皆應「撤廢結社」。
	12 月	◆ 《台灣文學》停刊。
	1944 年 1 月	◆ 《文藝台灣》停刊。
	5 月	◆ 由台灣文學奉公會發行的《台灣文藝》創刊。
	6 月	◆ 台灣文學奉公會陸續指派西川滿等十三名台灣作家至與戰爭局勢相關的場所生產前線參觀，要求寫出各自的戰爭經驗。
	11 月	◆ 第三屆大東亞文學者大會召開，台灣作家沒有被邀請，象徵決戰重心與政治責任的轉移。
	12 月	◆ 派遣作家的作品集結，以《決戰台灣小說集》（乾、坤兩冊）之名出版。
	1945 年 1 月	◆ 《台灣文藝》最後一期發行。

　　透過上表的分期與時局、文壇大事概述，[註6] 我們應該可以確認一般為人所熟悉的所謂日本「激進控制」思想言論的皇民化時期想像，嚴格說來只適合用來形容蟄伏期與消頹期兩段時空的氛圍。台灣的固有文化在小林躋造出任台灣總督（1936 年 9 月）之後的確備受壓抑，總督府除了廢止台灣報紙的漢文欄之外，如禁演歌仔戲與布袋戲、廢止台灣陰曆年習俗、強制參拜神

〔註6〕　上表的分期並不是絕對的，每個階段之間其實皆有疊合與交互作用存在。首先，雖然對文化政策產生重大影響的近衛新體制，是台灣文壇邁向復甦期的必要條件之一，但事實上早於 1939 年底至 1940 年初，由西川滿等人主導的台灣詩人協會、台灣文藝家協會之創立，就已經透露出台灣文壇（即便已非純粹的、由「台灣人」為主體組成的文壇）復甦的跡象；其次，台灣文學奉公會此一將台灣文壇的資源收歸於官方所有的組織，當然是台灣文壇進入消頹期的象徵，不過官方實質上完全干預知識分子的言論空間，應該還要等到 1943 年 4 月到 11 月間，日治時期台灣文壇的最後一次論戰——糞寫實主義論戰——之後。

社、正廳改善與寺廟整理等諸多政策，都顯示出與當時日本中央以大和文化符碼崇拜爲宗旨的國民精神總動員運動看齊、積極重置台灣文化符碼的決心。但這個狀況到了 1940 年 7 月第二次近衛內閣上台之後開始有了變化。第二次近衛內閣希望趁著當時日本對中國戰爭順利的契機，動員「舉國一致」之民意牽制軍方力量以盡快結束戰爭，而決定調整成效不大的國民精神總動員運動，改行大政翼贊運動此一新體制。於大政翼贊運動啓動不久接手台灣總督職位的長谷川清，也順應日本中央的革新，對小林躋造強硬的皇民化措施做出修改，容許台灣文化在不違背大政翼贊運動之精神的狀況下存在，原本死寂的台灣文壇因此迎來復甦景氣。

　　大政翼贊運動之所以能爲台灣文壇帶來化學變化，首先是因爲文化的政治功能在其「高度國防國家」理念下倍受重視，致使日本捨棄先前壓制主義的文化政策、反其道而行鼓勵文化界發揮創意，期待藉此創造能支撐日本帝國的新國民文化；不過當時帝國領土的迅速擴張與重劃讓日本當局不得不正視多元文化差異，以及如何有效動員「異己」爲日本帝國效命等問題，因而透過翼贊會文化部提倡具有尊重鄉土傳統與地方特殊性、矯正向來中央文化散布於地方的傳播方向，使中央與地方兩者的交流達成均衡等效用的「地方文化」（指東京都會以外的其他日本本土文化）與「外地文化」（指日本本土以外的其他地區文化，台灣文化即屬於此類）政策，更是不可忽視的重要原因。〔註7〕儘管大政翼贊／新體制運動於 1941 年底東條英機內閣上台後，逐漸淪爲軍部的宣傳機關，〔註8〕而與近衛內閣原本期待的結果背道而馳，太平洋戰爭（大東亞戰爭）爆發更讓官方對文化的高壓統制有捲土重來之勢，但本文認爲大政翼贊／新體制運動中鼓勵而非壓抑，以及抬高地方／外地文化之地位、調整原本容易引起反彈的強硬日本化政策等方針仍然延續了一段時間，而且因爲「大東亞文化的建設」此一支撐大東亞共榮圈的戰略任務需要，台灣文化與文壇至少在台灣文學奉公會成立之前，還是「被允許」擁有一定

〔註7〕　有關大政翼贊／新體制運動如何調整既有的國民精神總動員運動，以及地方／外地文化政策對台灣的影響等相關討論，可參考收於石婉舜等編，《帝國裡的「地方文化」——皇民化時期台灣文化狀況》中的兩篇文章：吳密察，〈《民俗台灣》發刊的時代背景及其性質〉，頁 62～67；以及柳書琴，〈誰的文學？誰的歷史？——日據末期台灣文壇主體與歷史詮釋之爭〉，頁 201～202。

〔註8〕　1942 年 6 月，大政翼贊會開始遭到東條內閣改組；7 月，大政翼贊會文化部長岸田國士因對翼贊會之改組、以及思想界全面右傾之風潮不滿，而請辭文化部長一職。

的活力──這個狀況從 1942 年被徵調到台灣擔任台灣演劇協會（當時台灣戲劇的統制機關）主事的松居桃樓所發表的言論中，應該能窺知一二：

> 處在大東亞戰爭下的今天，在各個層面都不能只侷限在日本式的狹隘思考中，而必須從大東亞共榮圈這個大範圍著想。這就意味著日本所期望的文化目標，必須是大東亞文化之類的東西才行。從這個角度來思考過去的文化整體，戲劇自不在話下，文學等其他方面也都太過於以東京爲中心了。如果從大處著眼，東京文化只不過是大東亞文化的一環……從這一點來看台灣的現況，好像以爲各方面都要學內地學東京，也就是要皇民化。我覺得這樣做不是會引起錯覺嗎？到不如說，今後的做法是「台灣要率先創造新文化」，要有啓發中央的氣概才行啊。也許中央比較期待這種發展吧！〔註9〕

由此看來，「戰爭」給台灣帶來的影響並不只在於言論自由的壓縮或者固有文化的摧折，它也諷刺地使得台灣的殖民地文化資源在不斷擴大的日本帝國中被重新評估、獲得前行時代少有的重視。

只是在松居桃樓對台灣文化界的殷殷期盼之下，我們不只能獲得「殖民地文化在皇民化時期仍有存活空間」這項訊息，他的敘事中更隱藏著日本藉大東亞共榮圈此一概念，如何可能將本文所謂「東方式殖民主義」那種吸收台灣（或東亞其他鄰近土地）進入日本帝國之中的民族主義欲望延續下來的線索──儘管做爲一種政治號召，大東亞共榮圈要直到 1938 年底第一次近衛內閣提出聲明後，才算正式搬上檯面，但我們不能將大東亞共榮圈的意識型態，完全視爲日本配合自 1937 年之後一連串無法控制的對外擴張而衍生的戰略性思考或創新的敘事型態。它的原型其實早存在於明治維新伊始之時、既試圖以呼應西方乃至世界文明的方式重新排列東亞的國際關係秩序，卻又同時對西方經濟與軍事優勢產生危機意識的複雜問題之中。

福澤諭吉的「脫亞入歐」與岡倉天心的「亞洲一體論」，可說是明治時期關於日本未來走向最具代表性的進策。儘管兩人的敘事表面上看似天南地北，但皆可視爲日本對西方文明染指亞洲的危機意識與當時國際情勢的回

〔註9〕中村哲等著，涂翠花譯，〈文學鼎談〉，原刊於《台灣文學》第二卷第三號（1942年 7 月），收於黃英哲主編，《日治時期台灣文藝評論集（雜誌篇）・第三冊》（台南，國家台灣文學館籌備處，2006 年），頁 333。

應：福澤以進化論爲基礎，將西方文明對全球的征服視爲不可避免的趨勢，
而建議日本應該盡早讓人民享沐文明之風、謝絕中國與朝鮮等不思長進的惡
友，脫離亞洲野蠻落後的行列、走進歐美等先進國家的陣營；岡倉則質疑進
化論史觀，認爲只爲了物質而束縛精神的西方文明正誤入歧途，進而從抽象
的美學層次，開始談論「愛與和平」這個亞洲文明共同的精神，如何可能爲
現代世界提供新的文化價值。〔註10〕只是當兩人的敘事逐漸脫離明治時期的
時空背景，既有的「危機意識」的情節就產生了異質化爲侵略藉口的可能──
──尤其在1905年日俄戰爭、這場象徵日本已有能力打敗西方強國的戰爭結束
後，那種明治維新以來「必須攀登文明階梯」〔註11〕的謙遜自覺，逐漸變質
爲日本學術或軍備已凌駕於西方之上的膨脹自信之時。對後起的軍國主義者
如北一輝與大川周明等人而言，福澤的敘事將他們引向「文明」自滿（日本
做爲東亞第一個成功現代化的國家），岡倉則引向「文化」自滿（日本保存的
東洋文化可與西方分庭抗禮），最後製造出連帶感（興亞）與擴張欲（隱含侵
略思考的日本中心論）並存的大亞細亞主義。〔註12〕

　　將東方與西方的關係簡化爲二元對立式的邏輯，同時不斷將自我主體（日
本）抬升、化約爲東洋文化的領導者的大亞細亞主義，正是後來大東亞共榮
圈的文化張本──也就是說，我們可視（於戰爭進行中不斷調整變動的）大
東亞共榮圈爲一種抵抗西方的東方政治共同體，而（源頭可追溯至明治時期
的）大亞細亞主義則是修剪適用於此政治共同體的一套文化論述。至於這個
東方共同體實踐或運轉的方式，從大政翼贊會文化部最初推行地方文化時所

〔註10〕有關福澤諭吉「脫亞入歐」與岡倉天心「亞洲一體論」的詳細討論，可參考
　　　　李文卿，《共榮的想像──帝國‧殖民地與大東亞文學圈（1937～1945）》（台
　　　　北，稻鄉，2010年），頁24～39；以及孫歌，《亞洲意味著什麼：文化間的「日
　　　　本」》（台北，巨流，2001年），頁23～40。

〔註11〕鶴見俊輔著，邱振瑞譯，《戰爭時期日本精神史》（台北，行人，2008年），頁
　　　　13～16。在這裡鶴見用以舉證「必須攀登文明階梯」的自覺變質例子之一，
　　　　是那些在日俄戰爭後，開始自封爲「華族」、「不斷宣揚明治維新的豐功偉業」
　　　　的維新志士們。

〔註12〕北一輝與大川周明兩人可說是將福澤和岡倉的文化論述與帝國主義、國粹主
　　　　義合流的關鍵人物。從社會主義起步的北一輝認爲，日本是國際社會中的無
　　　　產者，有權力向國際索取財富，進而將日本的對外戰爭以「正義」之名稱之，
　　　　自詡爲東洋文明的代表，主張讓日本帝國成爲保衛亞洲免於西方侵略強權的
　　　　盟主。與北一輝齊名的大川周明同樣強烈批判西方強權，將日本對外擴張美
　　　　化爲改造亞洲、復興亞洲的義舉，積極爲日本軍國主義背書。詳見李文卿，《共
　　　　榮的想像──帝國‧殖民地與大東亞文學圈（1937～1945）》，頁42～48。

擬定的以皇道精神爲核心、將日本視爲道義性的指導者，期望東亞各民族能藉著接觸日本精神而回復自身原本姿態、成爲所謂「東亞人」的計畫來看，〔註13〕應該不是遵循它表面上所宣稱的「各民族平起平坐」之模式，而是隱藏著以日本爲機軸、將亞洲各地差序式吸收進「我們」大東亞之下的位階，以及日本長久以來官方民族主義中面對西方／英美文化那種既懼怕又敵視的心理狀態。因此，日本自大政翼贊運動以降，不斷強調東京（日本）文化爲大東亞文化的一環、進而鼓勵殖民地創造自我文化的政策，其目的一方面當然是爲了避開強硬的日本化可能引發的負面聲浪，在帝國邊界持續的擴大中合理化侵略、發揮穩定政局的效果；另一方面則巧妙地將地方／外地文化做爲分離西方文化的抵禦措施之一，將其引導進入以日本爲中心的東亞共同體中，幫助日本把握住文化主體、進行一場有計畫的文化復古運動，以求在戰爭中表現出內部高度統合、一致對外的民族主義精神力。從 1942 年 7 月──皇民化時期台灣文壇即將邁入由國家全面統制階段的前夕──刊載於《文藝台灣》上由署名林恭平、時任新竹州產業部長所寫的文章中，我們即可發現官方鼓吹地方／外地文化背後赤裸裸的眞相：

> 我希望台灣的文藝家不要光是舞文弄墨，過風花雪月的生活；要努力找出日本文藝中的美感、柔情、溫馨、高雅、清心──所謂日本美……讓共榮圈內的各民族了解日本的美，同時也提升他們的文藝教養，請他們協助建設東亞。我們要讓大東亞共榮圈內各民族異口同聲說：「日本人很優秀」，正因爲文藝在這方面具有莫大的力量，所以也不妨說文藝作家擔負著國家的重責大任。〔註14〕

這個狀況其實可與本文上一章所示、1930 年代日本官方鑒於世界金融危機與九一八事變等影響，透過文部省推動培養兒童愛鄉、愛國心的「全國性鄉土教育運動」相提並論──根據橋本恭子的研究，1930 年代席捲整個日本帝國的鄉土教育，其背後隱藏著遭逢國際情勢危機的日本官方，如何一改自明治初期以歐美教育制度及組織爲模仿對象的策略、以形成「眞正的日本人意識」爲要務，轉而提倡「回歸日本」、將「鄉土」視爲人格及精神形成之搖籃的歷

〔註13〕 詳見李文卿，《共榮的想像──帝國‧殖民地與大東亞文學圈（1937～1945）》，頁 57～67。

〔註14〕 林恭平著，凃翠花譯，〈文藝家未來的使命〉，原刊於《台灣文藝》第三卷第七號（1942 年 7 月），收於黃英哲主編，《日治時期台灣文藝評論集（雜誌篇）‧第三冊》，頁 322～323。

史事實。〔註 15〕由此看來，將原本在（西方）現代化之下逐漸被消磨、邊緣化的鄉土或地方／外地文化重新抬升，以二元對立的邏輯加強（東方）民族主義的內部向心力，其實是日本官方在面臨國際壓力時經常採用的敘事型態。〔註 16〕

在上述種種線索的輔助下，本文據此將大政翼贊運動中的地方／外地文化政策以及大東亞共榮圈，共同視爲日本擴張欲與防禦性建構並存的「東方式殖民主義」的詮釋與延伸——它們不但是日本侵略性殖民主義的極致表現，也更述說著日本官方民族主義未完成的進行式。因此，儘管就殖民技藝的層面而言，皇民化時期日本鑒於戰爭需求所致力營造的東、西敵對氛圍，不再標舉其受西方現代化文明洗禮的位階優勢（甚至對西方文明大肆批判），而不斷強調大和文化的出眾與代表東方對抗西方之合理性、將「同文同種」論述之中蘊藏的集體主義發揮到極致，最後看似讓「急進的日本化同化」取代了前行時代「漸進」的路線，但是當急進路線無法收到成效、引來反對聲浪時，日本官方事實上是以地方／外地文化政策與大東亞共榮圈點慧地繞回「漸進」路線，同時重新包裝以日本爲中心的民族主義式垂直整合。而若從實際執行的層面來看，皇民化時期不管是與內地平準一致的教育改革（1941 年 3 月公佈國民學校令，台灣取消公學校制度），抑或撤廢內地與朝鮮、台灣之稱謂，甚至志願兵制度（陸軍特別志願兵於 1942 年 1 月、海軍則於 1943 年 5 月公佈）等別開生面、看似抹銷殖民者與被殖民者之間差異性的政策，雖然標誌著「戰爭」急迫性給台灣帶來的巨大改變，但當日本於敗戰前夕，才開始討論殖民地參政權的賦予與否，反而讓我們發現前行時代「同化（文化涵括）先於整合（政治涵括）」的特色流竄其間——台灣人必須走完教育同化以及爲天皇犧牲的步驟，才有爭取國民資格的籌碼。

〔註 15〕 橋本恭子，〈在台日本人の鄉土主義——島田謹二と西川滿の目指したもの〉，刊於《日本台灣學會報》第九號，2007 年 5 月，頁 240。

〔註 16〕 做爲佐證之一，可參考張文環於 1940 年的《台灣藝術》上發表的名爲〈關於台灣文學的將來〉這篇文章。張文環提到中央文壇當時面臨瓶頸，而開始追求具有地方色彩的東西，但「這個傾向的發端，應該是從打出農民文學口號的時候就開始了吧。」（張文環著，林信甫譯，〈關於台灣文學的將來〉，原刊於《台灣藝術》第一卷第一號（1940 年 3 月），收於黃英哲主編，《日治時期台灣文藝評論集（雜誌篇）·第二冊》（台南，國家台灣文學館籌備處，2006 年），頁 464。）此處「農民文學」所指，即爲 1930 年代日本官方推行鄉土教育運動後，當時日本文壇風行的書寫潮流。

　　本文一再強調皇民化時期與前行時代連接的依據，並非完全否認皇民化時期與前行時代的差異。如同那位致力於追究殖民者責任的荊子馨提醒我們的：當殖民者明確地告訴台灣人要怎麼做才能「成為日本人」，表面上看似實現了前行時代未能完成的目標，但事實上是將原本殖民者應該擔負的「成為日本人」之責任〔註17〕，轉嫁到被殖民者身上、「內化」為被殖民者的問題意識，造成「不當日本人不行」的感覺，成為巨大的焦慮。〔註18〕換言之，日本藉由全面的「日本化」同化，巧妙地將皇民化政策「賦予情節」成同化的實現、製造出責任轉移的陷阱，其結果使得台灣人無法像1920或30年代，還能以批判日本不完全的現代化之方式繞開「日本化」同化、追求平起平坐之可能。因此，對荊子馨而言，把皇民化時期與前行時代混為一談，將有重蹈日本官方殖民論述的危險。只是本文認為，強調日本將台灣或其它殖民地編入建構中的民族國家之下、想方設法要求被殖民者為天皇獻身打天下的欲望，並不是皇民化時期突然出現的敍事特色，而是「東方式殖民主義」如此帶有民族主義性質的殖民主義一開始即已設定的情節，甚至是整個日治時期日本的共同核心課題，其實並不妨害我們避開殖民論述的陷阱，而且若以此核心課題為前提來詮釋皇民化時期「特殊」的心理枷鎖，反而可能有助於指控日本殖民論述的傷殺力如何藉由「戰爭」此一歷史因素加成。

　　藉由史料整理以及對地方／外地文化政策和大東亞共榮圈的延伸分析，我們應該能對本章於前言中所提出的有關以「斷裂」史觀處理皇民化時期將導致的兩個問題做出調整：首先，皇民化時期的台灣文壇，並非自始至終遭受日本軍國主義的壓制與動員，知識分子還是擁有些許喘息與思索應對之策的空間；其次，儘管日本為了戰爭動員之需，實施諸多與前行時代看似差異性極大的政策，但此時日本對待殖民地的意識型態，和前行時代「漸進」式的同化政策並無二致。只是本節的目的不只限於修補前行研究的問題，或者迴護本文「東方式殖民主義」的方法論，而是意圖強調

〔註17〕　荊子馨認為日本的同化政策並沒有一致的哲學或系統性的策略，而且由於政治歧視與文化同化之間的內在衝突（即本文於緒論所示、有關日本如何以「同文同種」等文化層次的修辭強調殖民統治的合理性，但卻又不願給予被殖民者同等於日本國民的政治權力），大體上被表述成一種失敗或尚未實現的殖民理想，更因此給予被殖民者論爭與重新表述的空間。詳見荊子馨著，鄭力軒譯，《成為日本人》（台北，麥田，2006年），頁131。
〔註18〕　出處同上，頁131～138。

在日本帝國迅速往外擴張的皇民化時期，儘管台灣的地位與功能表面上看似發生變化，但台灣人面對的依舊是日本建構中的官方民族主義；而當地方／外地文化政策應允被殖民者追尋自我文化，台灣知識分子也弔詭地「被迫」走上 1930 年代之後建構起來的、以自我文化回應「東方式殖民主義」的道路。此外，正因為皇民化時期日本的殖民意識型態與敘事特色延續了「東方式殖民主義」，同化時期以「同文同種」（官方民族主義「包攝」的欲望）強調殖民統治的合理性，卻又不願給予被殖民者同等於日本國民的政治權力（殖民主義「排除」的位階式心態）所造成的內在衝突，其實也沒有真正被消解——在日本官方積極肯認複雜多重的地方／外地文化的話術之下，同時隱藏單一、高高在上的天皇國體本位，而仍然表現出日本官方民族主義敘事中「包攝」與「排除」共存的曖昧。皇民化時期台灣殖民地民族主義敘事的發展，應該就是在這種狀況下與前行時代展開對話。

第二節　楊雲萍、黃得時的台灣文學相關論述與民族主義敘事

「戰爭」給台灣帶來的影響不只在於言論空間或文化地位的起伏變化。從上一節皇民化時期台灣文壇大事的概述中，我們不難發現台灣作家與在台日本作家雙方勢力更因「戰爭」產生逆轉：1930 年代漸成氣候的台灣新文學，因小林總督時期壓迫性的文藝政策而趨於停滯，除了《台灣日日新報》、《台灣新民報》、《台灣新聞》以及《台南新報》四大報的文藝欄之外，台灣人的新文學運動可說一片空白，〔註 19〕許多台灣作家更因謀生困難與日本官方的宣導動員而前往中國另謀發展。相較於台灣作家皇民化初期暫時斷裂、緘默的命運，在台日本人的近代文學勢力卻因此從邊緣順勢而起、填補了台灣作家留下的空缺，不但得以延續他們早於皇民化時期之前即已開始的文學史敘事工程，更進一步發展出集體規模的活動——前者所指當然是島田謹二一系列針對在台日本人文學活動的研究文章；後者則如 1939 年底至 1940 年初，由西川滿等人主導的戰時第一個文藝團體台灣詩人協會（隨即改組為台灣文

〔註 19〕《風月報》應是此時台灣知識分子碩果僅存的漢文文藝雜誌，但該雜誌的執筆者與台灣新文學運動的參與者少有重疊，刊載的作品也多為通俗小說，與新文學運動較無關係。

藝家協會）。〔註20〕而台灣知識分子從觀望、欲語還休的處境中掙脫的關鍵應
該在 1940 年左右，其背後的原因，正如張文環所言：

> ……近來中央的文壇面臨瓶頸，因此開始追求具有地方色彩的東
> 西……另外因爲日本現在正在戰爭期間，在這個興亞的大業之下，
> 當然中央文壇也不能像是過往一樣的畫地自限。筆者覺得爲了擴充
> 中央文壇，中央自然開始醞釀一種接納地方風格的氣息。〔註21〕

這篇文章發表後不久，如上一節所述，日本官方改正 1937 年以來壓制性的文
藝方針、正式推行新體制與地方／外地文化政策。台灣知識分子對文學或有
關台灣文化的論述，也就以此爲契機逐漸回返新文學場域。1940 年代重拾論
述之筆的台灣知識分子之中，黃得時的台灣文學史書寫經常被視爲最具代表
性的成果。而做爲歷史書寫形式之一的文學史，從本文的方法論來看，正是
一種具有篩選過去凌亂的經驗、將其重新秩序化之特色的「敘事」——如同
本文緒論所言：敘事的作用不只幫助解釋了個人身份當下存在的意義，構成
民族主義之關鍵的「集體」也是依靠著敘事，逐漸確立其邊界。是以討論黃
得時的文學史書寫，對本文的主旨應該有莫大助益。不過單論黃得時的研究
成果稍嫌薄弱，本文注意到稍早於黃得時，楊雲萍這位身兼作家與鑽研台灣
古典漢詩文的學者也已經發表不少相關文章，更展現出文學史敘事的企圖。
因此，本節不妨先行整理楊雲萍的研究，再與黃得時的部份相互比對。

（一）楊雲萍與兩個海外移民後裔共同體的敘事之爭

　　1940 年 5 月，楊雲萍將他於台灣文藝家協會主辦的演講會中的講稿要旨
筆錄爲〈台灣文學之研究〉發表。這篇文章的第一個部份使用立霧溪發現沙
金此一事件，來起興當下的台灣文學擁有許多優秀的作品（下游的砂金），可
推斷必定是之前就有豐富的傳統與精彩的歷史（上游的砂金）所致。也就是

〔註20〕從台灣文藝家協會的機關刊物《台灣文藝》來看，台、日作家作品數量比極
　　　　不平均——若不依題材分、只記刊登次數，每期台日作者比大致都在一比四
　　　　左右，第一卷第三號甚至到了一比八。這個現象當然不能只以台、日作家寫
　　　　作程度之優劣來評斷，而更可能象徵著表面上「日台提攜」、聯合陣線式的台
　　　　灣文藝家協會與《文藝台灣》，其實是以在台日本知識分子爲主導的一次集
　　　　結、是在台日本人近代文壇的成立。
〔註21〕張文環著，林信甫譯，〈關於台灣文學的將來〉，原刊於《台灣藝術》第一卷
　　　　第一號（1940 年 3 月），收於黃英哲主編，《日治時期台灣文藝評論集（雜誌
　　　　篇）・第二冊》，頁 464。

說，楊雲萍認為台灣文學是一可用科學式的理性方法驗證、擁有一套歷史系譜的客觀性存在。〔註22〕替台灣文學搖旗吶喊之後，緊接著第二個部份，楊雲萍直接清領時期官方編纂的府縣志，把一種業已秩序化的歷史敘事做為這套台灣文學歷史系譜的資本——本文以為這正是〈台灣文學之研究〉全篇的亮點：首先，我們發現楊雲萍獨重清領時期之史料，而迴避了荷蘭、西班牙，甚至是日本的殖民統治，此舉象徵著把「當下」的台灣文學，編入漢民族「有秩序」的歷史情節中；〔註23〕其次，雖然楊雲萍指出台灣府縣志的編纂者沿襲中國「文章經國之大業」的文學觀念，〔註24〕但事實上他引用府縣志的重點，並非用以呈現中國對台灣的影響，反而大量鋪排其中所記載的有關台灣風土如何可能產生優秀的文學或促成台灣文學成長等等文字資料。由此看來，楊雲萍所謂的「台灣文學」不只具有漢民族傳統，它更是一種從龐大的敘事下解放出來的、移民後裔的獨特文學。

因此，當楊雲萍在這篇演講稿中提問：「我們台灣的過去，有什麼樣的文學成果呢？」〔註25〕我們似乎發現了一個攸關「海外移民民族主義」的課題。只是海外移民民族主義的「共同體想像」基本上是將移民母國視為他者或辯證的對象，楊雲萍這套以清領時期府縣志為張本、替漢民族移民後裔追編文學系譜的敘事，選擇宣告的對象卻是以在台日本人為主體的文化社團，其意圖可說非常耐人尋味。也許我們可以從稍後楊雲萍與在台日本人的小衝突來思索答案：1941年5月，亦是由在台日本知識分子主導的《民俗台灣》創刊，金關丈夫等人於創刊旨趣書中，強調在此台灣民俗即將消失的時刻，儘管他們並不憐惜舊慣的湮滅，但身為台灣島上的居住者，還是有義務對其展開紀錄與研究。楊雲萍於《台灣日日新報》上對這份旨趣書大肆抨擊，他批判這些學者機械式、旁觀者的高姿態，並期盼他們能以理解和謙遜來面對台灣的民俗。〔註26〕對楊雲萍而言，台灣的民俗不是無機的研究資料，而是構成台灣人自古至今日常生活的有機養分、更連接著台灣人的過去與現在，是一種

〔註22〕 楊雲萍著，葉蓁蓁譯，〈台灣文學之研究〉，原刊於《台灣藝術》第一卷第三號（1940年5月），收於黃英哲主編，《日治時期台灣文藝評論集（雜誌篇）·第三冊》，頁8～9。

〔註23〕 出處同上，頁9。

〔註24〕 出處同上，頁10。

〔註25〕 出處同上，頁9。

〔註26〕 楊雲萍，〈研究與愛〉，刊於《台灣日日新報》1941年5月29日之夕刊學藝欄。

解釋台灣人當下存在的「象徵資源」。這種有機連結過去與現在的態度，與楊雲萍文學史敘事的宗旨──清領時期的台灣文學並非只是躺在陳舊簡帛中死去的歷史，而是當下台灣文學的活力來源──無非相互重疊。由此延續性回推，我們是否可臆測楊雲萍向在台日本人講述〈台灣文學之研究〉之時，可能亦是捍衛對台灣人至關重要的歷史象徵資源之舉？

　　楊雲萍的危機感絕非無中生有。皇民化時期的台灣知識分子，除了必須回應日本官方對地方／外地文化的重視，還要面對在台日本人早於 1930 年代後期開始逐漸營造出的鄉土意識或「台灣意識」──如同本文上一章所示：1930 年代後期不論日本內地或台灣、官方或民間，「鄉土」都是矚目的焦點；再加以當時日本統治台灣已屆四十年，長期旅居者與在台出生的第二、三代人數不斷增加，這些因素都在在迫使我們思考在台日本人形成共同體想像的可能性〔註 27〕──而其中替在台日本人的「台灣意識」建構敘事、賦予情節之最具代表性者，莫過於經常被台灣戰後的研究者視為殖民者同路人的島田謹二。〔註 28〕1929 年來台任教的島田，約莫於 1935 年左右，即開始認真思考

〔註 27〕　我們可以執台灣皇民化時期新文學文壇牛耳的西川滿於 1938 年初──距離日本官方正式啟動地方／外地文化政策尚有一段時間之前──寫下的這段表白為例證：「少年時一直以為台灣沒有歷史，是一個錯誤的見解，我自己對當時的無知也覺得很生氣……我們去內地會流下感動的眼淚，就是因為學過那裡的歷史。而對真正居住的台灣沒有感覺，則是因為沒有學過這裡的歷史……啊！台灣！你就是無限的歷史的寶庫，百花盛開的宗教藝廊，未經琢磨的史界鑽石！啊，台灣，你就是西歐與東洋文化融合的華麗島。我很高興我有幸住在台灣，對值得開拓的歷史，我心中湧出高昂的興致。」（西川滿著，塗翠花譯，〈隨筆──有歷史的台灣〉，原刊於《台灣時報》219 號【1938 年 2 月 1 日】，收於黃英哲主編，《日治時期台灣文藝評論集（雜誌篇）‧第二冊》，頁 320～321。）遊覽日本內地風光的西川流下感動的淚水，但流淚之餘他不忘反詰自己為什麼對「真正居住的台灣」無動於衷──台灣此時被西川擺放在與內地對等的天秤上、被賦予了和內地一樣能夠成為「有歷史」的地理空間之資質，而不再單純是「帝國──殖民地／中心──邊陲」的附屬關係。由此看來，西川回眸凝視台灣的舉動，似乎演示超出「帝國之眼」能解釋的意義，而訴說著解釋自己（在台日本人）當前存在意義的企圖。

〔註 28〕　在此附加聲明：本文並不認同把島田謹二的文學史論述直接和官方綁定。皇民化時期的在台日本知識分子往往因為得利於「戰爭」與官方政策而被貼上同路人的標籤，造成他們的影響力被「侍從性」一筆帶過，島田謹二亦是如此。只是證諸史料我們即可發現，島田對台灣文學產生興趣、進而開展文學史書寫，其源頭事實上與「戰爭」或皇民化時期的官方文化政策無多大牽連，儘管在台日本人難脫「戰爭」或官方政策受益者的身份，但他們絕非從無到有「突然崛起」。本文認為，皇民化時期台灣新文學場域中兩個主要文化社群

撰寫一部明治、大正時期渡台日人文學作品研究著作的可能性，隔年遂以刊於《台大文學》的〈南島文學志〉為始，陸續發表作品。1936年的〈南島文學志〉中，島田向日本中央薦舉《荒玉歌集》、北原白秋的《台灣歌謠》與「媽祖書房」裁切台灣元素（喪禮用的麻布、油紙傘）加以裝訂、由矢野蜂人翻譯的《墳墓》等三本著作，討論台灣的風土元素如何可能替日本文學開創新貌（不論是內理或外在）、意欲彩妝在台日本人身處帝國之中的獨特價值。〔註29〕〈南島文學志〉的字裡行間可謂處處對母國中心的位階秩序加以肯定，但也同時表現出對移民在地化後必然持有獨特性的信心，更有著尋求自我解釋的渴望。1938年1月，島田於《台灣時報》上刊出同樣名為〈南島文學志〉的文章，將其對台灣文學的學術定義與研究方法首次公諸於世：

> 所謂一個國家的文學，理應建立在一個具有連續一貫的語言及國民之上……台灣文學自然不屬於這個大範疇之一。畢竟所謂「台灣文學」，只有兩個內涵：（1）發生於「台灣」的「文學」；（2）和「台灣」有關的「文學」。無論是哪一個內涵，都只不過是以「台灣」這個土地觀念為共通要素的文學現象。〔註30〕

我們察覺島田是以地理空間、一種屬地主義做為「台灣文學」的基本框架，而在這個地理空間之上，島田疊加上時間軸線，梗概台灣文學迄日治之前，荷蘭、西班牙、明鄭與清領各個時期可能的發展狀況，強調台灣複雜的歷史結構，如何使得「不同的語言、國民在同一塊土地上各自展開不相統屬的文學現象」〔註31〕，並進一步推論，所謂「台灣文學」的內涵，正是荷蘭、西班牙、中國與日本等各國文學史的混合物、它分別地構成了各國文學史的一

之間，並不能在一開始就以這層敵對關係區隔——即使在台日本知識分子為既得利益者，也並不表示他們生產的言論全然是官方政策的延伸；而身為被殖民者的台灣知識分子，也並不一定全然表現出對官方政策的排斥與不合作——與此相反，也許我們應該要將這兩個社群「共同」面對官方的地方／外地文化政策、以及大東亞共榮圈之號召的命運做為先決條件，再行研究他們和官方論述之間有何異同。

〔註29〕 松風子（島田謹二）著，涂翠花譯，〈南島文學志〉，原刊於《台大文學》第1卷第5號（1936年10月），收於黃英哲主編，《日治時期台灣文藝評論集（雜誌篇）·第二冊》，頁183～196。

〔註30〕 松風子（島田謹二）著，吳豪人譯，〈南島文學志〉，原刊於《台灣時報》218號（1938年1月1日），收於黃英哲主編，《日治時期台灣文藝評論集（雜誌篇）·第二冊》，頁305。

〔註31〕 出處同上，頁311。

個章節；據此島田認為，若要將「台灣文學」當成獨立的學術研究對象，其先決條件是掌握台灣不同時期各具特色的歷史脈絡。〔註32〕

　　從研究方法來看，島田的確有其進步性，但這也同時構成島田文學史敘事日後為人詬病的缺陷：當島田強調台灣歷史因為殖民／統治者的更迭而「斷裂」，一方面隱喻著台灣「當下」的日治時期可以不顧先前的歷史發展、自己構成一個獨立的意義單元，而日本文化／文學當然是這個意義單元的核心價值，因此在台日本人得以藉由與統治者的文化親近性取得台灣「當下」的敘事權；另一方面，在這種偏向殖民者的上層史觀中，承接荷蘭以降之歷史發展的「本島人」（主要指漢人移民後裔）其做為台灣地理空間中的主體，雜揉各種文化而發展出不同於中國或日本等殖民母國的特殊文化之可能性，則相對遭受排除。雖然島田的情節架構，是為他稍後「技術性」地婉拒日治之前的台灣文學以及台灣人的漢語或日本語文學，標舉「出現在明治文學中的台灣」、旅居台灣的日本作家與「灣生」的文學運動等三項課題，如此一系列的研究範圍設定鋪路，〔註33〕他也並非無視台灣人的文學成就，但任意裁切台灣歷史發展的結果理所當然導向台灣歷史的無機化，以日本文化／文學為取用標準則表現出文化自負，兩者皆對台灣知識分子造成莫大的傷害，也讓我們發現楊雲萍危機感的可能來源。

　　以此回顧〈台灣文學之研究〉，楊雲萍的對話對象事實上並不是台灣漢民族後裔的文化母國（中國）、亦非殖民母國（日本），準確說來應該是在「海外移民後裔」這個分類上趨同的在台日本人共同體——當楊雲萍向在台日本人呼告了一個他們並未參與的「過去」，多少表達了他對在台日本人只將「台灣」視為在台日本人的台灣、獨斷取用獨特性以辯證自我存在的意義等種種舉動有所不滿，也象徵日益強勢的在台日本人共同體對楊雲萍造成的危機感。不過楊雲萍雖有矯正在台日本人共同體想像之企圖，但並不表示他與在台日本人完全站在對立面——一開始對《民俗台灣》頗有疑慮的楊雲萍之後仍然成為《民俗台灣》的同人，也積極參與《民俗台灣》地域性的文化工作，甚至主編《民俗台灣》第一卷第六號的〈士林特輯號〉、致力挖掘台灣特有的地方風土民情——這種微妙的氛圍，亦具體反映在他的文學研究中：讀者觀諸《台灣文藝》上如〈劉家謀之海音〉（1940 年 3 月）、〈楊浚非楊承藩〉（1940

〔註32〕黃英哲主編，《日治時期台灣文藝評論集（雜誌篇）·第二冊》，頁 310～311。
〔註33〕出處同上，頁 311～313。

年5月）等以史料學或考據學爲經緯、強調台灣風土如何給予作品獨特生命，而隱然帶有規避中國性效果的文字，一開始會對《台灣文藝》甚至官方標榜的地方色彩更加印象深刻；但若仔細思索、將這些文字與〈台灣文學之研究〉輯成系列合看，反而帶有強烈的、讓可能被遺忘或曲解的歷史浮出地表的政治性。

　　總而言之，本文認爲楊雲萍對那些視台灣文化爲無機、無主體性（或者說無漢民族主體性）的自負有強烈警覺，也於這個層次上表現出有別於官方或在台日本人對共同體的想像方式。不過楊雲萍迴護台灣人主體的敘事型態，最後並非指向民族本位式的詮釋權爭奪戰，相反的，他並不反對官方或在台日本人「使用」台灣風土，也願意於提升台灣文化的前提下貢獻所學，而讓我們發現皇民化時期兩個海外移民後裔的共同體之間、甚至台灣人和日本官方之間絕非想像中如此二元對立──這個狀況到了稍後黃得時的手上，將會有更進一步的發展。

（二）黃得時與台灣人共同體邊界的擴大

　　楊雲萍於台灣文藝家協會上一襲「話中有話」的演講之後，隔年張文環等人自台灣文藝家協會脫退，另組啓文社並發行機關誌《台灣文學》。同在脫退名單中的黃得時，即以《台灣文學》爲媒介，開始展開計畫性的文學史書寫──以〈台灣文壇建設論〉（1941）爲始，後續有〈輓近台灣文學運動史〉（1942）、〈台灣文學史序說〉（1943）與〈台灣文學史（二、三）〉（1943）等這幾篇重要的文字發表。就內容觀之，〈台灣文壇建設論〉嚴格說來並不能算是「文學史」，但這篇文章表現出引導台灣文壇「未來」走向、並同時解決台灣文學的存在焦慮之功能；而〈輓近台灣文學運動史〉則回顧改隸日本之後到黃得時書寫當下的台灣文壇發展概況，〈台灣文學史序說〉則闡述黃得時研究台灣文學的方法論、解釋自己以何種態度挑選文本與作者入史，並提綱挈領地說明台灣各個歷史時期的背景與其所象徵的意義。因此，本文認爲綜合這三篇文章，即可得出一「過去、現在和未來」脈絡清晰的情節架構，至於〈台灣文學史（二、三）〉由於並沒有偏離〈台灣文學史序說〉設定的架構與摘要太遠，本文擬先按下不論。

　　在〈台灣文壇建設論〉這篇議論性強烈的文章中，黃得時主要處理了兩個問題：首先，是在大環境之下、台灣文化／文學的地位與使命如何，

這個問題牽涉到台灣文學的存在焦慮；其次，則是「未來」應該要以什麼樣的態度或方法來從事台灣文學，這個問題則延伸出黃得時對台灣文學的共同體想像。有關第一個問題，黃得時認為鑒於大東亞共榮圈與國家總力戰的需要，除了政治力擴大與強化統制經濟之外，原本被棄之如敝屣的文化也必須重新組成，而重組的理念「決不是遊戲性的，而是建設性的，不是消費性的，而是生產性的，不是個人的，而是國民的，不是中央集權的，而是地方分散的。」〔註34〕黃得時此處看似替日本官方政策與法西斯主義背書，但當他緊咬「突破中央集權」這個原本只是地方文化「之一」的性質、強調「再怎樣偏僻的地方都一定有適合其地方之鄉土特有文化。活用這種特有文化，把它擁有的芳香或味道發揮到最大極點才應該是當前的緊急任務。」〔註35〕就表現出穿戴日本地方／外地文化政策的皮相，卻陽奉陰違地偏離官方「地方翼贊中央」的意識型態與情節架構的效果。其實早在本篇文章付梓前，黃得時已於《文藝台灣》上發表過大同小異的看法：當時黃得時期許台灣知識分子必得趁著新體制的實行，鍛鍊體魄、成長茁壯，但也特別強調「最重要的是在空間上不能是追從中央的⋯⋯台灣應該有台灣獨特的生活或社會的。把這活用在文化上，才是我們所背負的尊貴使命。」〔註36〕黃得時藉大環境之便，平反原本地方追隨中央的位階，本文認為其目的在於以獨特性證成台灣文學（不附屬中央）的主體、解決台灣文學長久以來的存在焦慮，而這與楊雲萍對台灣文學主體性言之鑿鑿的自信心當然互通，但兩人對此主體的界定恐怕有所不同——這可從〈台灣文壇建設論〉另一個有關「未來」指引的問題來討論。

替台灣文學重鑄自信後，黃得時提醒台灣作家既然把生命寄託於這座島嶼，那就應該詳加調查台灣的歷史、地理、風俗人情等等資料，將其徹底消化為文學題材——比如說在台日本人的生活，包括他們對日本內地的鄉愁、與台灣人接觸的心理狀況；或者處於過渡期徬徨失措的農民，以及隨之而來的稻穀

〔註34〕黃得時著，葉蓁蓁譯，〈台灣文壇建設論〉，原刊於《台灣文學》第一卷第二期（1941年9月），收於黃英哲主編，《日治時期台灣文藝評論集（雜誌篇）·第三冊》，頁162。

〔註35〕出處同上，頁163。

〔註36〕龍瑛宗等著，葉蓁蓁譯，〈新體制與文化〉，原刊於《文藝台灣》第二卷第一號（1941年3月），收於黃英哲主編，《日治時期台灣文藝評論集（雜誌篇）·第三冊》，頁71。

與甘蔗的摩擦等等問題。〔註37〕黃得時所建議的路線，明顯屬於問題文學式的寫實主義，在左翼美學倍受壓抑猜忌的戰爭時期，黃得時的叛逆性當然值得肯定，但對本文而言，更值得注目的是他開創性地把在台日本人納入台灣文學「未來」的藍圖中——雖然「台灣」這個地理空間蘊藏的獨特性，在黃得時筆下與日本中央文壇對立起來、成爲可以自己決定自己價值的存在，而有抵銷官方敍事的作用，但構成此獨特性的主體卻包括在台日本人在內——如此在先前台灣知識分子的論述中幾乎不可得見、融台灣人（本島人）與在台日本人（內地人）爲一體的「台灣人」共同體，並不只見於〈台灣文壇建設論〉，稍後的〈輓近台灣文學運動史〉中，黃得時將進一步演繹這個概念。

〈輓近台灣文學運動史〉確切說來應該叫做「輓近台灣新文學運動史」，是黃得時針對日治時期以來台灣新文學發展的簡要回顧。在這篇文章中，黃得時替在台日本人參與台灣文壇的歷史脈絡上溯至 1934 年《台灣文藝》創刊時、以一種自然而然的態度將在台日本人縫合進以台灣人爲主體的文學運動中，〔註38〕而且在其後介紹各方作家時，黃得時更將西川滿、濱田隼雄、川合三良等在台日本人代表作家與賴和、張文環、呂赫若等台灣作家交織評論〔註39〕——也許我們可以臆測在台日本人當時積極參與台灣文壇的態度與其無法迴避的主導地位，使得黃得時不得不表現出對在台日本人的重視，但我們必須承認：如果黃得時意圖在敍事中建構共同體想像，那麼這個推動情節發展的共同體絕對不能以狹隘的殖民者與被殖民者的二元對立方式來看待，更不能把黃得時的敍事直接當成「台灣（漢）人」民族本位的代言品。

1943 年發表的〈台灣文學史序說〉，正是黃得時回頭替上述兩篇先行文章中有關台灣文學的存在焦慮與「台灣人」共同體等兩個母題，添加嚴肅的理論架構與邏輯性的歷史敍事之力作。這篇文章主要可分成三個部份：第一，界定台灣文學史的範圍及對象；第二，證成台灣文學的獨特性；最後，摘要台灣各個歷史階段文學活動的特色。其中與本文主旨密切相關的是前兩個部

〔註37〕 黃得時著，葉蓁蓁譯，〈台灣文壇建設論〉，原刊於《台灣文學》第一卷第二期（1941 年 9 月），收於黃英哲主編，《日治時期台灣文藝評論集（雜誌篇）·第三冊》，頁 165～166。

〔註38〕 黃得時著，葉石濤譯，〈輓近台灣文學運動史〉，原刊於《台灣文學》第二卷第四期（1942 年 10 月），收於黃英哲主編，《日治時期台灣文藝評論集（雜誌篇）·第三冊》，頁 390～396。

〔註39〕 出處同上，頁 396～401。

份，第三個部份由於基本上可視為前兩個部份的延伸（敘述歷史之同時帶出各個階段重要的作家、並擦亮台灣獨特性的招牌），本文在討論上將從簡。首先，我們看到第一個部份，黃得時列出了台灣文學史五種可能的範圍與對象後，進一步剔除缺乏重要性的可能、指出台灣文學史應該予以處理的是「以生於台灣、在台灣進行文學活動的情形，以及生於台灣之外、在台灣定居、在台灣持續進行文學活動的情形為主。」〔註40〕以人與空間的有機關係結束範圍與對象界定後，黃得時不無諷刺地說道：

> 領台以後，只把內地人在台灣的文學活動當做文學史的對象，這類見解稍微失之狹隘，我們不擬採用。因為我們相信，既然要撰寫台灣文學史，只要那文學活動在台灣進行，不管是原住民或本國人，至少都應相等的列入文學史的範圍內。〔註41〕

這段話的針對性非常強烈。黃得時所謂「只把內地人在台灣的文學活動當做文學史的對象」者，應該就是指稱上文曾討論過的島田謹二。如同前述，島田建構文學史的意圖，原本就是以向日本中央文壇宣告在台日本人的文學活動成果為起點，可視為在台日本人於1930年代後期開始，逐漸營造出在地化的鄉土意識或「台灣意識」、形成共同體想像的具體象徵。〔註42〕不過島田為

〔註40〕黃得時著，葉石濤譯，〈台灣文學史序說〉，原刊於《台灣文學》第三卷第三期（1943年7月），收於黃英哲主編，《日治時期台灣文藝評論集（雜誌篇）・第四冊》（台南，國家台灣文學館籌備處，2006年），頁230。

〔註41〕出處同上，頁230。黃得時此處「原住民」所指並非今天台灣的「原住民」之意，而是指相對於在台日本人、日治之前已居住在島上的居民；至於「本國人」即指稱在台日本人。

〔註42〕在島田謹二的諸多文章中，我們經常可以看到島田和楊雲萍、黃得時等台灣知識分子一樣，表現出對台灣文化獨特性的堅持、甚至強烈抨擊日本中央主流文化的自傲，可見他與官方論述之間還是存有差異。或許我們可從島田1941年發表的〈台灣的文學的過去、現在和未來〉、這篇接樁《南島文學志》宗旨的長篇論文來佐證島田如何替在台日本人共同體請命、而非附和官方文化論述的證據：這篇論文一開始即對日本統治台灣四十六年以來台灣的日本語文學概況展開回顧、將這段歷史分成三期：1、1895至1905：日本對台灣充滿興趣的時期，此時日本人與「本島人」因為漢詩的文化親親性而擁有共同的文藝地盤；2、1905至1931：大陸政策成為重要國策，日本對台灣的興趣降低，共同的文藝地盤因種種原因而消失；3、1931年至1940年代：南進政策促使日本再度對台灣感到興趣，透過日語新文學為媒介，共同文藝地盤有再次確立的可能性。（島田謹二著，葉笛譯，〈台灣的文學的過去、現在和未來〉，原刊《文藝台灣》第二卷第二號【1940年7月10日】，收於黃英哲主編，《日治時期臺灣文藝評論集（雜誌篇）・第三冊》，頁97～104。）這套以台日雙方

了解釋當下在台日本人存在的意義，使用了偏向殖民／統治者的史觀將台灣
歷史斷裂開來，而在賦予情節的過程中罔顧台灣人過往的活動與成就、型塑
出台灣內部的「本島人」對「內地人」的文化位階。回應島田視台灣爲空白
主體的文化自負，直接把平反在台日本人與台灣人之間的位階之企圖搬上檯
面的黃得時，可說比楊雲萍反抗得更爲明顯強烈。只是我們要注意：黃得時
意在「平反」不在「翻轉」，他並沒有創造另一個取代在台日本人的主體，當
他強調「相等的列入文學史的範圍內」時，事實上延續了他先前的文字中所
謂「『台灣人』共同體」——一個在台日本人與台灣人平起平坐、共同開創未
來的共同體——之說法。

　　至於〈台灣文學史序說〉第二項工作、亦即證成「台灣文學獨特性」的
部份，其實也和「台灣人」共同體的概念相互連接。由於黃得時業已想像出
一個多種族並列的「台灣人」共同體，而得以使用「種族、環境與歷史」等
三要素，將台灣人或在台日本人（甚至原住民）分別經驗的「移民——在地
化」歷史合而爲一、雕塑成具有延續性的整體，從中找出台灣文學中共同的
（無視血緣或語言的）母題，以此證明台灣文學「從它的種族環境或歷史而
言，都各自具有獨特的性格，所以擁有清朝文學或明治文學怎麼也看不到的
獨特作品。」〔註 43〕——比如說從「種族」來看，因爲移民的共同命運而有
「鄉愁的文學」與異民族間「同化、征服、抗爭的文學」；而從「歷史」來看，
因爲相異民族政治支配力更迭，則有民族性、政治性不滿或者超越民族意識
等各種心理狀態的描寫。〔註 44〕

　　　　共同文藝地盤與台灣地位的變遷爲原則架構的編年體，有兩層涵義：首先，「共
　　　　同文藝地盤」之說，看似拉進台日雙方知識分子的互動，事實上台灣知識分
　　　　子只擁有陪襯、被動的角色功能，在台日本人的能力指數（不論是漢語修養
　　　　或洗鍊的文學技巧）的高低多寡才是形成「共同文藝地盤」的趨力，也就是
　　　　說，在台灣這個地理空間或文化場域中，「當下」唯一能夠進行集體敍事的群
　　　　體非在台日本人莫屬；其次，「台灣地位的變遷」此另一項原則，將「中央」
　　　　描述成發號施令的塔台，「台灣」則只能收受命令、依此展演起承轉合。但島
　　　　田想言說的並不是簡單的「中央」對「台灣」的階層關係——在編年體式的
　　　　情節賦予中，不可抗拒的階層關係其實表現出台灣面對的歷史必然與特殊
　　　　性，進而營造一種命運觀、替具有進行集體敍事資格的在台日本人勾勒出有
　　　　別於內地日本民族的「共同命運」。

〔註 43〕黃得時著，葉石濤譯，〈台灣文學史序說〉，原刊於《台灣文學》第三卷第三
　　　　期（1943 年 7 月），收於黃英哲主編，《日治時期台灣文藝評論集（雜誌篇）‧
　　　　第四冊》，頁 230。
〔註 44〕出處同上，頁 231～232。

　　黃得時避開狹隘的本質主義區分方式，從「種族、環境與歷史」等三要素中編織出「移民──在地化」的情節架構、據以塑造「台灣人」共同體，事實上脫胎自丹納（Hippolyte Taine）《英國文學史》的方法論。〔註45〕丹納本於進化論、意圖科學地揭示文學藝術與外在環境之間的複雜關係，對他而言，研究文學史即是研究某個民族的民族性或心理特質，也因此他的學說經常被有心以民族主義鼓吹文學發展的人士加以利用。〔註46〕儘管黃得時沒有明講，但當他選擇丹納為自己背書，事實上已經使得他的「台灣人」共同體表現出民族主義的政治性，而且更讓我們發現其與1930年代台灣的民族主義敘事相互對話的可能──在象徵1930年代台灣知識分子共同體具現的台灣文藝聯盟的機關誌《台灣文藝》創刊號上，巫永福早已參考丹納的「種族、環境與歷史」三要素，書寫了〈我們的創作問題〉這篇文章。〈我們的創作問題〉全篇要旨，在於將「台灣人」直接定義為一個生物學上的人種／民族，同時反覆陳述台灣歷史與環境的獨特性以為支撐。〔註47〕從對自我文化之自信與進一步求取平等的策略來看，巫永福民族主義式的欲望，可說在將近十年之後由黃得時所繼承。但相同之外，兩人有關什麼是「台灣人」的定義，卻產生明顯的變異：在巫永福的情節架構中，在台日本人被排斥在「台灣人」的定義之外，但是黃得時卻將在台日本人以台灣此一地理空間，以及「移民──在地化」的歷史資格涵括進「台灣人」中。

　　黃得時與巫永福的丹納複沓句，當然是引導我們思考1930年代與1940年代台灣的民族主義敘事之間異同的重要線索。但除此之外，黃得時的民族主義敘事與前行時代的牽連並不只於此。在〈台灣文學史序說〉的開篇，黃得時曾提到台灣無法形成「國」的歷史命運：「台灣是個外海的孤島，自古以

〔註45〕有關黃得時援用丹納理論架構的部份，可參考吳叡人，〈重層土著化下的歷史意識：日治後期黃得時與島田謹二的文學史論述之初步比較分析〉，刊於《台灣史研究》第十六卷第三期，2009年9月，頁148～149。

〔註46〕比如1930年，中國左翼作家聯盟成立後，國民黨曾召集王平陵、黃震遐等人發動「民族主義文藝運動」，並出版《前鋒週報》、《前鋒月刊》等刊物以資對抗，強調文藝最高的意義就是民族主義、抵銷當時的階級矛盾和階級鬥爭，攻擊無產階級文藝運動。丹納的「種族、環境與歷史」三要素說，此時即與孫中山的民族主義共同被民族主義文藝運動做為其思想來源。可參考〈民族主義文藝運動宣言〉，刊於《前鋒週報》第二期（1930年6月）。

〔註47〕巫永福著，塗翠花譯，〈我們的創作問題〉，原刊於《台灣文藝》第一卷第一期（1934年11月），收於黃英哲主編，《日治時期台灣文藝評論集（雜誌篇）・第一冊》（台南，國家台灣文學館籌備處，2006年），頁106～109。

來也沒形成統一的國家」〔註48〕。這句話乍看平凡無奇，但當我們把黃得時從文化上建構「台灣人」共同體的努力與之並置，或許就耐人尋味地指稱了台灣即使擁有獨特的「移民──在地化」文化，但保護這個文化、與其疆界相符的政治體卻不曾存在的現象。本文並不是想將黃得時的民族主義敘事視爲「台獨」思想的老祖宗，只是如同本文緒論指出：民族主義總是要求政治與文化的疆界一致、要求替文化覆蓋政治屋頂。因此黃得時的「台灣人」共同體，事實上也有尋求政治庇護的趨力，而且這個政治屋頂很有可能就是日本帝國──再次回顧〈台灣文壇建設論〉與〈輓近台灣文學運動史〉中對日本官方政治力充滿期待的文字，如「當局要對作家或文藝團體積極協助」〔註49〕或鼓勵新成立的皇民奉公會文化部克盡職責〔註50〕，我們真的只能將其解釋爲驅散統治者疑慮的話術嗎？黃得時的確巧藉官方政策證成台灣文化之獨特性，並陽奉陰違地避開、甚至批判官方刻意包藏的「日本化」意識型態，但這與在政治體制上承認日本帝國、希望政治力挹注文化發展是兩回事。

　　而這種既以自我文化抵抗日本強勢的文化、卻同時將政治主體消融在日本近代國家體制中的微妙特質，早於台灣殖民地民族主義敘事發展之初就已存在。從上一章的討論中我們得知：早期台灣知識分子抨擊「日本化」同化的結果並非導向「獨立」，當時知識分子的主流意見並沒有排斥與日本（文明化）「同化」。也就是說，台灣的殖民地民族主義敘事從一開始就把日本視爲非常有資格的政治屋頂之一，而且在他們「抵抗」殖民者的過程中，我們不只看到承認日本政治主權（亦即承認自己是日本「國民」）的現象，有時甚至出現進入帝國「文化」內部取得位置的企圖──如1930年代台灣知識分子思考如何以自我獨特的「語言──文化」疆界打入中央文壇，即爲例證之一。而黃得時在〈台灣文壇建設論〉中，雖然對日本中央文壇展現不屑一顧的姿態，但他也沒有排斥進入中央文壇：「即使我們無意進入中央文壇，中央文壇

〔註48〕黃得時著，葉石濤譯，〈台灣文學史序說〉，原刊於《台灣文學》第三卷第三期（1943年7月），收於黃英哲主編，《日治時期台灣文藝評論集（雜誌篇）·第四冊》，頁230。

〔註49〕黃得時著，葉蓁蓁譯，〈台灣文壇建設論〉，原刊於《台灣文學》第一卷第二期（1941年9月），收於黃英哲主編，《日治時期台灣文藝評論集（雜誌篇）·第三冊》，頁166。

〔註50〕黃得時著，葉石濤譯，〈輓近台灣文學運動史〉，原刊於《台灣文學》第二卷第四期（1942年10月），收於黃英哲主編，《日治時期台灣文藝評論集（雜誌篇）·第三冊》，頁401。

也會自動來找我們的。其結果（不是目的）就變成在中央發表作品是一點問題都沒有的。」〔註51〕對黃得時而言，台灣文學史敘事的宗旨之一，在於強調台灣與日本中央無優勝劣敗之分，但中央還是情節架構中不可避的他者。

　　透過以上皇民化時期知識分子有關台灣文學相關研究的討論，我們發現台灣當時至少存在兩種不同的共同體想像（或許嚴格說來有三種，楊雲萍的漢民族後裔共同體與黃得時的「台灣人」共同體還是有所不同），而以此兩種想像推動的情節架構，基本上皆可視為對官方民族主義敘事的回應——不管是在台日本人或台灣人，事實上皆發展出某種無法與官方所期待的一頭多體、地方／外地翼贊中央的論述混為一談的敘事。只是在台日本人於證成自己「當下」擁有的敘事權時，經常以傲慢的文化位階排除、傷害了台灣人。對楊雲萍與黃得時而言，在台日本人狹隘的共同體想像正是促成他們以書寫迴護台灣文化主體的企圖：楊雲萍提醒在台日本人他們無法參與的「過去」，並不就是無機的、可任意裁切的歷史資料；黃得時則將台灣人與在台日本人共同置放進未來的藍圖中，不只破除中央與地方的文化位階，更平反了在台日本人與台灣人之間潛在的文化位階。

　　也正是在破除文化位階的欲望上，我們看到了皇民化時期與前行時代民族主義敘事之間的銜接以及差異——黃得時標舉自我文化之獨特性，卻又承認日本帝國的政治權、甚至期待政治力（在文化位階平反、承認台灣文化獨特性的前提下）介入挹注，如此曖昧的氛圍早在前行的知識分子身上已能觀察到；但另一方面，黃得時建構出來的「台灣人」共同體，其內涵與前行時代卻已有不同。或許我們可將楊雲萍以日本人無法參與的過去界定「我們」之存在的策略，視為1930年代民族主義敘事的遺緒，但等到了論述性、目的性強烈的黃得時手上，在台日本人卻以「移民——在地化」的資格進入「台灣人」共同體中。單就這方面來說，黃得時多元融合的論述不只避開在台日本人的本質主義，也同時避開1930年代台灣民族主義敘事中本質主義的激進色彩。也因此我們絕對不能以後世的民族本位來看待黃得時的敘事，當黃得時以「移民——在地化」的情節架構做為共同體想像的門檻，其實無形中放棄了1930年代台灣知識分子對「語言——文化」疆界的堅持——本文並非刻

〔註51〕 黃得時著，葉蓁蓁譯，〈台灣文壇建設論〉，原刊於《台灣文學》第一卷第二期（1941年9月），收於黃英哲主編，《日治時期台灣文藝評論集（雜誌篇）‧第三冊》，頁165。

意針砭黃得時的論述，反而是想藉此結果表達：官方民族主義原本就會要求人民割除有礙於整體統合的特質，國家對外征戰或權力陷入危機時更是如此；對 1940 年代台灣的知識分子而言，在「日本化」同化愈不可避的狀況下，這或許是抗拒官方意識型態最後的底線。

第三節　張文環小說創作中的「鄉土」與民族主義敘事

在楊雲萍、黃得時與島田謹二賦予台灣文化／文學的情節中，隱藏著皇民化時期知識分子對共同體想像方式的差異。但是在爭奪或協商文化詮釋權的過程中，我們往往看到他們對台灣「過去」的文學中因特殊的時空環境而具有的獨特性，皆振振有詞地表現出強烈自信，而且對如何在「未來」以文學持續書寫台灣的獨特性，方法論上更發生了「寫實主義」的疊合。〔註 52〕他們的期待與指引，意味著不管對在台日本人或台灣人而言，台灣獨特的「鄉土」此時將吃重地被轉化為創作素材——皇民化時期台灣文學作品中「鄉土」味的產出，事實上並不比 1930 年代匱乏貧瘠。在前兩節的討論中，本文已經從日本官方的政策或意識型態，與台灣知識分子言談論述中對其之回應等方面，說明這股不遜於前行時代的「鄉土」潮流，如何與官方政策糾纏、又是如何在乘政治力之便風行民間之同時，溢出官方原本設定的情節架構等現象；而本節的工作，便是於此基礎上進一步置入文學作品，思考「鄉土」怎樣被實踐以及其意義可能為何。張文環的小說創作，將是討論的主要對象。

〔註 52〕上一節本文已引述過黃得時對問題文學式的寫實主義之偏好，至於島田謹二，他也曾在〈台灣的文學的過去、現在和未來〉這篇文章中，明確以「寫實主義」為進策：「說寫實主義卻不可和所謂普羅列塔利亞的寫實主義一以視之的……而是真正覺醒於文藝獨自的任務，把共同居住於內地不同的風土下之民族的想法的感覺方式、生活方式的特異性，讓它栩栩如生的『就著生命』描寫出來的話，那就會完成一種生命之縮圖，就會產生所謂『政治的態度』以外，深深根植於文學獨特之領域的一種嶄新的寫實主義吧。這種文學才是不可求之於沒有那種環境的內地尤其是東京文壇的，外地的可以說是獨占的特色。」（島田謹二著，葉笛譯，〈台灣的文學的過去、現在和未來〉，原刊《文藝台灣》第二卷第二號【1940 年 7 月 10 日】，收於黃英哲主編，《日治時期臺灣文藝評論集（雜誌篇）‧第三冊》，頁 111～112。）雖然兩人主張的寫實主義有叛逆性與政治性上的差異，不過關於摹寫台灣與眾不同的「鄉土」這點，應該有所共識。

選擇這位作家的原因大致有兩點：首先，張文環的小說創作無論戰前或戰後，
皆被視為書寫台灣「鄉土」的代表性人物，如黃得時於〈輓近台灣文學運動
史〉就曾如此褒獎張文環：

> 其作品幾乎全部取材於台灣鄉村，把本島的風俗習慣描寫得很藝
> 術，鄉土的香氣極濃，給讀者帶來不可言喻的極佳心情。換言之，
> 他所描寫的任何作品都脈動著鄉土的血和香氣。〔註53〕

至於戰後的研究者，更是將張文環筆下的台灣「鄉土」直接賦予了抵抗殖民
者的民族正氣，如呂正惠所言：

> 從當時日本的「文藝政策」來看，呂赫若的偏好描寫台灣社會的腐
> 朽、黑暗面，以及張文環的過度重視台灣農村社會的民俗、風氣（如
> 〈閹雞〉、〈夜猿〉），而對「皇民化」及「決戰」的問題幾乎不屑一
> 顧，都是「置當前現實於不顧」，是非常有問題的。〔註54〕

如果知識分子在鄉土世界中耽溺，真的與威權統治者鋪天蓋地的偉大敍事
無涉，其中就當然藏有諾大解構之可能。只是當我們理解皇民化時期知識
分子的「鄉土」書寫事實上並非無涉偉大敍事，是否表示直接視張文環的
「鄉土」書寫為抵抗之策的研究起點應該要加以調整、重新討論其與官方
意識型態之關係更有其必要性？而這也正是本文選擇張文環為對象的另一
個原因。

　　根據柳書琴的研究，身為《台灣文學》核心人物的張文環，其以左翼青
年之姿開啓的文學創作生涯邁向鄉土書寫的關鍵，應屬1935年獲得《中央公
論》懸賞徵文佳作的〈父親的臉〉〔註55〕這篇以「轉向文學」為外皮、實則
重審台灣鄉土與民間社會以追尋自我認同的小說。只是1937年自日本返台的
張文環，卻受困於現實環境與心境的調適，必須經過大約兩年的摸索，到1940
年長篇小說〈山茶花〉問世之後的〈藝妲之家〉等諸作，才算是真正掌握了
他特有的鄉土敍事風格，也正式進入創作的顛峰期。〔註56〕由此看來，本文

〔註53〕黃得時著，葉石濤譯，〈輓近台灣文學運動史〉，原刊於《台灣文學》第二卷
　　　　第四期（1942年10月），收於黃英哲主編，《日治時期台灣文藝評論集（雜誌
　　　　篇）·第三冊》，頁309。

〔註54〕呂正惠，〈「皇民化」與「決戰」下的思索——呂赫若決戰時期的小說〉，收於
　　　　陳映真等著，《呂赫若作品研究》（台北，聯經，1997年），頁41。

〔註55〕《中央公論》並未刊出此篇作品，原文不可得見；但其後張文環將其改寫為
　　　　〈父親的要求〉，刊於《台灣文藝》上。

〔註56〕柳書琴曾將張文環的文學創作生涯分為四個階段：1、創作初期：1832年參與

應該可以刊於《台灣文學》創刊號上的〈藝妲之家〉爲討論張文環小說創作的起點，再行置入〈部落的慘劇〉、〈論語與雞〉、曾獲皇民奉公會台灣文學獎的〈夜猿〉、被改編爲戲劇而轟動一時的〈閹雞〉、〈地方生活〉等五篇刻劃台灣鄉土或思索傳統性格的作品。〔註57〕

（一）現代性的魅影與無法掙脫的傳統

〈藝妲之家〉之情節大體上是以女主角采雲可謂不幸的一生爲軸，但開筆卻非以順敘法來鋪陳回憶，而是定錨於文本中的「現在」、讓讀者陷入前來台北拜訪女主角的楊秋成踟躕不安的內心世界。楊秋成的不安來於女主角采雲「藝妲」的身份——從稍後張文環對台灣藝妲文化的描寫可知，藝妲強調的是「藝」的發揮，諸如與客人詩文酬唱、演唱當時流行的戲曲歌謠，但也會把身體出賣給付得起「枕頭價格」的男人——對傳統大男人主義下的「處女情結」而言，藝妲不潔的程度其實與妓女無多大分別，因此儘管楊秋成知道自己深愛著對方，也確定采雲擁有理想配偶的資質，內心仍舊天人交戰。楊秋成稍後下定決心，按照原訂計畫與采雲相見、並要求采雲盡快辭去藝妲的工作，但采雲仍不置可否。小說在此悠然轉入采雲的視角，娓娓道來女主角無法決定自己命運的生命史——不管是賣給經濟狀況較好的家庭當養女，還是被養母「出售」給茶行老闆的童貞，抑或最後從事藝妲的工作，采雲正如自己所下的定義：只是生產錢的燃料、只能不斷成爲他人利益下的犧牲品。這道加諸身上的烙印，使得采雲與稍早的廖清泉或當下的楊秋成等兩任情人

文化同好會至 1937 年返回台灣；2、適應思考期：返台後至 1941 年《台灣文學》創刊前；3、巔峰期：1941 年《台灣文學》創刊後到 1945 年終戰爲止；4、晚年復出期：1970 年至 1978 年逝世前。可參考柳書琴，《荊棘之道：旅日青年的文學活動與文化抗爭》（台北，聯經，2009 年），頁 363～365。

〔註57〕 本文礙於篇幅，並不擬回顧張文環此時所有的小說創作，而且以上幾篇作品已足堪代表張文環鄉土書寫的特色，實不必再繼續往下選取文本。當然張文環 1940 年代之後發表的作品，主題都不盡相同，但正如上述黃得時所言，這些作品都脈動著台灣鄉土的血和香氣、反覆把台灣鄉土佈置爲舞台背景，如此龐大的共相實足以支撐本文的選文標準。不過值得注意的是，這些作品中參雜了以都市爲文本空間的〈藝妲之家〉以及以「志願兵」爲題材的〈頓悟〉等兩篇特殊作品，關於前者，本文還是將其納入討論範圍，原因詳見下文解釋；至於後者，因其主題與意義可能與本文下一章較有連接性，因此本章暫且排除不論。

的交往，皆演變爲心靈上的重荷。小說的結局就延續這股難以擺脫的重量，獨留采雲凝望淡水河、思考著自殺的可能性。〔註58〕

　　以台北、台南這兩座日治時期都市爲舞台的〈藝妲之家〉，與張文環稍後諸篇作品中虛構的「鄉村——市街」空間相較之下，頗有特立獨行之貌，但觀諸〈藝妲之家〉中不管是對藝妲文化大量的旁徵引述——比方祭拜豬哥神的習俗與歌謠的唱詞——抑或采雲面對傳統結構的悲哀命運，還是可將其視爲張文環描繪固有文化、思索台灣傳統性格的實踐。尤其當張文環特地將《太眞外傳》中楊貴妃感嘆朝不保夕、身不由己的唱詞節錄進文本，〔註59〕這種台灣特有的娛樂風情即與采雲的經驗產生疊合、營造出一股女性無法掙脫且飄零無依的禁錮性。關於禁錮性，小說中另有一幕值得留意：采雲乘坐火車到台南去開始她的藝妲生涯，在拼命往前駛動的火車上，采雲看著窗外飛逝的地景，漸漸放下過去、心情也隨之淡定。此處台灣的地景看似讓采雲獲得治癒，但在台南等著的仍是相同的命運，采雲的移動——而且還是憑恃著現代化的「火車」進行移動——事實上沒有任何效果。由此可見，〈藝妲之家〉並非以正面的態度看待台灣傳統，反而帶有批判的意圖，也彷彿延續了 1920年代知識分子將自我傳統編入「革除」的情節之做法。只不過張文環並不只停留於批判傳統此一單向式的思維，在其後諸篇作品中，張文環筆下的傳統或鄉土色彩將會參雜許多更爲複雜的意涵，而且也正如采雲乘坐的那列移動在傳統結構中的現代性列車，讀者經常會觀察到張文環試圖辯證傳統與現代之間的關係——三個月後刊載於《台灣時報》上的〈部落的慘劇〉正是如此。

　　〈部落的慘劇〉起筆招來一座童養媳風氣鼎盛的 R 部落，許多家庭因爲童養媳的關係結爲親族，進而帶動部落建構自己的一套道德秩序；只是偏僻的山間寒村仍難抵現代文明的波浪，到街上受現代化教育後回鄉任保甲的林家次男林猶得，鎮日身下一襲西裝褲、嘴上一口響叮噹的流利國語（日語），正是迎回現代性的頭號人物。林猶得幼年的好友吳萬壽受他一身現代性符碼召喚，再加上欲擺脫父母替他從鄭家抱來的媳婦仔淑花，而毅然決然出走至

〔註58〕以上〈藝妲之家〉的內容概要與下文之分析，同時參考刊於《台灣文學》創刊號（1941 年 5 月）的原文，以及陳千武的譯文。譯文收於陳嘉瑞編，《張文環全集（卷 1）小說集【一】》（台中縣立文化中心，2002 年），頁 192～237。

〔註59〕張文環引用的原文爲：（白）聖旨。西宮渺不見。腸斷一登樓。遠望宮牆。好不傷感人也。（唱二黃散）在樓前，遙望見，九重的宮禁。昨日裏。我還是。宮內之人。又誰知。半途中。風雲無定。抬頭。又只見。一騎紅塵。

街上發展。萬壽離家後，對淑花情有獨鍾的猶得藉機親近淑花、想取萬壽代之，卻被父親林四清發現而毒打，這才揭出猶得與淑花兩人之間複雜的親緣關係。走筆至此，張文環一躍回半世紀以前，主角換成喜愛獵鳥給家人打牙祭的林家祖父。這位老爺某天錯把草叢裡堂妹的女兒阿宛當成山豬給一槍斃命，事後還湮滅證據把屍體放水流。冤魂不散的阿宛三年後纏上老爺即將臨盆的五媳婦，藥石罔效、乩童也不跳乩，最後老爺應允把嬰兒送給阿宛嗣後、跟阿宛姓鄭，五媳婦這才順利產下一名男嬰。因此林家與鄭家其實是同胞兄弟，淑花則是林猶得的親堂妹，兩人相戀無非亂了人倫。知道實情後的猶得離家出走，這邊廂吳萬壽卻寄來了信請求父母原諒，結尾就收在淑花等待郎君歸來的旖旎心情中。〔註 60〕

　　綜觀全篇，本文認為張文環所謂的「慘劇」應有兩個指涉：首先，當然是吳萬壽拋下家庭、前往市街尋覓自己的人生；其次，則是林家祖父誤殺阿宛一事與其後續效應。關於前者，吳萬壽在那封負荊請罪的信中，就直指離家出走一事「也都是古老習慣演變而來的慘劇」〔註 61〕──原本排拒傳統、奔向現代性的吳萬壽用「慘劇」來表述自己的行為，似乎寓言殖民地知識分子追求現代性的結果──而張文環安排的解決之道，是讓萬壽反躬自省、與傳統和解並釋放出返鄉的氛圍，讓這齣「慘劇」有了大團圓式的結局。不過「慘劇」的第二個指涉，結局卻恰好相反。老爺雖然「獻祭」親孫看似讓「慘劇」告一段落，卻反而埋下日後另一齣堂兄妹亂倫「慘劇」的危機。爾後當受制於部落歷史結構、無法追求自己心儀對象的林猶得離開部落傷心地，更象徵著「慘劇」並沒有結束，張文環也再一次藉著愛情追求不得善終的情節架構，讓台灣的鄉土展現了對人性的禁錮性──就算擔綱演出的角色從〈藝妲之家〉的女性換成男性（還是受過現代教育的男性），在龐大的傳統或鄉土世界跟前還是只能自我放逐。張文環在喜劇手法中隱藏悲劇，悲喜之間讀者發現傳統或鄉土世界的根深蒂固與現代性相對的退縮、無能為力，但除此與〈藝妲之家〉可相提並論、批判性地處理傳統或鄉土世界的議題之外，張文環也同時架構出在現代性中走過一遭後，與傳統或鄉土世界和解的情節之可能。

〔註 60〕 以上〈部落的慘劇〉的內容概要與下文之分析，參考陳千武的譯文。譯文收於陳嘉瑞編，《張文環全集（卷 2）小說集【二】》（台中縣立文化中心，2002年），頁 2～19。
〔註 61〕 出處同上，頁 18。

　　稍晚於〈部落的慘劇〉的〈論語與雞〉，雖然一改成人世界的嚴肅、以偏向孩童的觀點進行敍事，但仍延續了張文環在〈部落的慘劇〉中探討的議題。〈論語與雞〉的背景設定在台灣傳統書房教育行將瓦解的山間部落，一如前作〈部落的慘劇〉，受公學校教育、講流利的國語仍然象徵著時髦的現代性——主角源仔出於能讓鄉下人感到驚畏的原因而想離開部落到街上去，姿態雖然不若亟欲掙脫傳統束縛的吳萬壽那般沉重，還是訴說著現代性的位階與吸引力——不過現代性看似替封閉的鄉土世界帶來改變與選擇，到頭來照樣是不痛不癢的符碼流竄，源仔最後還是只能將上街的欲望藏諸於心、日復一日上書房唸四書五經。相較於只聞樓梯響的現代性，本篇作品鄉土色彩的表現更爲讀者注目——「論語與雞」的標題即預告了張文環這次的安排，將會以書房授課的概況與斬雞頭起誓的民俗儀式等兩項元素爲主。不過雖然「論語與雞」兩者表面上看來同樣是鄉土色彩宣洩的窗口，張文環卻賦予兩者不同的意義：讀者看到書房老師滿口仁義道德，待人處事卻自私自利、貪小便宜，對學生的教育更只是表面功夫，經常放任學生在書房裡遊戲，自己一個人跑去部落的雜貨店講古給人聽。在小說的結尾，書房裡的學生大量退學，正是因爲家長意識到在這種情況下，孩子學到的將不是良好的禮貌規矩，反而養成許多壞習慣。張文環在此可說對前作中批判傳統的議題延伸出更爲深刻的觀點，他的目標有時並不是針對傳統本身，把持傳統同時負責延續傳統，卻道德腐敗、不足爲表率的人更是造成傳統墮壞的關鍵——小說的後半部份，爲人師表者撿拾了傳統祭儀的剩餘物吃下肚，正顯示他並不在意傳統的精神，而只顧慮傳統中有無能夠滿足私人利益之物，而這些東西往往只是傳統最表面的渣滓。至於斬雞頭起誓一事，在書寫技巧上當然有著引出「挾傳統以令愚民」者的虛僞面具的效果，但除此之外也象徵著傳統之爲物並非只具有禁錮人性之質——當前來解決陳、鄭兩人紛爭的警察（代表現代律法）束手無策，只能聽任兩人前往有應公廟斬雞頭，本文認爲張文環藉由再一次疲軟的現代性，辯證傳統亦是處理日常大小難題、讓社會正常運作的重要資源。〔註62〕

　　上述三篇皆發表於 1941 年的作品不論主題、敍事方法都不盡相同，但其中思索傳統性格與辯證傳統或現代的方式似乎有足供辨識的軌跡：首先，傳

〔註62〕　以上〈論語與雞〉的內容概要與分析，參考陳千武的譯文。譯文收於陳嘉瑞編，《張文環全集（卷 2）小說集【二】》，頁 22～40。

統或鄉土色彩在這三篇小說中經常以禁錮人性的姿態出現，不管是女性或男性都蒙受其害；至於由殖民者帶來的現代性，在張文環筆下往往對傳統現示其文化位階與開明的面目，但它卻只是個遙遠的聲音、無法眞正幫助遭受傳統禁錮的男男女女逃出生天，而且小說裡的人物也不時藉著譏笑與遊戲抵銷現代性的位階，兩相夾擊下現代性反而退縮爲幾乎無法感知的魅影——此處也許可以將其解釋爲前行時代知識分子諷刺日本對台灣施以不完全的現代化之路線的延伸，但本文認爲，1941年張文環作品中的現代性魅影，主要還是發揮膨脹自我傳統存在感的效用，而非直接指向詆毀之意圖。不過這條軌跡到了1942年之後卻出現變化：原本禁錮人性的傳統或鄉土世界，化身爲落英繽紛的桃花源；至於現代性則不再是魅影，它對小說裡的人物、情節開始展現關鍵的影響力，也是到這個時候，讀者才能眞正感受到張文環對現代性的批判力度。

（二）批判現代性與回歸鄉土世界

　　若依發表時間排列，張文環1942年的作品是以〈夜猿〉打頭陣，〈閹雞〉續之、〈地方生活〉再次之。不過從書寫的筆法結構或主題的相似性來看，〈夜猿〉與〈地方生活〉皆予台灣鄉土景觀或庶民生活細緻而溫柔的書寫，相較之下〈閹雞〉中張文環對傳統或鄉土世界的態度，似乎與1941年的三篇作品相疊合。因此以下將以〈閹雞〉爲這部份的起頭，接續再綜合〈夜猿〉與〈地方生活〉一起討論。

　　〈閹雞〉不管是角色設定或情節轉折安排，都可算是本節取樣的文本中最具野心的作品——角色設定上似乎以阿勇和月里這對苦命夫妻爲軸，實則牽扯了兩個家族上一代的恩怨情仇，頗有〈部落的悲劇〉貽禍子孫之味，但小說後半張文環卻再替月里與李姓家族拉上瓜葛，讓故事走向更爲複雜；至於情節的起承轉合雖和〈藝妲之家〉類似，皆是從文本中的「現在」開筆，中段回溯記憶、交代往事直至與「現在」接軌，但〈藝妲之家〉接回「現在」之後讀者已窺得結局到來，〈閹雞〉卻意猶未盡翻出另一波高潮。不過本文主旨與寫作技巧關聯性較低，因此爲了討論方便，暫且重整文本中錯綜的時間軸，將〈閹雞〉化繁爲簡成三個部份來看：首先，是圍繞在林、鄭兩家的家長清標與三桂兩人身上有關「過去」的敘事。住在SS庄的鄭三桂繼承祖上以閹雞招牌聞名的福全藥房，後因製糖會社有意延長TR庄與SS庄之間的鐵路，

而覬覦傳言中 SS 庄新車站預定地附近林清標的土地；在 TR 庄經營貨運行的林清標，則因年少時習醫之壯志未酬，對鄭家的福全藥房亦頗有興趣，雙方於是你來我往、勾心鬥角，林家的女兒月里與鄭家的次子春勇，即在此狀況下以籌碼之姿結成連理。其次第二個部份，則是月里和阿勇結婚後，降臨鄭家的一連串不幸堆疊出的第一波高潮——換來地皮蓋樓房的三桂，美夢未成身先死，家道迅速中落，阿勇的母親不久也撒手人寰。而辭去村公所工作的阿勇，先是患上瘧疾，大病未癒又淋上驟雨，最後燒壞腦子，月里只好獨自撐起鄭家大樑。至於〈閹雞〉最後一個部份，正是張文環翻出第二波高潮之處——月里與李家瘸腿的三子阿凜相戀，但彼此都明白無法在現實結合，於是在一個深秋的日子，月里背著阿凜跳進碧潭結束生命，獨留癡傻的阿勇緊抱福全藥局的閹雞招牌，流下長絲的唾沫。〔註63〕

初讀〈閹雞〉，沒有人不被字裡行間深沉且毫不保留的悲劇性給震撼——前作〈藝妲之家〉、〈部落的慘劇〉中同樣苦無出路的采雲和林猶得或者凝視著沒加蓋的淡水河、自殺的意圖尚有轉圜的餘地，或者自我放逐、出走部落，〈閹雞〉的月里卻已背著阿凜跳下碧潭，明白告訴讀者除了結束自己生命之外別無他法可想，將作者前作中對台灣社會環境的批判力推至最高點。不過儘管同樣批判社會環境致人無所逃於天地之間，〈閹雞〉所針對者似乎不只是台灣固有的傳統，而更指向了現代性。月里在祭典上打破由男人反串車鼓旦的「傳統」，而被哥哥掌摑、指責為不守「婦道」，以及無法決定自己戀愛對象的男男女女，等等這些對父權主義與封建婚姻禁錮人性的描述，仍然充斥整部作品；只是我們也無法否認：那條製糖會社鋪設於 SS 庄與 TR 庄之間的鐵路，已不再是〈藝妲之家〉裡采雲藉以移動卻毫無效果的鐵路。雖然福全藥房土崩瓦解的先兆，早在牽起藥房與部落的傳統人際關係網絡的鄭家阿婆去世當下就已降臨，鄭三桂天生的利己性格亦難逃其咎，但鐵路的確存在感十足，更是掀起〈閹雞〉兩波悲劇性高潮的關鍵。由此回顧本篇小說的標題「閹雞」，它一方面可說被賦予了隱喻阿勇、甚至作品中所有男性之效——阿勇發傻後為了生計四處拋頭露面的月里，

〔註63〕 以上〈閹雞〉的內容概要與下文之分析，參考陳千武與鍾肇政的譯文。陳千武的譯文收於陳嘉瑞編，《張文環全集（卷2）小說集【二】》，頁 144～190；鍾肇政的譯文則收於葉石濤、鍾肇政主編，《閹雞》（台北，遠景，1997 年），頁 125～171。

張文環曾形容她如何不再把男人放在眼裡、如何撕破男女之間的帷幕，因此那些羞辱月里的言詞，其實意味著月里周遭的男性無法允許自己被挑戰、閹割——而帶出作者對傳統之不可違逆性的諷刺；但另一方面，「閹雞」亦是一塊祖上流傳下來、象徵昔往藥局輝光的招牌，當這塊因現代性不可否認的介入而被摘除的傳統殘餘符碼，被緊擁在腦袋殘廢的阿勇懷中，讀者不難猜想張文環對現代性造成的後果抱持何種看法。也許我們可將〈閹雞〉構築的世界觀指認爲現代與傳統的雜燴，縱使這盤雜燴仍然延續前作中對傳統或鄉土世界禁錮性的批判之味，但也已然浮現張文環 1941 年的作品中並不存在的、指責現代性之姿態。

在稍早發表的〈夜猿〉這篇情節起伏並不吃重的作品中，張文環其實早就對現代性的負面影響頗有微詞，而且他的手法是將 1941 年諸作中傳統或鄉土世界原本幽暗的面貌一轉爲烏托邦式的桃花源、在「傳統與現代」二元對立的氛圍中加重了批判的份量。相較於〈閹雞〉必須經過整理才能加以分析的複雜程度，〈夜猿〉的架構可全然不費氣力地分爲兩個部份：其一爲石有諒一家在山裡部落的日常生活；其二爲石家母親聽聞丈夫和商行的老闆起爭執，趕忙連夜帶上兩位幼子欲到街上去查明究竟。不過這兩個部份比例並不均等，而是懸殊到極點——前者幾乎佔去〈夜猿〉全部的篇幅，後者則草草數十行了結。本文當然不是意圖針砭張文環此作有頭重腳輕之瑕疵，相反的，本文認爲作者的筆法自有其意義。

話且待從頭說。故事一開始張文環給予在街上混不出名堂、回到部落重拾筍乾竹紙家業的石有諒引介讀者進入部落日常生活的工作。讀者或許會將有諒認成前作中那些在現代性折磨下飽受風霜、無可奈何返鄉的失敗者，但事實上有諒是在萬頂叔一番應該要好好經營祖上留下的土地與家業的勸戒下，才「立志」回到部落。有諒「重建」的決心，正預告了張文環本作中對待傳統或鄉土世界態度上的轉變。〈夜猿〉的空間設定，與前作〈部落的慘劇〉、〈論語與雞〉類似，都是山間偏僻的部落，當石有諒聽聞對面阿里山火車傳來微弱的汽笛聲，張文環無非再次提醒我們此處的現代性只是若有似無的遙遠存在（雖然閱讀完整篇小說，我們將知道結果並非如此）。不過在同樣現代性無用的空間中，石有諒面對的傳統或鄉土世界卻已經不再具有對人性可能造成危害壓抑的成份，情場失意的男男女女、假道學先生、爾虞我詐的生意人都被抹去了足跡，我們只看到人與人之間真誠

以待的情感流竄、孩童玩耍遊戲的笑語、筍乾竹紙工廠或旱田林地裡勞動的身影，一幕幕融入宛如風物誌般細緻的自然景色中；眠床上讓孩童闔眼睡去的鄉野傳奇與替小狗祈求平安的民俗儀式，更添加了溫暖而撫慰人心的色調。只是如果〈夜猿〉僅停留於傳統或鄉土世界桃花源式的刻劃，讀者可能無法深刻體會其意義與美感。張文環耽溺的筆觸，在小說行將結束之際急轉直下、安排石有諒不滿貸款融資的商行片面決定生產品的價格，而出拳毆打了商行老闆。石有諒的一拳後果如何並不可得知，但當張文環把結局句點在有諒的妻兒披星戴月離開部落、前往市庄的身影上，讀者赫然發現詭詐的資本主義如何輕易（在短短幾行間）破壞傳統或鄉土世界的既有節奏——由此回想起小說開頭微弱的火車汽笛聲，其作用可說讓我們先產生傳統或鄉土世界無法滲透的錯覺，最後再一舉打破、製造詫異感。因此，張文環不協調的比重安排，其實是以交互對比的手法，一方面以資本主義吸血、壓榨的面貌抬升傳統或鄉土世界動人之處；另一方面則利用傳統或鄉土世界大篇幅的緩慢節奏之瞬間破滅，突顯資本主義無孔不入的破壞能量之強，而兩相交錯的結果，無形中引出本文所謂「傳統與現代」的二元對立氛圍。〔註64〕

　　「傳統與現代」的二元對立氛圍在後作〈閹雞〉中如同上述，反而內縮、稍稍退回 1941 年張文環的寫作模式——當然我們還是觀察到他描寫現代性帶來之破壞的差異——但等到〈地方生活〉出現，我們發現張文環又跳向〈夜猿〉的「傳統與現代」的二元對立氛圍，並進一步展現回歸傳統或鄉土世界的意圖。與〈夜猿〉類似，〈地方生活〉的亮點並不在於情節強度，故事從主角澤自東京返鄉開始講起，全文大概有三條情節據以推展的軸線：一為澤和父親王主定跋山涉水拜訪遷回部落老家的楊思廷一家人；二為與澤指腹為婚的楊思廷長女婉仔嫁來王家；三為楊思廷患病、受邀到王家養病，但仍無法痊癒，在臨終之際婉仔的妹妹淑仔為了爭奪遺產而掀起一小波漣漪。在三條軸線之間，張文環除了穿插情誼深厚的王家與楊家過往的點滴回憶之外，也不忘藉由澤的雙眼臨摹台灣山林之清麗以及純樸的鄉野人家之醇美，再次以緩慢的節奏、情景交融的筆法建構出療癒度不輸〈夜猿〉的鄉土世界——不過較之於〈夜猿〉純粹而耽溺的大篇幅詩情畫意、讓讀者在行將結尾之際才

〔註64〕 以上〈夜猿〉的內容概要與分析，參考陳千武的譯文。譯文收於陳嘉瑞編，《張文環全集（卷 2）小說集【二】》，頁 42～85。

忽然察覺傳統與現代的對立，〈地方生活〉在同樣安靜明亮的鄉土世界裡，卻不時參雜作者辯證目的性強烈的話語。〔註65〕

父親帶領澤前往楊思庭叔父家的旅途上，曾對澤說起從前把四書五經當成萬能書的時代，人人皆有道德觀念之涵養，因此社會不致動亂；而澤雖然認為現代科學的力量很偉大，不過仍非常同意父親「只有武力也不好」的說法。〔註 66〕父子兩人抵達楊思庭家後，婉仔的弟弟阿海向澤詢問現代的學問與孔子教的學問之間有何差異？澤不予以直接回答，而是要阿海思考孔子的中庸之道如何在當今科學進步的社會發揮作用、產生新的東洋文化。〔註 67〕這兩番對話，可謂替作者指明了〈地方生活〉的中心主題正是「傳統與現代」。這個主題不只藉人物對話來表現，張文環在捏塑楊思廷的兩個女兒婉仔與淑仔時，也一併將其捏了進去：受四書五經教育薰陶的婉仔，個性內斂、通情達理；受現代性教育養成的淑仔則個性外放、直言不諱，姊妹兩人通篇讀來雖然看似不帶褒貶之意圖，但小說行至結尾，淑仔卻因害怕父親去世後拿不到陪嫁金，而希望父親寫下遺言交待清楚。目睹紛爭的澤不禁憂心，如若此即為現代的道德，接下來的社會將走向何方？至此我們發現〈地方生活〉與〈夜猿〉皆善用結局突然的衝突性來製造高潮，其高潮也都在拍擊現代性的同時，抬昇傳統或鄉土世界成桃花源——讀者應該無法忘懷，指腹為婚這種與媳婦仔類同、無法決定自己戀愛對象的傳統制度，如何一改 1941 年張文環筆下的悲劇性，替澤與婉仔帶來幸福。而當鄉土世界在高潮中化身桃花源，也才能解釋楊思廷何以毅然決然返回故鄉墾殖，以及留學東京卻苦無工作的主角，何以能在故鄉的山林鄉野間平撫受挫的心靈，等等這些強烈的有關回歸故土的鄉愁與安頓人心的效果。

以上將張文環 1941 至 1942 年的作品分成兩個部份討論，當然是鑒於傳統或鄉土世界在張文環筆下，從禁錮人性的牢籠搖身一變為桃花源之轉折。不過本文之意圖並非切割，反而是想綜合兩者、藉以彰顯張文環皇民化時期追尋自我身份認同的工程之複雜程度。〈藝妲之家〉、〈部落的慘劇〉與〈論語與雞〉雖然以負面書寫批判根深蒂固的傳統如何造就令人難以掙脫的困境、

〔註65〕 以上〈地方生活〉的內容概要與下文之分析，參考陳千武的譯文。譯文收於陳嘉瑞編，《張文環全集（卷 3）小說集【三】》（台中縣立文化中心，2002 年），頁 2～42。

〔註 66〕 出處同上，頁 14。

〔註 67〕 出處同上，頁 22。

致使一齣齣慘劇上演，但傳統同時也是推動社會正常運作以及解決日常生活中各式難題的資源——事實上，張文環把傳統的皮相與內在精神區分得非常清楚，利用傳統的皮相來滿足私人利益者（如〈藝妲之家〉裡一手把采雲推進火坑的養母、〈論語與雞〉的假道學先生），往往才是禁錮性所來之處。而當〈部落的慘劇〉中爲了逃避封建婚姻、出走部落的吳萬壽，最後被弟弟一封封「滿懷心事寄君知」的漢文尺牘召回，無非揭示了張文環對傳統內在的人情義理之重視，更以此爲前提，預告了和解、回歸鄉土的可能——1942 年的〈夜猿〉與〈地方生活〉的鄉土世界之所以能化身桃花源，正有賴其中人類情感正面能量的發揮。因此，張文環的鄉土世界既不是一片看不到希望的黑暗也不是純粹的浪漫，人性牢籠與桃花源是一體之兩面，前者象徵矯正負面能量的期許，後者則是在期許之下寄託正面的鄉愁，兩者合一而標誌出思索、進而認同自我身份的方式。

　　根據上述的分析，我們應該能對本節一開始提出的問題——張文環的鄉土書寫與皇民化時期日本殖民意識型態之間的關係如何——加以回答。柳書琴曾謂〈夜猿〉替台灣文化主體於紙上建構詩意的、卻也是殘存的空間，流露了張文環對傳統社會的鄉愁，更反映出他對戰爭／皇民化的疏離與抗拒。〔註68〕本文對此評論的前半段並無異議，鄉愁的確是張文環鄉土書寫中重要的成色，但回歸自我傳統並不表示與官方的戰爭／皇民化政策劃清界線，更別說〈夜猿〉這篇作品曾與西川滿的〈赤崁記〉、濱田隼雄的〈南方移民村〉共同獲得皇民奉公會的「台灣文化賞」，得獎的背後如何可能意味著國策已自其中覓得施力之處。本文認爲討論這個問題的關鍵，在於張文環對現代性的態度。張文環筆下的現代性其實可分爲與日本殖民者關係密切的殖民地現代教育（日本挾現代性位階引渡的日本性，如「國語」被視爲時髦、開化的象徵），以及西方資本主義邏輯下利己式的個人主義，雖然在台灣兩者經常以「殖民現代性」並稱之，但我們發現在張文環的作品中，前者並不帶傷殺力，後者卻往往造成無法救贖的破壞與悲劇、也是張文環眞正批判的對象——1941 年的作品中，兩者共同被符碼化、魅影化，但到了 1942 年，後者的身影被放大、開始影響情節發展。由此觀之，張文環美化傳統或鄉土世界、批判現代性的資本主義邏輯，並不能直接視爲 1920、30 年代前行知識分子反彈日本殖民現

〔註68〕柳書琴，《荊棘之道：旅日青年的文學活動與文化抗爭》（台北，聯經，2009年），頁 378。

代性的延續，相反的，張文環分離西方文化、倡言自身原本姿態的可貴，與當時大政翼贊會文化部將地方／外地文化引導進以日本爲中心的東亞共同體中、以期對抗西方文化的敘事有相呼應的空間。〈夜猿〉能獲得青睞，或許即是皇民奉公會發現其與日本當時翻轉「脫亞入歐」爲「脫歐入亞」的文化復古之意識型態可相交疊。不過本文也非以爲張文環的作品不帶有「抵殖民」的意味——當西方資本主義邏輯擺脫魅影化的命運，日本性卻依然是遙遠的聲音，也就是說，張文環建構的桃花源只施用台灣人自己能理解的特殊材料而不帶任何日本性，這使得張文環的敘事特色又與官方的期望拉開距離。總而言之，張文環透過鄉土書寫追求自我身份認同，不只在認知傳統上表現出複雜多義的立體思考，其與殖民者一來一往、迎合抗拒間更讓我們窺得難以簡單解釋的曖昧現象。

小結

　　自 1937 年起，日本官方出於戰爭動員的必要，在殖民地台灣實施諸多與前行時代看似差異極大的政策，驅策台灣人邁向名之爲「皇民化時期」的歷史階段。戰後台灣文學的相關研究，即鑒於政治力強勢的介入與威迫等特色，將皇民化時期視爲日治時期文學發展的黑暗期。不過證諸史料，皇民化時期的台灣文壇，並非自始至終受日本軍國主義的壓制——日本爲求穩固新占領地的陣腳與動員效果的極大化，反而調整了早先的威權色彩，在新體制下喊出鼓勵殖民地發展自我文化的地方／外地文化政策。日本官方承認複雜多重的地方／外地文化之舉的結果，一方面由於其中隱藏著單一、高高在上的天皇國體本位（將台灣文化吸納進以日本文化爲領頭羊的位階秩序中），以及建構抵禦西方文化的東洋文化等官方民族主義的企圖，而延續了前行時代官方民族主義與殖民主義並行的「東方式殖民主義」，更造成「包攝」與「排除」共存的曖昧狀況不如日本殖民者夫子自道般消除殆盡；而另一方面，當地方／外地文化政策應允被殖民者追尋自我文化，台灣知識分子事實上「被迫」走上 1930 年代之後建構起來的、以自我固有的文化回應「東方式殖民主義」的道路——1940 年代不遜於 1930 年代大量的、經常被後世奉爲經典的鄉土書寫，即是台灣知識分子乘政治力之便重啓討論、書寫故土之門的明證。因此，不論從殖民意識型態或寫作主題視之，都在在顯示我們無法把皇民化時期的文學發展與前行時代切割開來。

　　在日本官方動員地方／外地文化的敘事之下，我們發現在台日本知識分子與台灣知識分子於重審故土之時生產出不同的共同體想像，也因此上演了對台灣歷史文化的敘事權之爭。雖然在台日本人或台灣人的敘事，皆偏離了官方所期待的一頭多體、地方／外地翼贊中央的期待，但在台日本人於證成「當下」的敘事權或建構共同體時，經常排除、傷害了台灣人。對台灣知識分子如楊雲萍或黃得時而言，這正促成他們書寫的動機。在他們的文字中，積極黏合被任意裁切的台灣歷史、還給台灣人主體性的努力可謂有志一同，不過其中楊雲萍以日本人無法參與的過去界定「我們」之存在的策略，較為接近 1930 年代的民族主義敘事；黃得時將台灣人與在台日本人以「移民——在地化」的情節置入「台灣人」共同體中，則等同於放棄 1930 年代台灣知識分子對「語言——文化」疆界的堅持。但考量當時「日本化」同化愈不可避的狀況，黃得時帶有突破文化位階（標舉台灣文化之獨特性能突破日本中央文化之傲慢、將在台日本人與台灣人並置則能突破日本文化本位）的共同體想像，仍然帶有抗拒官方意識型態的效果。

　　台灣的傳統或鄉土世界不只被當成論述資源，更是皇化時期的文學創作賴以滋長的土壤，也象徵當時知識分子追尋自我身份認同的成果。從頗具代表性的張文環 1941 至 1942 年寫就的小說作品來看，他的鄉土世界雖然經常暴露傳統對人性的禁錮性而帶有濃烈的批判意味，但同時也預告了和解甚至以桃花源式的耽美轉化圓滿了回歸故土之鄉愁的可能。張文環娓娓敘述台灣的日常生活與民俗儀式、小心翼翼施用台灣的材料而不帶任何日本性，當然延續了 1930 年代的前行者尋找能夠證成自我身份的符號之嘗試，只不過他建構出的鄉土世界，和日本殖民者的關係更為千迴百轉：1930 年代的小說創作或者昂揚批判殖民現代性、或者以疲軟與疾病回望殖民者熱切的視線，張文環批判現代性的資本主義邏輯、美化傳統或鄉土世界，卻讓皇民化時期日本東、西二元對立的意識型態得以介入——也因此這個鄉土世界比起 1930 年代更加糾纏不清，也再次說明了台灣知識分子身份認同的複雜程度。

第四章　從鄉土書寫到皇民文學

前言

　　上一章本文針對張文環 1941 年至 1942 年的小說創作進行討論，發現不論其主題爲批判傳統或鄉土世界對人性的禁錮、抑或以「傳統與現代」的二元對立營造回歸桃花源般的鄉土世界之鄉愁，幾乎每篇皆取用自台灣人再熟悉不過的日常生活素材。不過本文另外注意到在張文環誠心誠意奉獻給鄉土書寫的酣暢筆墨中，挾帶了一篇令人倍感突兀的〈頓悟〉。〈頓悟〉寫公學校畢業的主角爲德，想要繼續升學，但因家裡沒有資本，只好經由父親友人的介紹從鄉下前往大稻埕，在李旺福的布莊裡擔任帳簿和店務的工作。期間與幼時暗戀的女孩阿蘭重逢、勾起往日情懷。看人臉色吃飯、抑鬱不得志的爲德亟欲衝破社會的密林、取得一席之地，卻不得其門而入。不久適逢志願兵制度發佈，爲德宛如抓到一根救命稻草，決定從軍以篩洗做人的意義、要回男人的價值。立志出鄉關後的爲德突然來了勇氣面對阿蘭，他意氣風發向阿蘭告別，阿蘭也應允爲德會寫信給他，小說最後就結束在爲德面向黑暗的淡水河、唱起軍隊進行曲的高昂聲調中。〔註1〕

　　綜觀全篇作品，本文認爲造成〈頓悟〉置身張文環同期的小說創作行列中格格不入的原因大概可歸納爲以下三點：一、傳統或鄉土世界脫離細緻耽溺的書寫方式，變成不具重要意義的空景（至多「黑暗」的淡水河有借喻殖

〔註1〕 以上〈頓悟〉的內容概要，參考陳千武的譯文。譯文收於陳嘉瑞編，《張文環全集（卷2）小說集【二】》（台中縣立文化中心，2002 年），頁 126～142。

民地之意）；二、明亮的喜劇結局取代複雜而立體的辯證思考──雖然〈頓悟〉的上半部份仍能歸類爲批判資本主義的問題文學，而與同樣觸碰殖民地社會問題的前後諸作找到稀薄的血緣關係，可是當殖民地男性被閹割、身陷進退失據之困境的效果才剛開始發酵，張文環即以迅雷不及掩耳的速度安排了解決之道，在黑暗的淡水河邊奏起高昂的軍隊進行曲，告訴讀者從軍可以解決一切問題、不見光的殖民地也有救贖的天籟。儘管張文環習慣在鋪陳問題的過程中，向讀者演繹自我的價值觀偏好，但諸如〈藝妲之家〉無所逃於天地之間的女性命運，或〈夜猿〉與〈地方生活〉擾亂鄉土日常節奏的現代性，他都沒有直接宣告解決方法、給出決絕且開放性缺蕪的結局。採用喜劇或採用悲劇，並無孰優孰劣之分，重點是當一位文學涵養與技巧臻於純青之際的作家，突然出手寫就倉促呆板的作品，此舉如何可能讓讀者陷入困惑；三、最後也是最重要的原因，則是視日本官方的志願兵制度爲解決殖民地問題之良策的〈頓悟〉，有鼓勵殖民地青年從軍、替殖民者宣揚意識型態的嫌疑──儘管如同本文上一章所述，張文環自成一家的鄉土書寫與殖民者的意識型態並非毫無牽扯，但也絕非像〈頓悟〉這般露骨。

若照本文於緒論指出的戰後台灣民族主義敘事的「雙重的二元對立」標準來看，〈頓悟〉絕對是必須加以批判的、屬於「皇民文學」這一類的作品。但張文環在戰後台灣文學研究中，經常是以創建戰時台灣人的文藝社團、與在台日本人甚至官方分庭抗禮的領導者，或者以維繫鄉土書寫、抗拒皇民化政策的異議者之姿蓋棺論定。〈頓悟〉之存在無損張文環之評價，也許與上述異常的美學手法以及與同期諸多鄉土書寫的作品之間主題意識的不連貫有關──也就是說，突兀與不自然的明顯瑕疵，反而致使〈頓悟〉爭取到「陽奉陰違」這位有力的辯護律師。不過本文的用意絕對不是藉由重新討論〈頓悟〉與官方意識型態之間的共犯關係，來審判、翻案張文環，以民族本位的道德觀分析文學作品，是戰後台灣民族主義敘事的工作，本文的興趣並不在此。筆者想提出的問題是：當我們基於突兀的理由把〈頓悟〉從張文環的鄉土書寫中切割出去，是否忽略了皇民化時期的鄉土書寫，與辯證如何成爲日本人、如何上戰場爲天皇效命的「皇民文學」之間並非毫無關係；是否忽略了它們同樣都是台灣皇民化時期民族主義敘事的一環、同樣是對日本「東方式殖民主義」的回應？

這些問題與本文最初對皇民文學的興趣，以及隨之開出的研究方法切身

相關——如同緒論所言，本文的研究方法有二：其一是將台灣的民族主義敘事辨認為日本特殊的「東方式殖民主義」之回應，以找出其中無法以西方經典的殖民地民族主義理論歸檔的特色；其二則將皇民文學視為皇民化時期新文學表現中的民族主義敘事之一環，並進一步將其置回前行時代的民族主義敘事相比較。在此方法下，前兩個章節本文已然從殖民者這邊，連接皇民化時期與之前同化時期日本的殖民意識型態、政策，也轉回被殖民者方面，討論 1930 年代以左翼思潮為基礎的鄉土書寫和皇民化時期的鄉土書寫之間的異同，並進一步分析其與日本官方的牽扯。因此本文最後剩下的工作，便是黏合「皇民文學」與「皇民化時期的鄉土書寫」這組經常被台灣戰後民族主義敘事斷裂開來詮釋的文學表現。看似替殖民者宣揚國策的〈頓悟〉，夾雜在足堪代表皇民化時期鄉土書寫的張文環的系列創作中，此一現象當然是觸發本文思考的源頭，但除此之外，我們應該還要從歷史資料中找到更多的證據來填充、支撐皇民文學與此時的鄉土書寫無法分而待之的想法，也才能在其後針對皇民文學的敘事方式展開討論。

　　1943 年 3 月，在台灣文學奉公會、此一象徵台灣文壇重再踏進官方積極控制階段的組織成立之前夕，任教於台北帝國大學的工藤好美於《台灣時報》上發表一篇名為〈台灣文化賞與台灣文學〉的文章，對皇民奉公會第一屆台灣文化賞得主西川滿、濱田隼雄與張文環等人加以品評。工藤好美的文字後續效應驚人，日治時期台灣文壇的最後一次論戰、糞寫實主義論戰，正以其為導火線，從 1943 年 4 月開始，延燒到年底決戰文學會議召開之時。這場表面上爭辯寫實主義路線的論戰，事實上扮演著連接皇民化時期的鄉土書寫與皇民文學的關鍵角色——「皇民文學」一詞便是做為台灣文學日後方向之建議，在論戰中正式搬上檯面；而且當時兩大文藝雜誌《文藝台灣》與《台灣文學》也在論戰的影響下，刊載了陳火泉的〈道〉、王昶雄的〈奔流〉等兩篇有關皇民議題的作品，彼此競爭的意味濃厚。因此，本章第一節筆者將以糞寫實主義論戰為經緯，說明台灣皇民化時期的鄉土書寫與皇民文學的關係；接下來第二節，本文將針對上述陳火泉與王昶雄的作品，正式進入皇民文學的敘事分析；最後，第三節的空間將留給啟發本研究之靈感、在戰後民族主義敘事中再典型不過的「皇民作家」周金波，以做為全篇論文的結束。

第一節　糞寫實主義論戰：美學假面下的政治鬥爭

工藤好美引發日治時期台灣文壇最後一次論戰的〈台灣文化賞與台灣文學〉這篇刊載於《台灣時報》上的文章，大致可分為三個部份：第一，討論「台灣文化賞」設立的意義並提出建議；其次，從詩歌獎全數頒發給俳句、短歌之現象，省思台灣近代詩的危機；最後，品評西川滿、張文環與濱田隼雄等三人的作品。日後糞寫實主義論戰之所起，當然導因於最後一個部份，但工藤品評三位作家所依循的美學標準，卻與第二個部份環環相扣，因此本文不可不概述之。工藤將台灣的近代詩視為日本近代詩的一種外地形式，因此他所謂「台灣詩壇莫大的危機」，必須拉回日本近代詩發展史來觀察。工藤認為，明治時期帶有文明開化思想，與首度登臨世界舞台、既古老又年輕的民族之夢想與野心的「新體詩」，正是日本近代詩的母胎，但近代詩孕育成形之後，卻馬上與新體詩劃清界線、斬斷新體詩中與民眾生活，以及民眾所推動的歷史現實之間的連繫，使得詩變成如同咒文一般的存在，只能不斷謳歌人性的扭曲與變質，彷彿生而頹廢才是詩的本色。至於台灣詩壇如何保存、延續日本近代詩的負面傳統，工藤則以在台灣詩壇一直被濫用、誤讀的浪漫主義做為證據。對工藤而言，雖然浪漫主義經常表現出脫離現實的態度，但事實上浪漫主義對未來積極的、創造性的夢想，與寫實主義是相通的。工藤以此期許台灣的文學創作者選擇具有建設性的浪漫主義，而非把浪漫主義當成逃避現實、墮落的藉口。〔註2〕暫且不論工藤對台灣近代詩的定義是否亦有忽視台灣非日文創作之通病，從他的文字中我們可輕易查覺，工藤偏好的美學標準以及期望見到的文學創作態度，應該是一種誠實面對現實與民眾、並獻身於歷史的寫實主義，而非被自我情緒反噬、無法超越淨化的浪漫情調。

工藤結束以批判台灣近代詩之名、實則建構美學標準的工作後，筆鋒一轉，發動他對西川滿等三位獲獎作家的品評。做為台灣詩壇的代表作家，工藤認為西川滿本次獲評審委員青睞的《赤崁記》戰勝了他自己和台灣近代詩的過去──雖然西川依舊藉由台灣以往的歷史元素托付自身的感懷，但其中已經找不到他過去詩作中過於反覆而執拗的情感描寫，或者異國情調的詭譎趣味，反而表現出一種淡泊而單純的氣氛，而得以將自我客觀化、從自我的

〔註2〕　工藤好美著，邱香凝譯，〈台灣文化賞與台灣文學〉，原刊於《台灣時報》279號（1943 年 3 月 5 日），收於黃英哲主編，《日治時期台灣文藝評論集（雜誌篇）‧第四冊》（台南，國家台灣文學館籌備處，2006 年），頁 106～109。

感情與觀念中解脫，以此成就完整的藝術性。而且工藤更發現，西川在〈採硫記〉一文中，開始努力想要描寫活生生的人，如此對「人」的興趣，讓西川漸漸受到現實世界的吸引，也意味著一條豁然開朗的文學大道在他面前展開。〔註3〕相較於從原本浪漫情調之中解脫出來的西川滿，張文環則是「從一開始就沒有陷入任何一種情調裡」、「直接與現實面對面」的「徹底的寫實主義者」〔註4〕。但工藤並非毫無保留地盛讚張文環，他也指出張文環筆下人物的個性與個性之間，以及人物的個性與文本中的環境皆缺乏對立矛盾，這種近似自然主義的、偏好人類本性的平面描寫而非人類行為的立體表現的筆法，不但致使張文環作品的情節普遍疲弱（不過工藤也注意到〈閹雞〉是個例外），更讓讀者在無邊無際的壓力中無法真正體會作品的焦點所在。工藤因此建議張文環進一步去掌握歷史、提昇作品的歷史觀──簡而言之即帶進歷史「敘事」〔註5〕的動能──以掙脫自然主義的限制。〔註6〕張文環所缺乏的歷史觀／歷史敘事，卻是濱田隼雄的強項。工藤認為濱田的〈南方移民村〉正是一篇引渡作者的歷史觀／歷史敘事而具有崇高意義的小說。不過褒獎之餘，工藤也沒有輕易放過濱田。對工藤而言，真正的歷史小說必須在歷史事實與歷史觀／歷史敘事妥協下，才能表現出歷史性的寫實主義，但〈南方移民村〉後半段敘述大東亞戰爭開始之後、移民村往更南方遷移之一事，卻是外界所給予的官方命題，而非作者咀嚼之後的產品，這就造成〈南方移民村〉的虛構感。〔註7〕

　　若依照工藤自己建構出來的美學標準，他對三位作家的品評可說十分公道，而且即使倡言三位作家美學上的缺陷，嚴格說來其實褒多過於貶、期待多過於批判。可是如此一篇極富拉抬身價效果的評論，卻仍引出濱田為自己

〔註3〕黃英哲主編，《日治時期台灣文藝評論集（雜誌篇）・第四冊》（台南，國家台灣文學館籌備處，2006年），頁110～111。

〔註4〕出處同上，頁112。

〔註5〕工藤對「歷史觀」的解釋如下：「所謂歷史觀，和單純的歷史，單純只是發生過的過去的歷史並不相同，它包含著對未來的信念，也以這樣的形態決定現在的行為。並且把過去視為具有現在意義的事物拉回現在，讓它甦醒過來。」（工藤好美著，邱香凝譯，〈台灣文化賞與台灣文學〉，出處同上，頁114。）由此看來，這個概念事實上與本文談的「敘事」概念──把「過去」當成象徵資源，既解釋當下存在的意義，同時為未來建構藍圖──是互通的。

〔註6〕出處同上，頁112～114。

〔註7〕出處同上，頁114～115。

的作品與創作理念辯護。〈台灣文化賞與台灣文學〉刊出後一個月，濱田同樣在《台灣時報》上發表了〈非文學的感想〉。這篇文章乍看之下似乎與工藤的論述相互唱和──不管視自然主義爲一個必須加以超越的過程、排斥沒有理想而頹廢的浪漫主義，抑或貼近現實、掌握歷史進而培養健全的世界觀等等，濱田和工藤的美學標準差異並不大。〔註8〕但仔細比較兩人的文字，還是可以發現他們如何在文學的「政治性」這個關鍵上產生衝突：工藤強調作家必須接受現實與歷史的洗滌，而工藤寫作當下的現實與歷史，除了大東亞戰爭不做第二想，工藤事實上也沒有拒絕文學與戰爭的牽連（如他對《文藝台灣》號召新、舊詩人就「大東亞戰爭」吟詠創作一事表達肯定〔註9〕），不過他卻同時抗拒官方意識型態的介入，批評官方說法的歷史觀／歷史敘事不值得一提、敬告作家不能直接將其當成創作的出發點〔註10〕──當工藤再三告誡作家歷史觀／歷史敘事的重要，等於承認文學必然有其政治性，只不過這種政治性絕不能以意識型態先行、完全複製僵硬死板的官方政策的樣貌出現，若果眞如此，將會造成文學性、美學上的缺陷。相較於求取政治性與文學性彼此平衡的工藤，濱田卻認爲文學是爲了貫徹大東亞戰爭的眞意而存在，身爲一個創作者最先擁有的與其說是文學的理想，還不如說是身爲皇民的理想，也就是說，政治性的理想、國家的政策精神應該凌駕於文學性之上。〔註11〕由此看來，〈非文學的感想〉果眞是「非文學」的，也正因爲其強調政治而「非文學」，儘管全篇文章完全沒有指名道姓，最後還是表現出濱田針對工藤之評論的不滿與反駁──濱田的寫實主義是以國策爲準、政治目的強烈的寫實主義，工藤所謂文學、美學上的缺陷不但不構成問題，反而才是戰爭下的台灣作家應該具備的創作態度。

　　除了澄清自我創作的理念，濱田在文章的結尾，更大聲疾呼台灣文壇必

〔註8〕濱田隼雄著，邱香凝譯，〈非文學的感想〉，原刊於《台灣時報》280號（1943年4月8日），收於黃英哲主編，《日治時期台灣文藝評論集（雜誌篇）・第四冊》，頁130～132。

〔註9〕工藤好美著，邱香凝譯，〈台灣文化賞與台灣文學〉，原刊於《台灣時報》279號（1943年3月5日），收於黃英哲主編，《日治時期台灣文藝評論集（雜誌篇）・第四冊》，頁110。

〔註10〕出處同上，頁115。

〔註11〕濱田隼雄著，邱香凝譯，〈非文學的感想〉，原刊於《台灣時報》280號（1943年4月8日），收於黃英哲主編，《日治時期台灣文藝評論集（雜誌篇）・第四冊》，頁133。

須以國策精神爲方向，才能從日本的古典當中學到傳統，進而創造出不模仿日本文學或外國文學、屬於台灣自己的日本文學。〔註 12〕濱田的呼籲看似矛盾混亂，但若將其與本文上一章所討論的地方／外地文化政策並列，我們很容易就會明白其中的奧妙：台灣被允許、甚至鼓勵去追求獨特性，但此獨特性是爲了翼贊中央的意識型態、是爲了映證日本相較於西方的傳統美德而存在。濱田複製官方敘事型態的斧鑿之痕可謂斑斑可見，但他並不只以此反駁工藤的評價，還替當時台灣人作家傾向自然主義的鄉土書寫扣上「反皇民化」的大帽子：

> 不用說，我們的文學素材正是生活於本島的人們。不論是內地來的人們或是土生土長的人，總之是生活在這決戰態勢下的人們。而這些人們的行爲，就連他們的心理運作，對本島全體的進展同時有積極肯定的一面，也有否定的一面並存著……在我們的文學中，尤其是描寫本島人的作品的大部份，都只是在這種意義下對否定的現實的實物寫生……本島人作家一直都是描寫本島人對身爲皇民的既不積極也不肯定的態度，這不正是一種枝節末端的現象嗎？〔註 13〕

在上述工藤的論述中，自然主義的書寫特色，只是邁向飛躍的寫實主義必經的歷練，工藤更給予不錯的評價與期許，但在濱田政治性原則取得置高點的意識型態下，卻直接視自然主義爲邪魔歪道。

濱田露骨的政治指控，隨即引來張文環與西川滿另外兩位「台灣文化賞」得主的回應。1943 年 5 月，張文環於《台灣公論》發表〈台灣文學雜感〉一文，文中首先肯定了濱田對文學創作者身爲皇民的期許、認同台灣的文學作品不可以是消極的，但張文環也隨即反問：究竟什麼樣的文學才算是積極的？張文環表示台灣文學目前仍然十分貧弱，連篇像樣的作品也沒有，在貌似沉痛的陳述下，暗指台灣當下可做爲積極文學典範的作品根本無以得見，也諷刺了濱田自以爲高於台灣人作家、諷刺了具有積極的皇民精神的作品是不存在的。而對濱田揭示的效法日本古典的方法，張文環則認爲並不一定要透過日本傳統，才能眞正表現日本精神，畢竟文學之道正如戀愛之道，「只要眞心

〔註 12〕濱田隼雄著，邱香凝譯，〈非文學的感想〉，原刊於《台灣時報》280 號（1943 年 4 月 8 日），收於黃英哲主編，《日治時期台灣文藝評論集（雜誌篇）‧第四冊》，頁 133。

〔註 13〕出處同上，頁 131。

去愛，彼此間的心情就一定可以互通了。」〔註14〕張文環緊接著再一次提醒讀者，台灣還沒有出現眞正的文學作品，因此提出寫作方式等建議只會造成困境，還不如返回促使文學形成的要素、亦即人性／人情味上，多寫幾篇作品。在人性／人情味的前提下，張文環道出〈台灣文學雜感〉中針對性最明顯的文字：

> 我認爲並不是只有描寫勞務奉公隊的才是台灣的文學，描寫它所產生的背景也是台灣文學。簡單的說，我認爲我們不能不去理解今日的生活。〔註15〕

綜觀全篇文章，張文環反覆翻弄「皇民精神」，但卻又以台灣文學功力尙未到位爲開脫之詞，一方面替台灣人作家諸多招惹官方不耐的鄉土書寫辯護；另一方面也巧妙地規避了濱田（也可說是官方）政治目的強烈的寫作指導方法。

與明褒暗諷的〈台灣文學雜感〉同時，西川滿於《文藝台灣》上刊出〈文藝時評〉這篇唱和濱田論旨的文章。〈文藝時評〉的開頭先是褒揚活用日本傳統的泉鏡花，然後以此轉入批判台灣文學（尤其是本島人作家）分毫無取日本傳統、極盡粗俗之能事的寫實主義，如何無法讓熱愛櫻花的民族取得共鳴——西川更強調，這種寫實主義並非眞正的寫實主義，只能算是學步歐美的「糞寫實主義」：

> 當那些作家正愼重其事的描寫著壞心後母或家族糾葛等惡俗時，本島的年輕世代正以宗教報國隊和志願兵的形式，展現出活潑的動力。完全無視於現實的所謂現實作家，不是很諷刺嗎？〔註16〕

從美學上來講，本文認爲西川並沒有反對寫實主義，他和上述濱田或工藤皆口徑一致地認同寫實主義的重要性、駁斥頹廢的浪漫主義（西川在文中把糞寫實主義和頹廢式浪漫主義並稱），只是西川卻將台灣人民效忠天皇的「現實」定義爲唯一可被描寫的現實。如此抬舉日本傳統、叫喊文學報國的西川，自然和濱田一樣複製了日本官方官方民族主義敘事所偏好的情節，以政治之正

〔註14〕 張文環著，邱香凝譯，〈台灣文學雜感〉，原刊於《台灣公論》第八卷第五期（1943年5月），收於黃英哲主編，《日治時期台灣文藝評論集（雜誌篇）·第四冊》，頁165。

〔註15〕 出處同上，頁165。

〔註16〕 西川滿著，邱香凝譯，〈文藝時評〉，原刊於《文藝台灣》第六卷第一期（1943年5月），收於黃英哲主編，《日治時期台灣文藝評論集（雜誌篇）·第四冊》，頁162。

確決定文學之正確。因此，當西川呼籲作家在大東亞戰爭下樹立眞正的「皇民文學」（西川這篇文章使用的是「皇國文學」〔註17〕），而不是搭便車式的文學，讀者一方面不難猜想「皇民文學」的內涵爲何；另一方面也發現西川如何給予既有的官方文學政策以新的詞彙彩妝——西川所謂「搭便車式的文學」無非指涉上引文他所鄙視的那些由本島人書寫的「壞心後母或家族糾葛等惡俗」，西川言下之意，即是認爲台灣人的鄉土書寫只是搭上官方政策（地方／外地文化政策）應允的寫實主義便車，卻完全沒有體現政策背後的精神宗旨——以此替官方進一步申明釐清其對文化創作者的期待、以求導正文壇「歪風」。

西川滿搬出「糞寫實主義」與「皇民文學」這兩個論戰的關鍵詞彙後，台灣知識分子們論辯的戰場轉移到《興南新聞》上——先是世外民〔註18〕衝著西川滿而來的〈糞寫實主義與僞浪漫主義〉，後有葉石濤駁斥世外民、爲西川滿辯護的〈給世氏的公開信〉。這兩篇文章不同於之前「台灣文化賞」三位主角的含沙射影，指名道姓、情緒性的用詞處處可見，可說是本場論戰進入白熱化階段的象徵。〈糞寫實主義與僞浪漫主義〉全篇文章簡而言之，以西川之矛攻西川之盾矣。相較於標舉泉鏡花爲楷模的西川，世外民供上永井荷風這另一塊神主牌，否認台灣作家的作品有違反日本傳統文學精神的嫌疑。永井荷風和泉鏡花文筆雖皆屬優美，但荷風耽溺於淫靡與道德敗壞的風格、伸向窮街陋巷探查美感與人性的觸手，卻多出一股對抗虛僞社會的叛逆。也許世外民正是在往自己潑髒水的荷風身上，發現被西川喻爲「糞便」的台灣人鄉土書寫如何可能與之疊合——他批判西川對台灣社會的實情忽於省察、不經審愼思考就胡亂議論的小人作風，強調描寫台灣人家族糾葛等惡俗的諸多作品，也是日本傳統文學精神的一脈，而且寫實主義對社會的批判力度更是促進歷史進步的重要關

〔註17〕西川滿在隔月出版國民詩集《一個決意》時即改稱「皇民文學」，兩者意義其實完全相同，皆強調文學報國、爲天皇犧牲奉獻。井手勇於考察「皇民文學」一詞建構的過程時，也將西川滿這篇〈文藝時評〉視爲重要的線索。這部份可參考柳書琴，《荊棘之道：旅日青年的文學活動與文化抗爭》（台北，聯經，2009 年），頁 466，以及井手勇，《決戰時期台灣的日人作家與皇民文學》（台南，台南市立圖書館，2001 年），頁 164～169。

〔註18〕世外民爲筆名，垂水千惠、彭瑞金與黃惠禎等研究者都曾考察過世外民的眞面目，但都只有未經證實的假設，目前仍無從得知答案。可參考黃惠禎，《左翼批判精神的鍛接：四〇年代楊逵文學與思想的歷史研究》（台北，秀威資訊，2009 年），頁 154～159。

鍵。〔註19〕不過世外民的文字雖然摘指西川滿的盲點，但也復述了西川對頹廢的浪漫主義的抨擊，這就替我們指出了本場論戰的重點：糞寫實主義論戰表面上看來攸關美學差異的對立，但此中論者皆謂寫實主義好——若與本文上一章對當時知識分子文學史論述的分析合看，雖然其與1930年代的寫實主義還是有所差異，皇民化時期實可堪稱寫實主義美學大為興盛的年代——因此他們致生齟齬之處並非「如何寫」，而是「寫什麼」；並非美學或文學技巧，而是有無配合官方對知識分子賦予作品政治性情節的期望。

葉石濤針對世外民而作的〈給世氏的公開信〉並沒有複雜的論述，不必做太深入的討論，只須留意文中直接把「積慶喜、蓄光輝、養正道」的建國理想說成當前日本文學的建構基礎，並揚言清算明治以降從西方輸入的糞寫實主義、回歸古典精神，警告台灣作家切莫抬出普羅文學的題目而沾沾自喜等文字，〔註20〕如何替上述本文所謂的論戰重點加上一道醒目而清楚的標記——至此，濱田、西川一派的意圖昭然若揭，他們與官方意識型態的靠近也無須多言。葉石濤的文章刊出後，糞寫實主義論戰持續延燒，雲嶺和吳新榮等人亦在《興南新聞》上反擊葉石濤，不過大多只在對手矛盾之處做文章，〔註21〕真正重新回頭給予台灣作家的鄉土書寫以積極意義的，應該算是楊逵化名為伊東亮刊出的〈擁護糞寫實主義〉一文。

〈擁護糞寫實主義〉第一部份先以半幽默半嚴肅的方式講述糞便在傳統農業社會中的重要，把西川原本用以比喻之「糞便」一詞煞有其事轉化為現實，指出談論糞便雖然絕非浪漫之事，但沒有糞便，五穀不豐，然後再以同理轉回西川比喻的層次，辯解若無糞寫實主義，文學無有今日豐盛之成果。〔註22〕緊接著楊逵在第二部份，開始對西川的論述提出批判。表面上看來，楊逵是以寫實主義的立場批判西川的浪漫主義，但正如上文所示：本場論戰的焦點並不在於美學差異，楊逵並非藉著針砭西川承襲浪漫主義卻又反過身來抨擊浪漫主義的矛盾予以回擊，他知道對西川而言這並不構成矛盾——西川所抨擊者只是頹廢的浪漫主義，而且這點和反對西川一派的陣營並無多大不同

〔註19〕世外民，〈糞寫實主義與偽浪漫主義〉，刊於《興南新聞》（1943年5月10日）。

〔註20〕葉石濤，〈給世氏的公開信〉，刊於《興南新聞》（1943年5月17日）。

〔註21〕雲嶺，〈投稿給批評家〉，刊於《興南新聞》（1943年5月24日）；吳新榮，〈好文章・壞文章〉，刊於《興南新聞》（1943年5月24日）。

〔註22〕伊東亮（楊逵）著，涂翠花譯，〈擁護糞寫實主義〉，原刊於《台灣文學》第三卷第三期（1943年7月），收於黃英哲主編，《日治時期台灣文藝評論集（雜誌篇）・第四冊》，頁250～251。

——西川敘事的關鍵是把提取淬鍊日本傳統精神、表現皇民意識當成台灣唯一且正確的「現實問題」,因此當楊逵指責西川搗住自己的眼睛鼻子、和媽祖一起耽溺在戀愛故事裡,並重述工藤所言浪漫主義亦具備寫實主義精神的話語,其實楊逵是回到論戰最初造成雙方爭執的「現實問題」這個癥結上和西川對話。〔註 23〕至於〈擁護糞寫實主義〉的第三個部份,正是楊逵對台灣作家書寫他所認為的真正的「現實問題」展開迴護之處。這個部份楊逵的論調和世外民差距不大,他們皆將台灣作家陰翳的風格,視為對台灣心有所愛而不忍頹敗、以負面書寫寄寓進步意志的作品,文末楊逵更告知讀者:他相信這也是一種「盡忠報國之道」。〔註24〕

　　楊逵的文章發表後,知識分子的筆戰有停緩之勢,但論戰過程中所造成的「台灣文學」與「文藝台灣」兩大文學社團之間的對立氛圍並未稍減,最後甚至導致《台灣文學》與《文藝台灣》在決戰文學會議後相繼停刊。糞寫實主義論戰從結果論之,雙方人馬玉石俱焚,沒有真正的贏家——儘管由西川一派提出的「皇民文學」正式成為書寫典範、台灣作家無法再予以迴避,但台灣文壇殘存的言論空間也因此被官方完全吞噬。此外,這場重點非關美學的論戰,也象徵著當時台灣的知識分子「想像台灣」敘事上的差異。「皇民文學」一派強調將台灣擴大、編列進以天皇為中心的「大東亞共同體」之情節中,但許多台灣作家此時的鄉土書寫卻是內縮、省思「台灣共同體」的內部正義等問題,也無怪乎後世經常將兩者分開來看待、將皇民文學和鄉土書寫視為兩套不同的民族主義敘事。從與殖民者親近性的角度來看,兩者的表現的確不可混為一談,但若從回應殖民者官方民族主義的角度,我們是不是找到了相互連接的可能?別忘了楊逵所謂的「盡忠報國之道」。當然這句話一方面是為台灣作家的鄉土書寫塗抹保護色;但另一方面也意味著楊逵認為台灣作家的鄉土書寫是對官方民族主義要求的一種(與實際上創作出來的結果無關的)回應——證諸本文上一章的討論,事實亦是如此——皇民化時期台灣鄉土書寫的代表性人物張文環,在台灣決戰文學會議上說出「台灣沒有非皇民文學」這番看似傷害自我主體性的陳述,〔註 25〕筆者認為也只不過是用

〔註23〕黃英哲主編,《日治時期台灣文藝評論集(雜誌篇)·第四冊》,頁 251〜252。
〔註24〕出處同上,頁 253〜256。
〔註25〕村田義清、神川清紀錄,彭萱譯,〈台灣決戰文學會議〉,原刊於《文藝台灣》終刊號(1944 年 1 月),收於黃英哲主編,《日治時期台灣文藝評論集(雜誌篇)·第四冊》,頁 471。

較為激烈的修辭，把楊逵的話重述一次罷了。走筆至此，本文對「皇民文學」的定位呼之欲出，但在做出結論前，筆者發現柳書琴對皇民文學的研究可能對本文構成很大的挑戰，是故以下先行徵引其意見，希望藉由辯證，進一步申明本文之立場。

柳書琴指出：身為皇民化時期台灣文壇最後一個誕生的文學新名詞，皇民文學具有將台灣文壇中「『外地文學』、『台灣文學』分歧現象集中於『文學報國』方向予以統合，以便在『大東亞文學』的最高原則下，進一步促進文壇統制與作家改造之企圖。」〔註26〕亦即皇民文學其核心宗旨在於建構符合國家文藝體制的作品，它是一種政治製作出來、用來指導戰爭日益緊湊下的台灣文學活動的「新典範」。因此，對柳書琴而言，以往論者彼此攻訐爭議的「作家有無『皇民意識』」事實上並不重要，如果「皇民文學」這個詞彙要直到1943年才正式出現在台灣文壇、正式對台灣知識分子造成影響，那麼「作家是否有『皇民文學意識』」才應該是討論皇民文學的先決條件——也就是說，所謂的「皇民文學」應以1943年「皇民文學」此一名稱及爭議出現之後的「皇民化議題」書寫為主，而以此定義為準，台灣事實上沒有幾位皇民作家。〔註27〕柳書琴重回歷史現場、揭示「皇民文學」的人為製作過程，的確打破了以「皇民文學」想像皇民化時期台灣文壇的迷思，也意味著原本背負民族道德枷鎖的許多作家或作品有重新閱讀的空間，但本文最後對「皇民文學」的看法，與柳書琴的版本並不相同。

本文所謂「皇民文學」有兩層指涉：首先，「皇民文學」是指官方期待想像中的以呼應戰爭動員、皇民化運動之日本精神為情節架構的作品。雖然直到1943年，「皇民文學」的概念才由西川滿等人假借糞寫實主義論戰提出，但透過以上對糞寫實主義論戰的討論，我們得知「皇民文學」一詞中蘊藏著1937年以來，官方民族主義要求生活於其領土中的人民實踐愛國心、奉獻一己之力的特定政治目標；其次，「皇民文學」是指台灣作家受戰爭時期官方民族主義影響、描述皇民化運動的過程與被殖民者的心理狀況的具體作品。這句話看似直接把台灣作家書寫「皇民文學」一事視為主動親近官方意識型態

〔註26〕 柳書琴，〈誰的文學？誰的歷史？——日據末期台灣文壇主體與歷史詮釋之爭〉，收於石婉舜等編，《帝國裡的「地方文化」——皇民化時期台灣文化狀況》（台北，播種者，2008年），頁211。
〔註27〕 出處同上，頁216。

的行為，而重蹈戰後台灣民族主義敘事之覆轍，但本文用意絕非將官方的「皇民文學」與台灣知識分子創作的「皇民文學」混為一談，反而是欲以此修補戰後民族主義敘事遺留下來的問題——即之前本文反覆強調的、戰後台灣民族主義敘事將「皇民文學」從殖民地的民族主義系譜中割裂出來之一事。陳芳明曾企圖以「皇民化文學」取「皇民文學」而代之，即是鑒於台灣作家受日本官方政治動員的被動位置，以及其作品中隱藏著的被殖民者認同糾葛的複雜心理。〔註28〕只是若將「皇民文學」做為一種文學現象，實在不必刻意為了避開戰後台灣民族主義敘事的思維邏輯所賦予「皇民文學」一詞的貶抑性，而以「皇民化文學」或「認同文學」〔註29〕等詞彙改稱之。對本文書寫之脈絡而言，避開貶抑性和標舉「時空環境差異」一樣，皆無法真正解決問題。承認「皇民文學」之存在，並不代表承認日本企圖改造被殖民者心靈的正當性，與之相反，當我們使用「皇民文學」同時表記殖民者的欲望與被殖民者的回應，重新閱讀這批遭受撻伐或割裂的作品、找出其中和前行時代可能的連接，或許反而更能突顯官方論述堂而皇之的表象中如何存在縫隙，以及隨之而來被殖民者的心靈困境。

第二節　〈道〉與〈奔流〉：如何成為日本人

　　1943 年 7 月，冀寫實主義論戰方興未艾之際，劍拔弩張的兩大文藝雜誌《文藝台灣》與《台灣文學》，先後刊出了陳火泉的〈道〉（《文藝台灣》第六卷第三號）與王昶雄的〈奔流〉（《台灣文學》第三卷第三號）等兩篇自剖台灣人在皇民化運動下心路歷程的作品。此時距離西川滿提出「皇民文學」的口號已屆兩個月，《文藝台灣》刊出〈道〉明顯是欲為其陣營所喊出的「皇民文學」做出示範，從濱田隼雄寫於〈道〉之後的感想即可證諸此事：

> 有哪部作品能把打從心底想成為皇民的熱忱描寫地如此強烈、直率？有誰能把想成為皇民的苦惱說得如此迫切？又有誰能勇敢地呈現面對這種苦惱時充滿人性的戰鬥？如斯之「道」即為通往日本的

〔註28〕陳芳明，《台灣新文學史（上）》（台北，聯經，2011 年），頁 158～159。

〔註29〕如王郁雯的碩論，〈台灣作家的「皇民文學」（認同文學）之探討——以陳火泉、周金波的小說為研究中心〉（中國文化大學日本研究所碩士論文，1999年）。

道路……本作的確是台灣的文學從來未見之物，是現在的台灣獨有
的皇民文學。〔註30〕

相較於倍受矚目的〈道〉，稍晚的〈奔流〉話題性則屢弱許多。不過兩篇作品
的命運到了戰後卻出現大逆轉，〈奔流〉不但被選進以「凡是皇民化意味甚濃
的御用作品，以不選錄來隱示我們無言的、寬容的批判。」〔註31〕爲篩選標
準的《光復前「台灣文學全集」》，更被論者譽爲「冷智地揭漏皇民化運動對
於台灣人心靈的摧殘與迫害的文學力作……成爲台灣新文學史上具有永恆價
值的經典之作」〔註32〕；至於〈道〉卻長期飽受背離民族本位、詔媚殖民者
的批判，直到近年來才有研究者嘗試賦予不同的解釋。兩篇作品評價的顛倒，
當然與戰前戰後時行的民族主義本質上的不同有關。只不過以本文上述回應
殖民者的「皇民文學」觀點視之，〈道〉與〈奔流〉事實上應該置放在同一個
座標上來討論，更何況《台灣文學》緊跟著《文藝台灣》之後刊出〈奔流〉，
其中必然隱藏著以「皇民文學」彼此較勁的意味。是以本文先行抓出「如何
成爲日本人」此一回應日本東方式殖民主義的大方向，用以重新閱讀兩篇作
品，希望在前一章鄉土書寫的分析之後，以皇民文學的敘事特色進一步塡充
皇民化時期台灣民族主義敘事的內涵。

（一）孤獨的求「道」者

〈道〉全篇大體是以步步進逼主角如何追尋「成爲日本人」之「道」的
順敘架構寫成。〈道〉的主角是台灣專賣局鹽腦課的職員，小說開筆之初人正
在離霧社十二公里的深山、位於哈吻（ハボン）的樟腦試驗所，準備下山冶
遊埔里的麗花樓。但在進入小說的順敘架構之前，陳火泉先安排了兩段倒敘，
一者勾勒主角的個人特質、解釋何以人人稱主角爲「飄泊的思人」；一者則說
明主角冶遊麗花樓的原因。這兩段倒敘有值得一顧之處，本文對〈道〉之分
析，不如由此開展。

〔註30〕 濱田隼雄，〈關於小說〈道〉〉，刊於《文藝台灣》第六卷第三號（1943 年 7
月）。譯文中的引號爲筆者所加，筆者認爲濱田此處藉陳火泉此篇作品的名字
來行雙關，故特加引號。
〔註31〕 張恆豪、林梵、羊子喬等，〈出版宗旨及編輯體例〉，《光復前「台灣文學全集」》
（台北，遠景，1997 年），每冊卷首頁 4。
〔註32〕 張恆豪，〈反殖民的浪花──王昶雄即其代表作〈奔流〉〉，收於張恆豪編，《翁
鬧、巫永福、王昶雄合集》（台北，前衛，1990 年），頁 366。

　　第一段倒敘中，主角剛寫好的試驗成績表被墨水弄髒，這件平凡無奇的小事卻讓他感興起鏖戰方酣的中日戰爭，而把弄髒的白紙擬爲中國，墨水比成日本，實際上承受不幸的人類（我）則像是大東亞民族。在看似跳躍、鬆動的聯想比喻中，主角堆疊出一座層次分明的高塔：最上層是大東亞民族，中間是強大的日本，最下層則爲易受影響、脆弱被動的中國。這座高塔照鏡般映出當時日本侵略中國的意識型態與反覆對外宣揚的敘事架構，主角也向讀者大肆嘮叨著日本必勝的正義觀，不過當日本以讓白紙蒙受「髒汙」的墨水之姿現身、當中日戰爭以東亞民族的「不幸」定調，陳火泉或許在有意無意間暴露了自己對中日戰爭不以爲然的評價。當然這段敘事旨在突顯主角的多愁善感，與全文的神髓並無太大關係，但本文認爲其有提醒讀者〈道〉稍後諸多看似親近日本官方的字裡行間，實有縫隙可循之效。緊接著第二段倒敘，陳火泉端出本篇小說的關鍵物品：主角傾注心血發明的、用以提升蒸餾樟腦之效率的改良式爐灶。隨著此一關鍵物品同時登場的是「日本精神」這個關鍵詞彙——陳火泉寫到主角之所以能成功創造出改良式爐灶，除了得力於科學技術，心靈和精神的淬鍊亦爲必要。主角在事成那一刹那淌下的淚水，正是明白這座爐灶不僅僅是個「工具」，更是超越（西方的）科學、完美體現「日本精神」的藝術品。〔註33〕

　　結束兩段倒敘後，我們回返小說順敘的主要架構中，隨甫成改良爐灶之大功、志得意滿的主角「下凡」冶遊麗花樓。這座原本該吹送旖旎春風的妓院，卻讓主角的「日本精神」遭遇第一次衝擊。非爲滿足肉體而來的主角與妓女不歡而散，換來誤以爲他是流氓的壯漢衝進房間，不分青紅皂白連搧主角兩三個巴掌。這位與警方有關係的壯漢打完人才知道事情不如自己所設想那般，不打不相識的兩人於是開始飲酒聊天。席間話題因主角徵引松尾芭蕉的名言之故，而盪向「日本精神」。壯漢叫喊著「日本精神」即是高興地爲祖國戰死，顯然對壯漢的巴掌難以釋懷的主角卻話中帶刺，譏諷「日本精神」不過是不講大道理之謂也，沒想到壯漢借力使力，強調「日本精神」正是不講道理地爲天皇戰死。雖然我們從壯漢粗野的話語中，窺探到國家意識型態之荒謬以及其對人民洗腦之嚴重，但回到小說的情境，讀者必須注意主角絕非反對「日本精神」之存在，他的回應並不是那麼正經、嚴肅而帶有批判意味，只是不以壯漢的魯莽爲然，而且此時主角不像壯漢可以藉由上戰場來體

〔註33〕陳火泉，〈道〉，刊於《文藝台灣》第六卷第三號（1943年7月），頁87～90。

現「日本精神」，自然更無可認同壯漢所言爲是。不過壯漢的一席話，仍舊致使主角陷入何爲「日本精神」的思緒，在茫茫醉意中埋下日後複雜辯證的預告。〔註 34〕

　　隔天主角酒醒埔里，動身回工作崗位去。這裡陳火泉安排了一段小過場，讓攀爬山路的「飄泊的思人」感興週遭景色，吟成了俳句一首：

　　　　這條道路啊／我獨自一人走著／山中秋已深。〔註 35〕

此爲「道」的意象首次出現於文本中。與這首俳句配合，主角引用了和歌和德國詩人赫曼・赫塞（Hermann Hesse）的詩，將攀爬山路的身影以寂寞反覆纏繞，一邊擔心自己是否耐得住孤獨，一邊卻又鼓舞自己抬頭挺胸、翻越山巔去看到尚未看到的風景。這段充滿文學性的過場尾隨「日本精神」出現，讀者不難猜想主角若渴的心靈欲求何「道」，也體會了主角求道之道似乎非常人可走。只是我們還不清楚這條「道」最後的目的地、主角想看到卻尚未看到的風景究竟所指爲何？也就是說，主角的「道」有方法論和目的論（動機）雙重涵義，以方法論來講當然是「日本精神」、亦即行走在「日本精神」之道上，但從目的論上來講卻還是個待解的謎團。

　　也許我們可在下一個段落尋得線索。主角回到哈吻十天之後，適逢中秋佳節，上級派了台北總局的池田博士與廣田技師來驗收主角的改良式爐灶。兩位代表官方的「威權者」對主角的發明讚不絕口，最後還將改良式爐灶命名爲「火旋式灶」。如此三言兩語即可概要的情節中，掩藏著重大的意義：首先，讀者應該沒有忘記這座改良式爐灶是主角貫注「日本精神」的產物，它不只是一個外在的客體，更是主角內在主體的象徵。因此，主角在成果發表會上展示「在來（台灣一直以來、本土的〔註 36〕）灶」與改良式爐灶孰優孰劣之場景，連接以外在之物喻內在人格的線索，我們似乎可推論作者藉此暗示主角已經不是「在來」的台灣人，而是經過「日本精神」薰陶、改良後的台灣人；其次，觀諸「威權者」宅心仁厚地將改良式爐灶以作者（非小說裡的主角）名字的諧音命名爲「火旋〔註 37〕式灶」之處，一方面強化了外在客體和人物主體之間相連接的比喻格式；另一方面

〔註 34〕　陳火泉，〈道〉，刊於《文藝台灣》第六卷第三號（1943 年 7 月），頁 90～96。
〔註 35〕　出處同上，頁 96。
〔註 36〕　日文「在來」有「向來、本地」等意思，如「在來作物」、「在來種」，與「外來」相對。
〔註 37〕　日文「火旋」的發音與作者陳火泉的名字「火泉」有諧音。

也指涉了被殖民者的主體必須經過威權者／殖民者的命名才能具有意義。與此相映成趣者，之前的情節中，陳火泉一直沒有給予主角名字，但在發表會結束，一與兩位長官吟俳作對、揭露主角參加俳句同好會所使用的俳號「青楠」之後，主角自此成為「有名字的人」。不管是「火旋式灶」或「青楠」，這兩個名字背後都與主角追尋「日本精神」之「道」（一種方法論）有密切的關係，我們於是發現此「道」之目的論（動機）可能為求取威權者／殖民者的肯定、認同——在小說的敘事中，唯有在這個情境下，被殖民者的名字或身份才能搬上檯面、得到意義。

　　取得名字的青楠從哈吻調回台北，負責起草樟腦讀本。由邊境至島都的移動過程，接榫的是青楠重新打入中心的地位提升。只是看似往美好而去的情節不久即出現轉折。本與青楠交好的日本人同事武田，在新舊課長的送迎會上，因受不了青楠三催四請地找他打麻將，燃起怒火就要對青楠動粗。雖然武田最後被其他同事拉開，這起意外仍狠狠勾起青楠以往受到日本人不平等對待的新仇舊恨。當悲傷的青楠把受辱的原因歸諸於自己和日本人身份上的不同，這番不可謂不辛辣的控訴當然戳破了官方營造的「一視同仁」的假象，但也同時替讀者把青楠貫徹「日本精神」的目的論更為簡單地表現出來——青楠想成為能與日本人平起平坐的皇民。〔註 38〕只是為什麼青楠在此明白了日本人和台灣人之間存在一道不可踰越的界線、明白了其目的之虛幻，之後卻依然堅持自己開出的方法論？本文認為這個問題正是整篇小說、亦是視察本文所謂皇民文學中的「民族主義敘事」之癥結。

　　有關這個問題，陳火泉隨即給予我們解答。青楠與武田鬧出不愉快後，陳火泉花去大量篇幅，安排青楠兩次向廣田股長當面解釋自己何以堅持貫徹「日本精神」，〈道〉至此也進入了全篇最具辯證性的段落。在此本文將青楠所言簡單整理、重新論述如下：青楠強調「我們」（台灣人）必須是日本人，這意味著「我們」必須懂得什麼是生不帶來的「日本精神」。青楠言下之意，除了認為生而為非日本人者，只要具備「日本精神」就能成為日本人之外，也意圖指出不是生而為日本人者，就一定具備「日本精神」。至於「日本精神」的實際內涵，簡而言之即尊王攘夷、「一旦有事，為君之盾」的天皇信仰。而鑒於日本的天皇信仰根植於天照大神等神話系統，青楠因此提出繼承日本神話、祭祀

〔註 38〕陳火泉，〈道〉，刊於《文藝台灣》第六卷第三號，頁 108～111。

天照大神與確立獻身於天皇之正念等三大法則，對青楠而言，台灣人只要在日常生活中實踐這三大法則，即能成爲日本人、求得解脫與救贖。〔註39〕

　　青楠以滿腔熱血實踐「日本精神」、視文化的襲奪爲編入日本民族共同體中的先決條件，事實上復述了日本的官方民族主義／東方式殖民主義敘事賦予被殖民者的情節架構。如同本文於緒論中徵引的霍布斯邦民族主義之研究所言：在傳統紐帶崩壞的情況下，近代國家爲了取得人民的效忠，必須以愛國主義、或者說「官方的民族主義」去建立新的「公民宗教」，而其方法經常是挪用既存於民眾間、蓄勢待發要轉化成「民族」的所謂「民族主義原型」的情感與象徵物，召喚人們進行新的想像。在日本的官方民族主義建構工程中，具有關鍵地位的尊皇攘夷思想、天皇信仰以及與其相關的神話系統等「日本精神」，即可稱爲某種「民族主義原型」。至於日後「東方式殖民主義」此一與官方民族主義齊頭並進的殖民意識型態，也正是藉著強行插入自己的「民族主義原型」以置換他者的「民族主義原型」（如透過愈發撲天蓋地的國民教育，以及諸多禁錮／抽樑換柱殖民地固有傳統的政策〔註40〕）、而非以給予政治地位的「日本化」同化的方式，試圖吸納殖民地的人民爲己用。因此，青楠「不成爲日本人不行」以及耽溺於日本天皇信仰與神話系統的精神態度，實在是日本殖民者恨不得早點看到的「日本化」同化之效果。但陳火泉的敘事不只停留於復述官方敘事。當青楠以感慨的語氣向廣田股長解釋他大聲喊叫對日本神化的希求，是因爲「本島人忘卻神祇久矣，喪失神話久矣。至少現在的青少年沒有自己的神話，也沒有可祭拜的神祇。他們既不想祀奉媽祖或城隍爺，也無從談論起。本島人既有的神話和祭祀習俗已然一起崩壞。」〔註41〕之時，陳火泉讓我們看到了日本官方敘事的縫隙所在——他替殖民者的「成就」留下血淋淋的證據，更述說著想要定義自我身份的被殖民者注定遭逢的悲劇與弔詭：讓被殖民者失去「故鄉」的兇手是殖民者，而被殖民者滿足「鄉愁」的方法卻只有轉向殖民者的「民族主義原型」。

　　這道縫隙將以更駭人的方式展開。陳火泉表面上看似與殖民者貼近的民族主義敘事，仍有無法完全密合之處。青楠主張的「日本精神」實踐，是種

〔註39〕陳火泉，〈道〉，刊於《文藝台灣》第六卷第三號，頁116～123。

〔註40〕日本對待殖民地固有傳統的態度如同本文之前的討論，並非只以禁錮面表現之，1930年代從日本延燒至地方的鄉土熱潮，以及1940年代的地方／外地文化論述，皆是企圖抽樑換柱殖民地文化、以翼贊中央的證據。

〔註41〕陳火泉，〈道〉，刊於《文藝台灣》第六卷第三號（1943年7月），頁120～121。

一念通天、立地而成日本人的方法，這方面來說，他絲毫沒有低貶台灣人，相反的，他一直相信台灣人與日本人能夠平起平坐、他反覆強調的亦是懇請日本人不要表現出血緣上的偏見和輕蔑，導致台灣人的信仰動搖。但殖民者所要求的，卻是時間上的歷史煉成，亦即殖民者雖然應允被殖民者藉由一套內化威權文化的程序成為日本人，但那是「總有一天」而非「當下」，為了避開「當下」，殖民者甚至使用種種藉口合理化「總有一天」──廣田股長在青楠長篇大論時，先是批評青楠所言為自以為正確的認知、批判得不到認同就動搖的信仰不能算是真正的信仰，反過來要求台灣人擁有欲罷不能的誠意，〔註42〕其次則以內台通婚、血緣融合打斷青楠繼承日本民族文化與日常生活型態的想像，〔註43〕最後更說出「本島人不是人」這種赤裸的歧視話語，〔註44〕這一系列的對應即為明證。此處應證了荊子馨所言：當殖民者創設一套明確的方法，告訴台灣人要怎麼做才能「成為日本人」，看似實現了前行時代未能完成的目標，但骨子裡卻是將原本殖民者應該擔負的「成為日本人」的責任，轉嫁到被殖民者身上。〔註45〕因此，我們可說陳火泉藉青楠之口，狠狠扒開了日本官方敘事的弔詭矛盾，並意圖將責任推還給殖民者。不過這份責任最後仍被廣田股長二度轉嫁青楠之身，被殖民者的困境亦由此開展──遵照殖民者的遊戲規則／情節架構來走，等同於最後的成果亦須殖民者來認定才有意義（這在之前「火旋式灶」的命名上早已透露端倪）：台灣人本來就與「我們」日本人不同，但台灣人又必須編入「我們」這個共同體之中，為了突破這層矛盾，台灣人唯有經過「我們」開出的方法，心存正念，「總有一天」即能獲得救贖。

如果〈道〉收在此處，也許不會引起莫大迴響。本文認為，青楠被貶為「非人」之後的轉折，才是〈道〉真正受到西川滿與濱田隼雄厚愛的原因。在血統的系譜與精神的系譜間進退兩難的青楠，幾乎罹患了神經衰弱症。讓一病不起的他重再振作的關鍵有二：某天早上爬上他胳膊的臭蟲一隻；在麗花樓搧他巴掌的壯漢來信一封。青楠燒死臭蟲一隻，腦海裡浮起「多蝨不癢，多債不想」的台灣俗諺，驚覺自己尚未做到用「國語」思考、根本沒有實踐自己之前開出的「日本精神」之道，於是責任再度落上肩頭。讀完身在前線戰鬥的壯漢來信，

〔註42〕陳火泉，〈道〉，刊於《文藝台灣》第六卷第三號（1943年7月），頁117～118。
〔註43〕出處同上，頁121。
〔註44〕出處同上，頁125。
〔註45〕荊子馨著，鄭力軒譯，《成為日本人》（台北，麥田，2006年），頁130～131。

青楠流下淚水，壯漢將青楠編入「我們」之中、勉勵青楠一起為「共同的使命」打拼的文字宛若福音。〔註46〕至此青楠正式、完全掉進殖民者的敘事當中。前者臭蟲的發想，等同承認在徹底革除台灣人的印記之前（一個殖民者用來搪塞的藉口），「成為日本人」永遠是進行式；後者則發現真正解決問題之「道」就是上戰場。青楠於是報名志願兵，削去煩惱絲、寫出〈二月二日為台灣陸軍特別志願兵所作〉，詩裡吟詠著生身之血非日本之血，但一旦上戰場為天皇效命，與日本人並肩作戰、共同達成使命，即能以血換血、死為日本皇民。〔註47〕青楠大徹大悟，全篇作品也就收在象徵大日本之母、身上滿是青楠愛慕之「和魂」的同事稚月女發自內心的讚揚：「從今天開始，你就是優秀的皇民了！」〔註48〕只是如此積極明亮的結局、終於手到擒來的「皇民」身份，卻因為堆疊了太多自我的丟失與放棄，而充滿無限的悲哀。

（二）奔馳在時代潮流中的被殖民者

在開始進行王昶雄〈奔流〉一作的討論之前，有個問題必須先行處理。據王昶雄戰後夫子自道，〈奔流〉寫作的宗旨是為了反抗殖民統治、展現台灣人的民族氣節，絕非皇民化意味甚濃的作品。王昶雄更進一步提出證據：《台灣文學》上刊出的〈奔流〉並非其原貌，在總督府的檢閱制度下，某些批判日本人、為台灣人抱不平的尖銳文字遭到刪減，許多關鍵之處則另外添上對日本官方意識型態表達讚揚、親近之意的語句。〔註49〕以正讀者視聽之故，王昶雄甚至親自對〈奔流〉進行了「還原」的工作——收錄在《王昶雄全集》中多達六篇的〈奔流〉中譯，就有兩篇是由王昶雄校訂或依其手改稿譯出的版本。〔註50〕對本文而言，王昶雄迴護自己的作品、甚至將其編入殖民者對

〔註46〕 陳火泉，〈道〉，刊於《文藝台灣》第六卷第三號（1943 年 7 月），頁 132～135。

〔註47〕 出處同上，頁 137。

〔註48〕 出處同上，頁 141。

〔註49〕 王昶雄，〈老兵過河記〉，原刊於《台灣文藝》第七十六期（1982 年 5 月），收於許俊雅編，《王昶雄全集・第四冊・散文卷三》台北縣文化局，2002 年），頁 45～46。

〔註50〕 六篇譯者分別為林鍾隆、鍾肇政、張良澤、賴錦雀（三篇），其中林鍾隆的譯文由王昶雄校訂，鍾肇政以刊於《台灣文學》的〈奔流〉為底本，張良澤則以 1943 年出版的《台灣小說集》中所收錄的〈奔流〉為底本，賴錦雀所譯之三篇，來源一為《台灣文學》、二為《台灣小說集》、最後即是根據王昶雄的手改稿。詳見許俊雅編，《王昶雄全集・第一冊・小說卷》（台北縣文化局，2002 年）。

被殖民者／宰制對抵抗的二元對立情節中，一定程度上反應了戰後台灣民族主義敘事的影響。不過本文並非以此否定王昶雄所言之眞實性。作者自己跳出來解釋作品意義，本來就不應該比讀者的分析更有價值、更有不可質疑的權威，以下〈奔流〉的文本分析當然不會受其說法所牽制，但這與〈奔流〉究竟有沒有被竄改的歷史事實完全無關。也就是說，不論王昶雄校訂、手改的「意圖」何在，他確實留下了一個文本分析技術上的問題——讀者究竟要以當時刊出的版本爲準，還是以作者校訂、手改的版本爲準？筆者認爲，在承認檢閱制度爲事實的前提上，前者固然難以保證敘述當下的準確性，但後者也難以保證王昶雄沒有使用另一套戰後的「檢閱制度」來進行修正，因此，或許只能採取折衷的手段：以《台灣文學》刊出的〈奔流〉爲底本，比對王昶雄校訂、手改的版本，再盡可能由前後的文脈來進行判斷。

　　〈奔流〉共計有三位主角：敘述者（由林柏年的信件可知此人姓洪，方便起見，以下簡稱「洪」）、伊東春生（台灣名爲朱春生）和林柏年。洪本來在東京習醫，畢業後到學校的附屬醫院實習臨床工作時，故鄉的父親突然去世，只好返鄉繼承父親開設的內科醫院。習慣了五光十色的都會，洪一直無法融入鄉下枯燥乏味的生活。正當洪懷念日本、無法自拔地陷進旅愁的狂暴感傷，季節交替的感冒潮流把伊東春生送進洪的診所來。初遇伊東，洪在他開朗的笑容深處看到複雜的陰影，「被殖民者的神經過敏」更雷達般告訴自己這位在中學教授國文（日文）的老師，似乎不是日本人。跟在伊東後頭來治療胸膜炎、恰巧在伊東任職的中學念書的林柏年，隨即幫洪解開疑惑——伊東是台灣人，娶了日本人當妻子。洪一聽之下不禁滿心喜悅，自己的故鄉得有如此文質彬彬、又擔任國文教師的人在，實在令人安心，也顧不得林柏年不以伊東爲然的奇怪態度，洪開始期待著伊東的複診。不過伊東再次造訪卻只爲感謝洪的看診，洪急忙晚留，把伊東帶進書房聊天。兩人的話題從批評本島青年雄心壯志的缺蕪，到日本精神如何無法脫離古典文化而存在，一場促膝長談讓洪巨大的空虛寂寞就此煙消雲散，洪更打從心底佩服伊東自裡而外「成爲日本人」的人生觀。〔註51〕

〔註51〕　以上〈奔流〉的內容概要，同時參考刊於《台灣文學》第三卷第三號（1943
　　　　年7月）的原文，以及賴錦雀的譯文。譯文收於許俊雅編，《王昶雄全集‧第
　　　　一冊‧小說卷》（台北縣文化局，2002年），頁221～227。以下概要本文皆採
　　　　此方法，唯註明出處時僅標賴錦雀譯文的頁碼，不再標示原文。

以上可視為〈奔流〉全篇作品的起筆。這個部份作者雖然不像陳火泉明明白白架構出「精神的系譜」和「血統的系譜」，卻也讓讀者感受到「心靈上的故鄉」和「肉體／現實上的故鄉」兩造間的辯證關係──敘述者洪身處現實上的故鄉台灣，卻對日本念念不忘、欲振乏力，而當伊東出現、向洪表演了徹底的日本精神後，抑鬱寡歡的洪竟然完全被治癒了。由此可見，連身為醫生的洪也難以對付的病症源頭，絕非只是難以適應鄉間步調、渴求都會聲色犬馬的刺激而已，而更可能來自於在「肉體／現實上的故鄉」找不到日本精神這個「心靈上的故鄉」。稍後作者寫到元旦之際，洪到神社參拜、懷念起關東平原冷冽的冬天，亦足勘支撐本文所做之分析──洪在台灣進行體現日本精神的儀式，但這處「肉體／現實上的故鄉」卻因為氣候過於溫暖，而無法讓心靈真正受到洗滌，精神與現實再次彼此錯位。作者於起筆勾勒出「心靈上的故鄉」和「肉體／現實上的故鄉」之間的辯證，或許可視之為〈奔流〉全篇的軸心。

情節繼續開展。元旦當天下午，洪前往伊東家拜年，等在那裡的竟然還有林柏年。在此作者藉兩件事設下懸疑性：一為林柏年莫名其妙的不愉快，次為與伊東同住的是丈母娘而不是生母。只是洪還來不及多想，壁櫥旁的插花和伊東那位楚楚動人的日本妻子，馬上召喚他回憶起在日本和某位良家女性之間若有似無的曖昧情愫。這位把生命力灌注在日本古典藝術之道的女子，和陳火泉筆下滿身「和魂」的同事稚月女，一樣是日本精神柔軟溫暖那一面的象徵，也一樣在勾起被殖民者男性無限的愛慕之同時，點醒被殖民者男性身份上的位階落差。不過異於志願從軍、以此填補位階落差進而獲得稚月女認同的青楠，質疑自己沒有辦法給予對方幸福的洪，最後只換來女子「天下第一等人物」的道別短箋。「天下第一等人物」的期許，暗示被殖民者男性握有平反位階的資格，但洪仍自卑無以復加，只能為自己的沒出息暗自垂淚，並從回憶中抬望眼，對伊東把日本抽象的精神與現實的生活，原封不動搬回故鄉之舉再度報以激賞。〔註52〕

此處插入的回憶，原本有段「我無法安於自己是出生於南方的日本人這個事實。如果不能完全變成真正的日本人的話，就不甘心。我認為，自己並非主動地努力成為日本人，而是在無意識之中，內地人的血將移入自己的血

─────────────────────

〔註52〕許俊雅編，《王昶雄全集・第一冊・小說卷》（台北縣文化局，2002年），頁228～231。

管，不知不覺地在我全身流動。」〔註53〕之文字，在王昶雄校訂、手改的版本中皆完全移除。依前後文脈與上述分析來看，不管是洪對伊東的認同還是自覺無法和日本女子匹配，他的確意識到殖民者和被殖民者之間的差異，更有「成為日本人」、抿除差異性之企圖；至於內地人的血無意識移入自己的血管云云，也側寫了被殖民者受到殖民論述魅惑、吸引的錯覺。總之，本文認為這段文字並不像是由日本當局添加進去、與當時的檢閱制度無甚關連，應該可置回原文中。

只是敘事者洪對伊東方法上的認同、對他身上象徵著精神與現實疊合的認同並沒有維持太久。當一群人熱熱鬧鬧吃著晚餐，伊東的生母突然造訪，伊東一聽是母親來了，竟手忙腳亂趕到玄關前把她打發回去。伊東惡劣的態度宛如一枚震撼彈，讓作者之前鋪設的懸疑性發酵，原本和樂融融的一頓飯局瞬間掉進詭異的氣氛中。雖然伊東試圖粉飾太平，唱起《伊那節》娛樂眾人，結果反而惹來林柏年憤怒退席。眼看場面不可收拾，洪卻害怕自己對伊東的尊敬之情瓦解，只好強壓下滿腹疑竇。從伊東家告辭之後，洪被等候在路上的林柏年逮住，林柏年把平時積壓的強烈不滿向洪一股腦地傾倒，洪這才知道伊東的母親是林柏年的姨媽、伊東和林柏年是表兄弟關係，不過他還是沒有辦法完全相信林柏年對伊東拋棄自己親生母親、圖謀自我生活安逸的指控，反覆以林柏年不了解伊東高貴的情操等說詞搪塞過去。可惜他心裡殘存的一絲的希望，在伊東父親的葬禮上完全破滅。洪為了掃除心裡因為林柏年的一席話而起的疑慮，背著伊東偷偷來到他父親預定埋葬的墓地。想不到眼前遭逢至親過世的「孝子」伊東，完全沒有悲傷難過的情緒，不但表現出對葬禮儀式的不耐，甚至母親瀕臨崩潰也毫無憐憫安慰之意，拉著日本妻子就要離開喪禮現場。〔註54〕

以上是〈奔流〉的第一波高潮。這波高潮之後，在《台灣文學》的版本中本來是接續著洪對自己從前在日本迴避台灣人身份之舉的反省，但在王昶雄的校訂、手改的版本中皆全部刪去。本文認為此處洪的內地經驗，是全篇作品至關重要的、表現出洪對伊東決絕的「成為日本人」之方式的信仰轉折之處，實在無法想像日本官方的檢閱制度會多此一舉替王昶雄增添補充。若

〔註53〕許俊雅編，《王昶雄全集・第一冊・小說卷》（台北縣文化局，2002 年），頁230。
〔註54〕出處同上，頁 232～240。

將其與上一個部份遭刪除的文字交叉比對，我們發現其中似乎隱藏著本文所謂戰後另一套「檢閱制度」：王昶雄想要遮掩敘事者洪「成為日本人」的企圖，以及在此企圖下對自我身份感到自卑的精神狀態。只是假設我們果真如作者所願拿掉這段文字，可能不只會在形式上造成〈奔流〉整體的藝術性降低、造成敘事者立體的性格平板庸俗化，連原本經由被殖民者罹患神經緊繃的深刻描寫提煉出來的批判意味、原本積極有力的殖民地民族主義呼喊，都一併消失不見──當疲於裝扮成殖民者的洪，在內心請求自己相信台灣人和內地出生的人並沒有區別、同樣都是日本帝國的人民之時，可說讓讀者看到了驅策台灣殖民地民族主義敘事很重要的原始動力之一：「我們」本來就可以與日本人在各方面平起平坐。〔註55〕

也唯有正視洪的這段往事回憶，才能解釋何以他會在一開始認同伊東「成為日本人」的方法，其後又以膚淺視之。洪並沒有拒絕貫徹日本精神、進行種種儀式來讓自己「成為日本人」，但「成為日本人」不等於鄙視甚至放棄自我身份，這部份從洪質疑伊東「對於內地人的父母親極盡孝道，那也是理所當然的。但是，難道無法同時對本島人父母親盡孝道嗎？」〔註56〕的內心獨白即可證明──這裡「雙親」的意義遠比字面上還多。本島人「雙親」指涉生產台灣人先天的、與生俱來之固有身份的源頭，內地人「雙親」則隱喻台灣人透過後天結合取得的與日本的從屬關係，因此，洪謂伊東待內地人雙親以至誠之孝道為「理所當然」，可謂承認「成為日本人」的正確性，但洪也認為必須對本島人雙親獻上相等的心意、不可輕易捐棄生身父母。由此回扣到上述「心靈上的故鄉」和「肉體／現實上的故鄉」的辯證關係，我們可說洪「成為日本人」的方法論是在「肉體／現實上的故鄉」中尋找「心靈上的故鄉」、亦即顧及台灣現實環境的種種條件去追求日本精神實踐的可能，而非蔑視「肉體／現實上的故鄉」以攀附「心靈上的故鄉」。只是洪方法論上的偏好雖然清清楚楚呈現在讀者面前、雖然喪禮的高潮過後，他開始與林柏年一樣不以伊東為然，也開始讓林柏年慢慢取代伊東在他心中的地位、成為信仰之所繫，但他對伊東的態度並非能以二元的「贊成／批判」簡單分辨，而是陷入非常複雜的情境中。

〔註55〕 許俊雅編，《王昶雄全集·第一冊·小說卷》（台北縣文化局，2002年），頁240～241。
〔註56〕 出處同上，頁241。

　　以上所做之分析，可從〈奔流〉之後的情節獲得更多線索。鏡頭切換到林柏年就讀的中學的劍道社。洪與伊東正觀賞著本島青年們勤奮練習劍道的英姿，途中教務主任田尻來跑龍套，丟下「他們即使看到狗，也會嚇得哆嗦呢！」〔註57〕的評語。面對田尻明顯指稱台灣人比狗還不如的侮辱，鄙夷自我身份的伊東誠惶誠恐地表示認同，洪卻眼角溫熱，內心替本島青年搖旗吶喊、希望他們能攻上山頭。其後以林柏年為主力選手的劍道隊也沒有辜負洪的殷殷期盼，一舉稱霸台北州。這件喜訊讓洪情緒高漲，高興地以為本島青年自此終於可以驅除自卑的束縛、讓青春的翅膀飛揚。〔註58〕在這裡我們再一次看到洪的心中那份強烈的平起平坐之欲望，但也發現他對林柏年「打倒身為本島人卻瞧不起本島人」〔註59〕的說法不置可否，更在林柏年拒絕與伊東替他慶祝而引發衝突時，以「伊東老師的人生觀是屬於顧全大局」〔註60〕之說詞打圓場。

　　同樣的狀況亦於小說進行收尾時出現。洪前往南投想與畢業後的林柏年好好聊上一聊，沒想到林柏年已出發前往日本留學。雖與林柏年緣慳一面，洪倒是從林柏年的母親口中得來一份朝思暮想、有關伊東過去如何「成為日本人」的奮鬥史。聽完故事的洪，跟林柏年的母親說道：「伊東老師的所作所為，絕對不值得褒揚。但是，他的動機卻是非常得正確。」〔註61〕；稍後洪收到林柏年的來信，信中「不必因為出生於南方，而覺得卑屈。融入這裡的生活，並不一定要鄙夷故鄉的土氣。不論我母親是個怎樣不體面的土著，我都懷念的不得了。」〔註62〕的義正嚴詞，正式讓洪眼中原本無法與「心靈上

〔註57〕　許俊雅編，《王昶雄全集・第一冊・小說卷》（台北縣文化局，2002年），頁244。

〔註58〕　出處同上，頁242〜246。

〔註59〕　出處同上，頁245。

〔註60〕　出處同上，頁248。

〔註61〕　出處同上，頁254。

〔註62〕　出處同上，頁255。林柏年的來信中，亦有一些段落在王昶雄校訂、手改的版本中遭到刪除，主要是「我覺得，為了擁有大和魂，必須默默地用我們的鮮血去描繪想像才行。」以及「但是，如果我是堂堂正正的日本人，那麼就更必須是個堂堂正正的台灣人才行。」之中上一句「堂堂正正的日本人」。就全篇小說來看，林柏年想證明的是台灣人不必靠著放棄自我身份、不必藉由鄙夷自己的親生父母，就能得到和日本人同等的地位，如此目的是針對「身為本島人卻看不起本島人」的表兄伊東而發，暗藏青年人稍嫌幼稚的對抗心理與單純的正義感。洪經常勸告林柏年別過於感情用事、經常害怕他走錯方向，正是這個原

的故鄉」契合的「肉體／現實上的故鄉」出現強勁的力量,洪感嘆自己「一直惦記著內地冬晴的美好,而忘卻了故鄉所擁有的常夏的優美」、並下定決心今後用自己的雙腳穩健地踏著這塊土地。〔註 63〕正當讀者因為這兩段敘述,以為洪已完全棄絕、甚至對伊東的方法論展開批判時,伊東卻打洪的眼皮下走過。洪本想叫住伊東、把林柏年的信給他看(似乎企圖以此指責伊東「成為日本人」方法上的錯誤),最後卻只是默默在山崗上數算伊東與年齡不相符的叢生白髮,這頭白髮也讓洪意識到伊東內心有不為人知的掙扎,而又替伊東辯護起來:

> 對伊東來說,要成為道地的內地人,就得完全脫離故鄉的俗臭。為此,親人骨肉也必須要擺脫掉才可以。這和大義滅親是一樣的。在學校、社會被教育要純日本化的年輕人,通常一回到家裡,環境卻是全然不同。這中間有著本島青年雙重生活的嚴重苦惱……在這個時代,如果我們可以奮不顧身地為了從牢固的既成陋習中得到解放而戰的話,我們下一代的子孫,不是一出生就可以擁有它嗎?我們也可以這麼認為:也許伊東為了補償自己拋棄渾身俗臭的父母這種罪過,而不辭辛苦地獻身於教育那些光有感覺強烈地對不成熟的生存方式感到戰慄的本島青年。〔註 64〕

由此可見,洪事實上沒有辦法像林柏年一樣,向伊東斷然擺出正義者的姿態,他明白伊東「成為日本人」的方法是殖民情境下一種無可奈何的結果,洪自己也是從「雙重生活」中一路跌跌撞撞走過來的被殖民者,林柏年固然提醒了他「肉體／現實上的故鄉」存在精神力量,但在被殖民者的困境中,如此純真的理想有實現的可能嗎?思考到最後,洪並沒有真正破繭而出,他只能向整個殖民體制丟去混帳狗屁等辱罵詞彙,像個不願接受真相的孩子跑了起來,「跌倒了爬起來再跑,滑倒了也爬起來再跑。碰上了風的稜線,更加猛力地一直奔跑。」〔註 65〕讀者也許可以判斷敘事者洪是往平反位階、往台灣人

因。如果我們將林柏年的目的放大到嚴肅的「成為日本人」或者「擁有大和魂」,而且還是突然使用「鮮血描繪」這種「以血換血」的官方論述來達成,實在有違其性格塑造。因此,王昶雄這次的刪除之舉,本文認同之。

〔註 63〕許俊雅編,《王昶雄全集‧第一冊‧小說卷》(台北縣文化局,2002 年),頁 256～257。

〔註 64〕出處同上,頁 257。

〔註 65〕出處同上,頁 258。

真正被當人看的方向而去，但這是一個開放性的結局，他只能不停跑著、奔馳在時代潮流中，不斷受挫跌倒，無法確認何時能抵達目的地。

〈奔流〉的討論至此暫告一段落。以下本文綜合之前〈道〉的部份，以結束本節。本文於〈道〉之分析中曾提出：我們可將「成為日本人」分為目的論和方法論。從目的論上來看，不管是青楠、伊東抑或洪（不包括林柏年），他們都是為了平反因為殖民情境而來的身份位階、以與日本人平起平坐編入日本帝國；但從方法論上來看，卻有三層不同：首先第一層，本文名之為「回歸台灣」，熱烈擁抱自己「母親」的林柏年可為其象徵。不過嚴格說來這不算是一種方法，它最後並不一定通往「成為日本人」（如林柏年自始至終只是為了對抗伊東、對抗壓抑台灣人的體制），也不一定能解決眼前被殖民者的問題。洪收到林柏年的信，感動之餘卻又不敢拿給伊東看，原因之一即是洪認為其中有不切實際的成份；其次第二層，本文名之為「回歸台灣與殖民論述的調和」，簡而言之即「我是日本人，更是堂堂正正的台灣人」。被股長一句「本島人不是人」打敗之前的青楠，以及受到林柏年牽引之後的洪即以此為方法，他們不以台灣人的身份為恥，並不認為必須棄絕自己的「血緣」才能成為日本人，甚至直接咬定台灣人本來就與日本人沒有什麼不同；最後一層，可稱之為「複製殖民者之敘事情節」，大徹大悟、志願從軍的青楠，以及伊東、親眼目睹喪禮悲劇之前的洪勘為代表。他們在「精神的系譜」和「血統的系譜」的辯證中，完全掉進殖民者開出情節架構中，在承認殖民位階的情況下追求殖民位階的平反，表現出對自我血液與文化的自卑與厭惡，既複製殖民者之敘事也複製殖民者的裡裡外外、將自己裝扮成日本人，其結果可能造成「以血換血」、為天皇義無反顧上戰場，也可能造成自我靈魂不斷遭受罪惡感的苛責。

〈道〉與〈奔流〉雖然在戰前、戰後的命運與評價不盡相同，但事實上兩篇作品皆圍繞著「如何成為日本人」如此回應日本東方式殖民主義的議題打轉，也都針對被殖民者擬訂各種方法論時複雜幽微的心理狀態進行深刻的描寫，更以此呈現被殖民者追求自我身份詮釋的困境，這些種種，本文認為即所謂「皇民文學」的具體內涵。而這些內涵，在周金波的作品中，將有更全面、更細緻的展開。

第三節　周金波與皇民化時期民族主義敘事的總結：鄉關何處

不像王昶雄跳出來爲自己的作品辯解、修改，也不像陳火泉仍能於戰後台灣新文學場域博得一席之地、甚至獲得官方「國家文藝創作特殊貢獻獎」的褒揚，戰前頗富盛名、曾代表台灣出席第二回大東亞文學者大會的周金波，戰後卻長期蒙受背叛民族、傷害台灣主體性的指責，也幾乎消失在台灣新文學場域中。直到 1990 年代，周金波才開始出席研討會、回顧自己的創作歷程，其作品的相關研究也陸續於學界現身。綜觀周金波的諸多作品，幾乎每篇都涉及皇民化時期被殖民者的身份認同議題，以上述「皇民文學」的具體內涵來看，周金波的確是不折不扣的「皇民作家」──本文使用這個詞彙，當然不是想延續戰後民族主義敘事的道德批判──因此，在最後一節拉進周金波其人其作，不只是爲了滿足本篇論文書寫的初衷，更是鑒於若不拉進如此具有代表性的作家，台灣皇民化時期的民族主義敘事必然有所疏漏。依據本文於緒論提出的有關選材範圍的界定（即 1940 年元月至 1944 年元月），以下本節將以周金波 1941 年的處女作〈水癌〉爲始、1943 年的〈鄉愁〉爲終，討論包括〈志願兵〉、〈「尺」的誕生〉與〈氣候、信仰與宿疾〉等作品在內的六篇小說創作。

（一）有光之處必有暗：周金波的「成爲日本人」之道

〈水癌〉的主角是一名自東京學成歸鄉的開業牙醫，小說開篇之時，從診療室裡傳來的喧鬧聲吵醒了正在睡覺的主角，但他一時卻不願意起身，放任自己在新鋪的榻榻米上和藺草悠遠的香氣纏綿、陷入東京留學時代的回憶。這床榻榻米是主角把家裡的寢室重新改建得來的成果，改建的動機並非只是主角在東京住慣了有榻榻米的房間，而是因爲對他來說，榻榻米象徵高水準的日本文化，更代表他響應皇民煉成的決心。於是當主角撫摸著「改建」成功的榻榻米，讀者不難推論何以他油然生起「島民是可以教化的，而且可以比所預想的更容易，更迅速地辦到」〔註66〕這番台灣人能夠受日本文化成功「改造」的信心。不過信心隨即遭受到挑戰，還在診療室裡與助手嚷嚷的女人可沒有時間等他睡回籠覺。主角進到診療室，一眼就看出這位帶女兒上門求診的傢伙是個沒有教養的奢侈女人，身穿改良服，手腕亮出金錶，粗魯

〔註66〕周金波著，許炳成譯，〈水癌〉，原刊於《文藝台灣》第二卷第一期（1941 年 3 月），收於中島利郎、周振英編，《周金波集》（台北，前衛，2002 年），頁 4。

地催促年幼的女兒張開嘴給主角看病。主角一看之下嚇出冷汗——少女罹患了嚴重的水癌（壞疽性口內炎）。主角忍不住質疑女人為何拖延到現在才帶女兒來看病，女人卻把責任推得一乾二淨，連主角勸她轉往大醫院治療，女人還表現出一付心不甘情不願的樣子。兩人離開後，主角目送他們的背影，心中相信在東方這處洋溢著母愛的地方，尤其又關乎親生子女性命之事，少女的水癌一定可以治癒，沒想到身旁的助手殺風景地丟下「台灣還差得遠呢！先生未免把台灣估價得太高了。」〔註 67〕如此不以為然的話。事後證明助手的判斷沒錯，少女因疏於照顧而死，女人卻在女兒安葬就緒後馬上重返牌桌，最後遭到警方逮捕。打擊還沒結束。就在主角快要忘懷此事的某天早晨，女人突然插隊衝進診療室、要主角替她鑲金牙。主角再也忍耐不住，用風涼話把女人打發走，心裡沉痛地承認助手所謂「台灣還差得遠呢！」為事實。不過主角沒有難過太久，雖然他發出「那種女人身上所流的血，也是流在我身體中的血」〔註 68〕之喟嘆，下一瞬間卻想起了自己身為醫者的責任——不只要治療生理的疾病，更應該努力治癒同胞精神文化上的疾病——因而重再奮起，爽朗喊叫下一位等候的病人入內。〔註 69〕

　　周金波在〈水癌〉中承認台灣人與日本人在文化、甚至血液上的位階優劣，並企圖以日本文化為藥引，治癒台灣人的缺陷、把骯髒的血洗乾淨的姿態，可說與陳火泉筆下被一句「本島人不是人」打敗的青楠，以及王昶雄筆下的伊東一樣，皆掉進日本官方造設的情節陷阱中，對戰後台灣的民族主義敘事而言，這正是屈從殖民者、數典忘祖的最佳證明。不過當我們發現〈水癌〉的主角和作者周金波共用的醫生身份，以及〈水癌〉中以疾病的修辭為起點、強烈批判台灣人性格上的缺陷，最後任重而道遠地開出平反位階／治癒的期盼之時，某種想像中應該只有前行時代具有的民族主義敘事特色，隱然重新被召喚出來——1920 年代，在現實中同樣也是醫生的蔣渭水，曾將台灣擬人化為病患，開出一紙〈臨床講義——關於名為台灣的病人〉〔註 70〕的處方箋，其後更於台灣文化協會的成立大會上，指出台灣文化協會的使命就是替台灣造就實行世界和平的人才，但「台灣人現實有病了，這病不癒，是

〔註 67〕周金波著，許炳成譯，〈水癌〉，原刊於《文藝台灣》第二卷第一期（1941 年3 月），收於中島利郎、周振英編，《周金波集》（台北，前衛，2002 年），頁 8。
〔註 68〕出處同上，頁 12。
〔註 69〕出處同上，頁 8～12。
〔註 70〕刊於文化協會《會報》第一號（1921 年 11 月 2 日）。

沒有人才可造的……我診斷的結果台灣人所患的病，是知識的營養不良症，除非服下智識的營養品，是萬萬不能治癒的。」〔註71〕此外，我們更無法忘記，另一位鼎鼎大名、被譽為「台灣新文學之父」的賴和醫生，他的作品亦有很大一部份是去檢討台灣人的落後迂腐。由此來看，雖然周金波的道路的確與前行者有所出入──他向殖民者的文化和血液投以熱切的目光，也不再取經現代文明、意圖反轉「遲到的現代性」為「共時的現代性」以杜殖民者悠悠之口──但若僅以後代的民族道德把周金波與前行時代割裂開來，其結果首先正如本文一再強調的，有可能導致日治時期台灣的殖民地民族主義敘事中，跨時期延續的、那套建構嶄新的國民／民族性格的情節架構遭受忽略；其次，則造成周金波個人「拼命開腿伸臂地想擋住它的去路」、「我可不是普通的醫生啊，我不是必須做同胞的心病的醫生嗎？」〔註72〕等大病文人醫的立志束之高閣，甚至被曲解成「通過『皇民煉成』的目標來達成他的晉身之道。」〔註73〕；最後、也是最重要的，我們將失去揭發日本殖民論述之傷害的可能性──〈水癌〉發表後半年，同樣刊載於《文藝台灣》上、一向被視為周金波親近殖民論述的代表作〈志願兵〉正可為例。

〈志願兵〉和上一節陳火泉的〈道〉與王昶雄的〈奔流〉有一個同樣的主題：「成為日本人」的方法論辯證。不過異於〈道〉與〈奔流〉將文本中「成為日本人」的動機安排為人物心中與日本人平起平坐的欲望，〈志願兵〉裡的人物雖然亦先天植入「抽象」的有關平反位階的企圖，但周金波卻進一步透過主角之一張明貴之口，讓讀者對當時知識分子面對的「現實」情況有更進一步的理解：

> 為什麼不做日本人不行的原因，這是我首先必須考慮的，我在日本的領土出生，我受日本的教育長大，我日本話以外不會說，我假如不使用日本的片假名文字我就無法寫信，所以我必須成為日本人以外沒有辦法。〔註74〕

〔註71〕 葉榮鐘，《日據下台灣政治社會運動史》（台中，晨星，2000年），頁330。

〔註72〕 周金波著，許炳成譯，〈水癌〉，原刊於《文藝台灣》第二卷第一期（1941年3月），收於中島利郎、周振英編，《周金波集》，頁12。

〔註73〕 趙遐秋、呂正惠主編，《台灣新文學思潮史綱》（台北，人間，2002年），頁143。

〔註74〕 周金波著，周振英譯，〈志願兵〉，原刊於《文藝台灣》第二卷第六期（1941年9月），收於中島利郎、周振英編，《周金波集》（台北，前衛，2002年），頁33。

這段話除了點醒我們依靠後世的民族道德高度，來批判皇民化時期知識分子「成為日本人」的企圖有多麼不公平之外，也向我們控訴了日本殖民體制如何替被殖民者營造出「只能成為日本人」此一無可奈何的局面，卻又同時藉不平等地位的給予（表面上當然宣稱一視同仁），要求被殖民者持續輸誠、鞭笞並質問自己——此即〈志願兵〉甚至〈道〉與〈奔流〉裡面諸多角色何以擁有「成為日本人」的共識，卻仍不斷往來辯證的主要原因。他們越是思索自我身份詮釋的方法，越是曝露了殖民者一點也不願意讓台灣人取得應有之地位、只是將身份認同當成一根懸掛在馬頭前的胡蘿蔔，驅策被殖民者往殖民者的真正需求跑動過去。

　　至於什麼是殖民者真正的需求？〈志願兵〉將透過張明貴與高進六兩人方法論上的勝負判定告訴我們。甫自日本回台的張明貴認為「成為日本人」的關鍵在於藉由皇民化運動的教養和訓練，盡快把台灣的水準拉到和日本內地一樣，而不是透過繁瑣的儀式來爭取認同；對明貴而言，只要內心存在著日本精神，就是道地的日本人。明貴的主張和〈道〉中「大徹大悟」之前的青楠相仿，他們不把台灣人和日本人之間的界線視為難以跨越的鴻溝，更何況台灣人受日本教育的薰陶、因後天文化養成已有編入民族共同體的資格，只要相信自己、並持續在日常生活中注入日本精神，那麼「成為日本人」不會是遙不可及的妄想。熱衷參與報國青年隊的高進六卻不以為然，他強調「成為日本人」關乎抽象的信念問題，信念除了憑藉日本精神的注入而取得，更必須以拍掌默禱等國家宗教的儀式來培養，也就是藉由身體的規訓，表演自己「成為日本人」的決心。如此不只訴諸於個人內心，更求之於外、集體向外在博取認同感的方法論，再次複製了將「成為日本人」責任轉嫁被殖民者、卻又收歸資格認定之權威的官方意識型態，也讓我們看到與後期的青楠重疊的身影——兩位不同作品中的人物更不約而同決定志願從軍去。〈志願兵〉的最後，獲知進六血書志願的明貴當面向進六認錯，兩人的辯論至此分出勝負，我們也對何謂「殖民者真正的需求」了然於胸。明貴的低頭，等於承認了台灣人和日本人之間的位階，最終沒有辦法因為他的那套文化養成論獲得平反；換句話說——回扣到〈水癌〉中主角「把血洗乾淨」的話語——台灣人的血其實沒有辦法因為注入日本精神而昇華，只有為天皇犧牲、使用「以血換血」的方式才能真正「成為日本人」。

　　〈志願兵〉方法論辯證的結果可說與〈道〉非常類似，兩篇作品皆安排

被殖民者服膺殖民者開出的情節架構。不過〈志願兵〉的敘事還留下了一條
耐人尋味的尾巴。這條尾巴正是勾起本篇論文寫作動機的「登樓」進行式：

> 因爲在狹窄的樓梯上無法兩個人並排走上去，所以我跟在他後面上
> 樓。他的身材相當高，光線因此被遮得有點暗，我只好就著餘光，
> 像數樓梯一樣，一步一步登上去。

> 就這樣慢慢地登上樓，倒覺得這樓梯還相當長。

經過以上一系列的討論，本文在此應該可以試著解答這道「登樓」進行式的
疑惑：「樓梯」象徵著殖民情境下日本人與台灣人之間的「位階」，「我們」則
因爲進六的志願從軍看到了希望，而開始「登樓」、朝「位階平反」的理想而
去。但是這趟簡單的旅程卻沒有終點，讀者不知道「我們」究竟有沒有抵達
目的地，光線更被意氣昂揚、方才領悟「以血換血」眞諦的高大身影遮得有
點暗，進六（也是官方敘事之情節架構的化身）原本的勝利因此墜入「無言」
的氛圍。本文認爲，如此光明、幽暗的相生相成與扞格的沉默，非常關鍵地
意味著周金波思考脈絡的轉折——「我們」往有光的地方攀爬上去，但是「以
血換血」眞的能讓「我們」成爲日本人嗎？

（二）「我們」眞的能成爲日本人嗎？

〈志願兵〉表面上宣揚日本偉大的殖民敘事、把「以血換血」當成台灣
人從桎梏中解放的唯一良藥，最後卻以「登樓」進行式隱約表達不信任感。
越過1941年，周金波寫於1942年的兩篇作品〈「尺」的誕生〉與〈讀者來信〉
即爲不信任感持續發酵之下的產品。〈「尺」的誕生〉以就讀公學校的學童吳
文雄爲主角，敘事上童趣可掬，但背後所談論的仍然關乎嚴肅的身份認同議
題。〈「尺」的誕生〉以空間描寫起筆，安排吳文雄就讀的公學校和專收日本
學生的小學校比鄰而居，中間橫亙一條小河。兩所學校外貌幾乎看不出差異，
只是公學校歷史較悠久，因而顯得老舊煤黑。如此簡單造設的舞台佈景，其
實埋藏台灣的殖民地隱喻——台灣人和日本人彼此區隔開來，乍看之下沒有
差異、作息同樣置於現代性的管束之下（上、下課的鐘聲同時鳴響），但台灣
人（公學校）紮根早、帶有歷史燻製的蒼舊感。以這條隱喻放諸其後周金波
寫到兩所學校的學生不可避免地捲進中日戰爭掀起的激昂漩渦中，公學校的
學生跟在小學校的學生後頭，到神社「共同」祈求日本軍隊武運長存而感動
莫名，以及兩所學校流行起打仗遊戲，吳文雄因爲遊戲時間不足，油然發出

「還是小學校那邊比較好！」〔註 75〕的羨慕之情等文字，讀者似乎可進一步窺探出台灣人因戰爭而得到編入日本人共同體的契機，但仍經常缺乏足夠的「資源」去滿足身份認同之追求如此獨特的時代氛圍。

〈「尺」的誕生〉以孩童日常之輕盈、勾勒殖民地不可承受之重的手法可謂俯拾皆是。比如吳文雄爲了不讓自己的名字和同學吳文佑搞混（兩人名字的日語音讀皆爲「ゴブンユウ」），私底下在作業簿註上「フミヲ（『文雄』的日語訓讀）」，沒想到學校的訓導主任竟然在課堂上公開使用，吳文雄當下十分興奮，馬上向一夥好朋友們丟去署名「フミヲ」的紙條；再比如吳文雄親近休假的海軍士官，想讓旁人以爲自己是士官的小孩或弟弟，等等這些看似孩童單純向成人博取認同的情節描寫，讓讀者回想起陳火泉的〈道〉中那座受到威權者命名、肯定的「火旋式灶」，其中似乎隱藏著台灣人與日本人的位階，也再次表露台灣人想打進日本人共同體的欲望——當然文本裡的吳文雄此時還沒有意識到自己和日本人之間有什麼差異和位階。他要等到從一名路過的小學校孩童眼中，發現對方根本沒有錯以爲他與海軍士官有任何關係；等到他們一夥人在士官的鼓吹下玩起相撲，和小學校的學生拼場，結果小學校的相撲場子不斷發出歡呼聲，不諳相撲的他們，場子卻冷冷清清，士官也面露失望之情之後，心裡才恍惚留下疙瘩。〔註 76〕

即使吳文雄的父親當晚隨即給了他一個弭平疙瘩的機會——鼓勵吳文雄認眞念書，日後讓他插班進小學校——但白天的回憶仍擾動不休，乍喜乍憂的不確定感最後使得年幼的吳文雄一夜失眠。隔天，想去小學校看看的吳文雄踏過分隔兩座學校的小河，卻遇上一群被洗衣的婦女趕跑的日本學生，吳文雄莫名其妙混入其中，這次的經驗致使小說標題裡那把按下大半情節不表的「尺」正式「誕生」——吳文雄回到公學校，看到同學們正在玩打仗遊戲，突然覺得很難堪，而急忙跑進後山，想起以往自己揮舞的指揮刀的模樣，彷彿周遭有許多輕蔑的眼光注視著他，〈「尺」的誕生〉於焉走向一個略顯淒涼的結局：

> 他再也沒有自命大將軍而意氣昂揚的勇氣了，再也不敢模仿了。從那以後，他變成了旁觀者，習慣於站在圍牆邊靜靜觀賞小學校的孩童所展開的打仗遊戲。〔註 77〕

〔註 75〕 周金波著，陳曉南譯，〈「尺」的誕生〉，原刊於《文藝台灣》第三卷第四期（1942年 1 月），收於中島利郎、周振英編，《周金波集》，頁 12。

〔註 76〕 出處同上，頁 39～47。

〔註 77〕 出處同上，頁 50。

〈「尺」的誕生〉鋪排的寓意因結局而飽滿。當原本以爲自己和日本人沒有什麼不同的純眞孩童，淺嘗殖民地社會殘酷的眞相、明白「我們」在日本人的戰爭遊戲中只能安靜地扮演一位旁觀者之時，周金波〈志願兵〉裡初露端倪的對日本殖民論述的質疑不再是沒有問出口的疑問句，而是躍然於紙上、斬釘截鐵地告訴台灣人：「我們」以爲能藉由戰爭編入日本人共同體的信念只是個錯覺，「我們」與日本人之間存在一把「尺」，那條分隔公學校與小學校的小河，事實上是難越雷池一步的楚河漢界。

台灣人究竟能不能「成爲日本人」的疑惑糾葛，也於稍後的〈讀者來信〉這篇日治時期台灣新文學中難得一見的書信體小說繼續蔓延。〈讀者來信〉全篇以任職於台灣南部某市政府的衛生課員賴金榮，寫給某位應該是在台日本人的作家K氏〔註78〕的九封信組成。賴金榮因爲閱讀了K氏刊於雜誌上的小說〈台灣的熱情〉而深受感動，忍不住提起筆向K氏傾訴愛慕之意。〈台灣的熱情〉從賴金榮的側寫看來，似乎是以台灣人和在台日本人之間的和解共生爲主題。對才力出眾（公學校的優等生）卻在求學、求職兩條人生大道上屢戰屢敗，被日本人同事、上司看不起的賴金榮而言，這篇作品宛如治癒心靈的天籟，更重新燃起他出人頭地的熱情──他所欲追求者不是簡單的升官發財，而再次是「皇民文學」、台灣殖民地民族主義敘事中至關重要的一個和日本人平起平坐的地位。賴金榮的第四封信中所描述的本籍地事件，讓我們明確掌握了這條訊息：賴金榮看到府報新聞上刊登的講習所學生名單，發現某些日本名字底下的本籍地混雜著台北、台中，他開心地以爲是在台日本人第二代終於認同了台灣，結果卻完全相反，那些人是道地的台灣人，只不過改了日本姓名。賴金榮的誤會換來同事的不滿，要求他弄清楚在台日本人怎麼可能把本籍地標註爲「台灣」。賴金榮之所以誤會，當然是他相信台灣本來就是日本帝國的一部份，在這塊土地出生的不管是日本人或台灣人，皆是「平起平坐」的日本人，因此在台日本人本來就不必忌諱以台灣做爲本籍。至於賴金榮的同事們那番冷嘲熱諷與課長事後的借題刁難，無非代表著殖民位階生產的偏見，也提醒了賴金榮台灣人和日本人不能混爲一談的事實。〔註79〕

〔註78〕 小說全篇完全沒有講明K究竟是在台日本人或台灣人。主角在批評課長這位在台日本人時，曾指出K也是台灣出生這件事，給了他很大的力量，本文據此判斷K應該是在台日本人。

〔註79〕 周金波著，鄭漢彬譯，〈讀者來信〉，原刊於《文藝台灣》第四卷第六期（1942年9月），收於中島利郎、周振英編，《周金波集》，頁12。

　　賴金榮受挫的身影，讓 K 氏〈台灣的熱情〉裡台灣人和在台日本人的和解共生，顯得過於美好而不切實際。但賴金榮並沒有就此放棄理想。他超越改姓名這種沒辦法真正搔到癢處的皮相運動，打算入籍到留學東京時寄宿處的老闆娘家。賴金榮相信此舉是從大處著眼、是為了將來出生的孩子：

> 改成叫山田的日本姓，把賴姓還給父母，並不是什麼羞恥的事。說
> 是犧牲吧！我的子女和我自己都能由此而獲得堅定不移的日本人信
> 心，若不這麼做，我完全無法自覺能維持自信。〔註80〕

雖然賴金榮沒有表現出對生身父母以及故鄉的俗臭的厭惡，但為大義而「滅親」的行為仍使得其與〈奔流〉裡徹底放棄台灣人身份的伊東產生連結，〈奔流〉裡悲哀的被殖民者困境也再度現身：賴金榮不斷批評同事和課長（因殖民情境下而來）的惡毒與無知，可是他採取的反擊方式竟然弔詭地參照了這群在台日本人的偏見；也就是說，賴金榮從平反位階的企圖出發，但最後卻是以承認位階存在、以否定自我固有身份的方式來走向目的地。

　　其後，向山田老闆娘投遞了入籍交涉的賴金榮跑到台北，終於與 K 氏見上一面。結束了一場愉快的聊天，滿心歡喜的賴金榮來到大稻埕，正好在街頭碰上一位宣揚「聖戰」、鼓舞民眾為日本戰到最後一兵一卒的日本人，賴金榮激動地附和他，並與他相互擁抱。這段情節再次替我們概要了日本官方開給台灣人「成為日本人」的雙重條件：其一，棄絕自我主體；其二，翼贊「聖戰」、為天皇犧牲奉獻。而賴金榮現在兩項條件都有了。不過他真的「成為日本人」了嗎？賴金榮的最後一封信，是封求救訊息。他再也受不了同事和課長的欺負，決定辭職逃往台北，並拜託 K 氏幫他找工作：「為了台灣的將來，不救我是大損失！」〔註81〕如此自視甚高、似乎略帶威脅的語氣其實充滿著無力感──賴金榮努力了這麼多，結果還是必須等待別人來拯救、等待別人認可他的所做所為。而那位從頭到尾面目模糊不清的 K 會不會向賴金榮伸出援手？讀者不可能知道。這篇小說使用的獨特書信體，讓 K 安全無虞地躲在字裡行間、被神秘感包圍，而得以在主角發出求救訊息時，昇華成理想最後能憑依的象徵物，但這個象徵物不會開口說話、不會真正回應主角，更別說回應讀者。讀者諸君又得到了一個開放性的結局。藉著主角的危機與結局的

〔註80〕 周金波著，鄭漢彬譯，〈讀者來信〉，原刊於《文藝台灣》第四卷第六期（1942
　　　　年9月），收於中島利郎、周振英編，《周金波集》，頁63。
〔註81〕 出處同上，頁71。

開放，周金波朝主角「成為日本人」的方法論開上一槍，也同時把他對殖民論述的質疑推向高潮。一旦高潮出現，接下來的問題就是：當「我們」試著與殖民者同步，還是無法真正達到「成為日本人」的目標，那麼「我們」究竟該往哪裡走？

（三）鄉關何處

　　1941年的〈水癌〉以迄1942年的〈讀者來信〉，隨著時間流逝，我們看到一位不安於位階、企圖「成為日本人」的台灣人，如何察覺自己看似參與其中、卻仍只是日本人定義之外的旁觀者。寫出困境之後的周金波並沒有停下追尋身份認同的腳步。如同〈奔流〉的敘事者洪受到林柏年的牽引，而意識到「肉體／現實上的故鄉」亦存在精神力量，我們將於1943年發表的〈氣候、信仰和宿疾〉，發現昔日周金波棄之如敝屣的本土性，在離愁漸遠漸無窮的需索下被召喚出來，開始和「皇民化」能讓台灣人「成為日本人」的信仰打起對台。

　　〈氣候、信仰和宿疾〉依文學技巧而言，堪稱周金波出道以來最傑出的作品。本篇主角蔡大禮是位虔誠信奉皇道精神的仕紳，他在紅磚砌成的台灣式住家中，裝潢出一間鋪了榻榻米、安上紙拉門以及祭祀大麻的神龕的日式房間。蔡大禮的改造把蔡家「很清楚地分成兩個部份」，而且「廚房、正廳和其他沒有光線的房間和日式房間背向著。」〔註82〕在「皇民文學」中，改造日常起居空間的意象經常出現，周金波自己早在〈水癌〉就已使用過。「改造」除了表現台灣人對皇民化運動的回應之外，更進一步象徵文本裡的人物對日本精神的嚮往與實踐。蔡大禮亦是如此。不過周金波藉蔡大禮那抹熟悉的身影，寄託了更多的寓意——原本的台灣人（紅磚住家）在內心進行日本化的改造（日式房間），其結果並非日式風格融入台式主體，也非台式主體受到日式風格的影響，而是兩個截然不同、一邊明亮一邊卻沒有光的區塊。這股日本、台灣二元對立的氛圍，構成了〈氣候、信仰和宿疾〉全篇的基本色調。有趣的是，周金波表面上回收明亮的「日本」和灰暗的「台灣」這道亦是「皇民文學」的陳規手法，但明亮的「日本」在小說開篇之時卻籠罩在漫長憂鬱的雨季中，蔡大禮日本信仰之所繫的神

〔註82〕周金波著，鄭漢彬譯，〈氣候、信仰和宿疾〉，原刊於《台灣時報》第二七七號（1943年1月），收於中島利郎、周振英編，《周金波集》，頁74。

棚則滿布灰塵、奉神的榊葉萎縮乾枯，而且困擾他許久的神經痛，更是元旦長途跋涉去台灣神社參拜的後遺症。這些線索，一方面暗示著周金波意圖翻轉「日本」和「台灣」既有的比喻格式；另一方面也告訴讀者乍看之下隨機羅列的「氣候、信仰和宿疾」，事實上頗有深意——本文認為，「氣候、信仰和宿疾」是文本中至關重要的三大敘事元素，以詞彙意義言之，三者皆持有長久不易變動的特性，而以功能性言之，這三大元素在文本中雖然分散、各自為政，卻環環相扣，更共同推動情節之發展。以下暫且將三大元素的關係整理為下表，再繼續討論之：

敘事元素	狀況 A	狀況 B
氣候	漫長、憂鬱的雨季	明亮、令人期待的夏季
信仰	皇民／神道信仰	台灣傳統信仰
宿疾	源頭	治癒

首先，橫的來看，每個元素都可分成 A、B 兩種二元式的文本內部所敘述的狀況，此與本文上述日本、台灣二元對立的氛圍互為表裡——狀況 A 指涉「日本」，狀況 B 指涉「台灣」；其次，綜的來看，每個不同元素的 A、B 二元狀況則分別構成一組層層疊加的隱喻，也就是「漫長、憂鬱的雨季」與「皇民信仰」、「源頭」相對應，「明亮、令人期待的夏季」則與「台灣傳統信仰」、「治癒」相對應；最後，表格下方的箭頭表示在 A、B 兩組之間，有情節的時間性，亦即〈氣候、信仰和宿疾〉情節推展的動能，來自於作者敘述重心從 A 組到 B 組的轉換，而重心轉換／情節推展的目的，則為具象化蔡大禮從「日本」重心轉換至「台灣」之過程。至於重心轉換的關鍵時刻，是個宣告漫長雨季即將結束的大晴天。這天是蔡大禮父親的忌日，蔡家在蔡大禮的妻子阿錦指揮下，熱熱鬧鬧辦起台灣傳統祭祀，宿疾纏身的蔡大禮只能有氣無力地觀賞活力十足的妻子忙進忙出。然後，夏天終於來了。然後，我們看到幾乎煉成皇民的蔡大禮不再阻止妻子邀他去媽祖廟參拜、求靈籤；然後，形同殘廢的蔡大禮竟然在土療法的治療下重新走動起來；然後，蔡大禮心裡牽掛著要去媽祖廟上香的事情，婉拒了參與翼贊大東亞聖戰而籌組的組織；最後，由於兒子清杜染上急性肺炎，蔡大禮決定在「農曆」六月十八日、觀音菩薩

昇天的日子辦一場法會，心中也因此回想起自己和家族過去與台灣的傳統祭祀親密的關係——終於，台灣傳統祭祀和被殖民者的自我身份認同重新找回連接，蔡大禮也終於重新向列祖列宗、諸神菩薩下跪叩拜。〔註83〕

從恨不得「把血洗乾淨」的醫生到蔡大禮，一條皇民化時期知識分子「回家」的道路於焉浮現：疾病仍然是〈氣候、信仰和宿疾〉的隱喻，但此處的疾病已經不是〈水癌〉裡周金波積極想要藉由日本文化治癒／改造的對象，反而變成主張以日本文化改造台灣社會的人罹患的疾病，而且還被謠傳爲廢止金亭得到的「報應」——這似乎可視爲周金波向之前棄絕本土性的自我擺出苛責的姿態，因此，當蔡大禮到媽祖廟上香後隨即得到貴人相助、讓惱人的宿疾好轉，也就意味著周金波誠懇地求取傳統的原諒。不過即使他意識到與其「成爲日本人」不如「回家」、重再扎根故土，並不代表他從此不必再爲身份認同疲於奔命。別忘了「氣候、信仰和宿疾」三者「長久不易變動」的詞彙特性，周金波寫出了「轉換」，但也同時埋下其與「不變」的衝突、向讀者預告了台灣人在固有傳統和日本性之間的拉扯。也別忘了〈氣候、信仰和宿疾〉還沒寫完。蔡大禮剛行完三鞠躬禮，「回家」的儀式就被打斷了。繼承蔡大禮積極的日本精神、想要開創台灣人新的社會生活的郭春發闖進蔡家目睹了一切，他臉色發白、嘴唇顫抖，丟下斥責的話馬上慌慌張張逃離現場。蔡大禮心不在焉站著，對自己說出「怎麼啦！發神經了！」〔註84〕如此自嘲的話語。只有兒子清杜了解父親這句話裡的意思。也只有清杜了解郭春發的反應其來何自。他的淚水於是止不住地流淌而出。

清杜的淚水很難用三兩句話簡單解釋。其中既有追尋身份認同的挫折感，亦有在「台灣」與「日本」間拉扯的徬徨無助。同年刊於《文藝台灣》的〈鄉愁〉正是清杜止不住的淚水澆灌出來的結晶。只是〈氣候、信仰和宿疾〉與〈鄉愁〉兩篇作品雖然就主題而言可相提並論，但不同於情節轉換明快的〈氣候、信仰和宿疾〉，〈鄉愁〉通篇流竄主角暴露自我意識的敘述，使得文本內部實際運轉的時間不到一天，節奏卻異常緩慢，現實與心境不斷的跳接、相互干擾更造成作品風格趨於迷幻。〈鄉愁〉開篇之際，主角正搭乘火車，自基隆前往台北某處溫泉勝地療養在職場上精疲力竭的身心。可是緩慢蠕動的火車卻讓主角

〔註83〕 周金波著，鄭漢彬譯，〈氣候、信仰和宿疾〉，原刊於《台灣時報》第二七七號（1943 年 1 月），收於中島利郎、周振英編，《周金波集》，頁78～92。
〔註84〕 出處同上，頁92。

陷入焦躁的心情中難以自拔，原本應該是一趟快樂的旅行也變了調。舔拭心情的同時，他察覺到自己之所以不耐煩，除了亟欲抵達目的地，也可能是一直把台灣的火車和東京的有線電車混為一談、抱有非現實的期待所導致的結果。而且不只是火車，台灣的任何事物都會被他拿來與東京或日本內地相比。這個習慣讓他在鄉里間成為不受歡迎的人物，幾天前他與住家附近冰店的流氓、也是子弟班的武生起衝突，亦導因於此。他不禁喟歎道：

> 這裡的社會，讓人有一種枉然的恐怖感，並不是因為被打、被踢的
> 傷痛，而是因為對自己故鄉的懷念、仰慕而回到它的懷抱時，這裡
> 卻對自己呈現出一種冷淡、沒有理解與不親切。〔註85〕

主角遭遇的狀況，我們想必不陌生——〈奔流〉的敘事者洪就曾經說過，台灣的知識分子（尤其擁有留日背景者）必然經歷「雙重生活」、亦即「肉體／現實上的故鄉」和「心靈上的故鄉」無法吻合的困擾。如此想靠岸卻找不到港口的心情，策動主角盪向「肉體／現實上的故鄉」的另外一邊。他開始回想起東京自由自在的生活，離目的地越來越近，也使他重燃興奮的情緒——如果台灣無法接納「我」，連火車上對面座位邂逅的老人也把「我」當成「日本人」，那「我」不如真的到溫泉地找間「日本人」經營的旅館、在能夠伸展四肢的「榻榻米」上滿足「鄉愁」。於是他來到似曾相識的、擁有「純樸得連陳腐的味道都能感受到的日本的鄉下風景」的小村莊，霎時之間「無限親切和懷念的感情湧上心頭」，最後也如他所願，住進鋪有榻榻米的旅館。〔註86〕

　　只是主角並沒有完全擺脫「肉體／現實上的故鄉」的羈絆。台灣仍在「心靈上的故鄉」不遠處向他招手。繼〈「尺」的誕生〉之後，周金波再一次使用空間描寫，把殖民地台灣的現實狀況以文學性手法轉化進文本中——據旅館來自於日本內地的女侍所言，這座日式村莊是四、五年前因為發現硫磺而興建起來的，但最近適逢戰爭時期、物質輸送困難，難免一片蕭條；倒是台灣人早就在此處落地生根，他們的紅磚屋舊市街隔著小山與日式村莊相對，想尋熱鬧該往此去，不過欲得精神之靜謐的主角理所當然拒絕了再度掉進「肉體／現實上的故鄉」，而不斷向女侍強調他在這裡就好、這裡才是好地方。〔註

〔註85〕周金波著，周振英譯，〈鄉愁〉，原刊於《文藝台灣》第五卷第六期（1943年
　　　　4月），收於中島利郎、周振英編，《周金波集》，頁98。
〔註86〕出處同上，頁101。
〔註87〕出處同上，頁101～102。

87）讀者不難自這段敘事中發現奧妙所在：「有利可圖」而「新建成」的日式村莊，如今因戰爭時期現出捉襟見肘的窘迫樣貌；台灣人的舊市街則歷史悠久，依舊保有生猛的活力。但這次周金波的空間手法不只停留於濃縮、提煉殖民地現實狀況的意義上。時間往前流動了一些。歷經千辛萬苦，我們的主角好不容易要去洗溫泉了。親切的女侍替他拿來浴巾，仔細交代他從日式村莊出來，往右手邊走可以抵達露天的溫泉泉源，而左手邊則是往台灣舊市街的方向。為了避免主角迷路以及本文分析方便之起見，以下先將女侍的指引簡化為圖示：

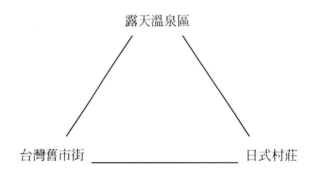

這份超級幼稚的三角地圖，事實上可將〈鄉愁〉全篇最重要的寓意具象化。依上文所述，我們已經知道日式村莊代表「心靈上的故鄉」，台灣舊市街則為「肉體／現實上的故鄉」。至於溫泉泉源所在的露天溫泉區，本文認為可解釋為「心靈與現實的交界區」，如同溫泉的泉源汩汩冒出地表，這個區塊充滿流動、無法止息的「欲望」。就本篇作品宗旨而言，欲望當然可以解釋為被殖民者追求身份認同的「欲望」，與標題「鄉愁」兩字合看有異曲同工之妙。主角這趟旅程的目的──泡入溫泉裡、洗滌疲憊的身心──正表示他想在心靈與現實間找到一個平衡點、進入欲望之中進而真正滿足「鄉愁」。

　　本文至此討論的眾多「皇民文學」作品，雖敘事方式、開出的方法論各有千秋，但牽涉其中、推動情節發展的「欲望書寫」可謂四海皆準。欲望之為物，深埋個人內心最為複雜糾結的底層，形諸於外的語言或文字往往難以掌握其貌。〈鄉愁〉的過人之處即為抽換辯證式的邏輯思考，以意象聯想逼近被殖民者的欲望核心。這也是為什麼周金波描寫主角進入露天溫泉區的段落，如此奇詭難解、帶有濃厚的魔幻寫實風格。具體來看，露天溫泉區除了五處大小約莫一坪左右的溫泉池之外，旁邊還有幾間店鋪，或是賣香菸吃食，

或是替來客按摩、療養頭皮與陰部等等。這些店鋪皆可視爲主角欲望的漫渙延展（並非指涉主角欲望哪樣「具體」的物品），他信步踅過一家家店鋪，先是往賣香菸吃食的店裡窺探，想買些東西交關卻因賣店老闆一付頑固的模樣而做罷，隨後又惦記不下，繞回療養頭皮的店鋪，卻赫然發現一位貌似旅館女侍的女子，露出雪白的肩膀向他頻送秋波。周金波沒有向讀者確認女子到底是不是旅館的女侍，這也不是重點，因爲「她」只是主角欲望的、非現實的投射作用（也許可理解爲主角想與「日本」女性發生關係，這的確是台灣「皇民文學」裡的男性人物經常具備的特色，〔註88〕只不過周金波採取更爲玄妙的手法表現之）。同理，那位賣香菸吃食的老闆存不存在也不重要，重要的是我們發現主角從頭到尾只能不斷靠近欲望卻又一次次驚駭萬分地逃離。無法面對／滿足欲望的主角，似乎明白了什麼，把那座溫泉拋諸腦後（到頭來他根本沒有真正進去泡上溫泉），邁步往「現實」——他之前一再拒絕接觸的台灣舊市街——移動過去。〔註89〕

在生命力熱鬧到擠出水蒸氣的台灣舊市街，周金波的敘事手法慢慢從迷幻回返寫實，主角也放下方才的驚恐猜忌，饒有興味地逛街、看人走江湖賣膏藥，重拾旅行的心情。但平和沒有維持多久，主角戲謔式地捲進一群男子械鬥的刀槍劍影，抱頭鼠竄之際還發現其中一人竟然是幾天前找他麻煩的冰店流氓。一陣混亂中主角好不容易逃到山坡路上，心有餘悸地看著械鬥的後續發展。沒想到此時市街上響來銅鑼聲，許多穿著華麗的古裝、手裡拿著各式刀械的男人三三兩兩冒出頭來，往銅鑼響處集合。主角正覺得奇怪，站在敲打銅鑼的年輕人身旁的老人卻微笑著朝他走來，主角才想起原來是火車上坐在他對面的人。老人還是沒有認出主角台灣人的身份，因此親切、有點奉承地邀請主角和他們一群人一起去進行某個儀式。驚魂未定的主角一邊盤算著逃跑的方法，一邊跟上老人的隊伍，途中遇上扛著大鑼的另一隊人馬，雙方匯流後還起了場小爭執。抵達儀式會場後，主角才知道這是一場捐獻銅鐵給國家的儀式，也才明白剛剛的械鬥究竟是怎麼一回事——這些人分屬北管的西皮、福祿兩派，這座台灣舊市街是他們最後的據點，今日不但是捐獻儀

〔註88〕如〈道〉的青楠與同事稚月女、〈奔流〉的敘事者洪在東京留學期間那段曖昧的感情，另一位主人公伊東甚至直接與日本女性結婚。

〔註89〕周金波著，周振英譯，〈鄉愁〉，收於中島利郎、周振英編，《周金波集》，頁103～105。

式，也是兩派的解團儀式，許多到外鄉工作的人都趕回來參加，但雙方長久以來的怨懟難以消除，最後才爆發了衝突。〔註90〕

　　周金波此處的敘事非常值得玩味：首先，北管子弟（指非專業演出人員的良家子弟）社團與台灣各地的日常祭祀緊密連接，幾乎每個村落都擁有自己的子弟社團來負責迎神賽會的子弟戲、陣頭排場等工作，堪稱台灣庶民社會最具代表性的組織之一，也承載著台灣固有傳統與歷史之重量。但如今這份獨特的重量卻臣服在戰爭的需求下而一筆勾銷，賴以演出的各式樂器、道具更於效忠國家的表演儀式中被迫奉獻出來、燒融成「擊潰英美」的軍艦大炮。自現實觀之，這場儀式當然顯示官方統合民眾與盡可能搜括資源的企圖，但自文化意義觀之，不禁讓我們回想起日本官方民族主義施行地方／外地文化政策時，背後賦予的一套情節架構——地方／外地文化的獨特主體性必須在翼贊中央意識型態的前提下成立，也就是說，（以〈鄉愁〉此處的描寫而言）被殖民者的文化發展最終還是應該收編於中央、爲中央所用；其次，我們發現〈「尺」的誕生〉裡那位「旁觀者」吳文雄的身影再度出現，不過〈鄉愁〉的「旁觀者」恰好相反，他並非被排除在「日本人」之外，而是被排除在自己的同胞之外——他先被迫捲入械鬥、以「日本人」的「旁觀者」身份加入西皮、福祿的隊伍，緊接著國家主義、官方民族主義開始燒毀西皮、福祿兩派的團旗與各式樂器時，也只能「旁觀」這些象徵台灣主體性的事物走向崩壞，既無法發聲亦無從同情，〈氣候、信仰和宿疾〉裡營造出的回歸台灣主體性的溫柔，至此宣告無效。〔註91〕

　　隨著儀式的尾聲，〈鄉愁〉也走到尾聲。被台灣人當成「日本人」的主角因爲場面重回（日本官方敘事的）秩序而感到安心，但下一刻他馬上想起天色已暗，要怎樣在黝黑的道路上回到旅館？心慌的主角於是邊哭叫著邊奔跑了起來：

〔註90〕　周金波著，周振英譯，〈鄉愁〉，收於中島利郎、周振英編，《周金波集》，頁
　　　　　105～114。西皮、福祿兩派的械鬥在台灣的分類械鬥史中鼎鼎有名。北管戲
　　　　　曲約莫於清中葉流傳入台，嘉慶以後，宜蘭地區的北管分裂爲西皮、福祿兩
　　　　　派。西皮派奉祀田都元帥，主要樂器爲包覆蛇皮的胡琴，蛇皮音類似「西皮」；
　　　　　福祿派則奉祀西秦王爺，主要樂器是以椰子殼做的胡琴，形狀類似葫蘆，音
　　　　　同「福祿」。參考維基百科：http://zh.wikipedia.org/wiki/%E8%A5%E7%
　　　　　9A%AE%E7%A6%8F%E7%A5%BF%E6%A2%B0%E9%AC%A5（最後參閱
　　　　　日：2012 年 12 月 20 日）
〔註91〕　出處同上，頁 114。

趕快！向著點著燈火的人家。我回不到今晚宿泊的旅館了，耳朵的底處只聽到自己的腳步聲，更努力跑！更努力跑！但是響入我耳底的腳步聲的音調，不管我內心有多著急，只像是白癡奏的音樂一樣在反芻而已。

已經回不去了，實在是漫長的黑暗路，迷路啊！〔註92〕

又是奔跑的意象。我們赫然發現強烈的互文性。前述與〈鄉愁〉同年發表、王昶雄的〈奔流〉，也是以敘事者洪的奔跑收筆。兩人奔跑的原因有志一同，但王昶雄似乎還帶有起身與之搏鬥的氣勢，周金波卻賦予了更深沉無解的悲哀——他沒有辦法在現實與心靈之間取得平衡點、沒有辦法滿足欲望，盪向現實遭受冷淡以對，訴諸心靈又無路可走，兩處茫茫皆不見的結果註定成為永遠的異鄉人、永遠在漫長黑暗的不歸路上扣問鄉關何處。走筆至此，周金波藉著迷路、孤獨的「我」，替我們留下皇民化時期知識分子的民族主義敘事的總結。

小結

　　皇民化時期台灣知識分子的文學史建構抑或鄉土書寫頗有 1930 年代左翼思潮在地化的遺風，因此經常被戰後台灣的民族主義敘事編入抵抗殖民者的經典教材中；「皇民文學」則因表現出對日本官方意識型態的親近，而飽受背叛台灣主體性的指責。但根據 1943 年在台日本人與台灣人識分子間來往攻訐的「糞寫實主義論戰」之系列討論，本文認為兩者之間並非毫無關係——台灣皇民化時期鄉土書寫，原本即為對帶有強烈日本官方民族主義色彩的地方／外地文化政策之回應，只是當台灣作家實踐出來的成果、架構出來的情節，與官方期待有所差距，加以戰爭動員日益急迫，進一步統合、明辨官方之需求也就勢在必行，此即「糞寫實主義論戰」之歷史脈絡。因此，雖然「皇民文學」的確是在「糞寫實主義論戰」中建構起來的新的文學典範，其意識型態／情節架構卻早已存在於 1937 年以來的皇民化運動精神中，台灣作家也早於「糞寫實主義論戰」之前即已開始進行相關創作。總之，台灣作家的鄉土書寫與「皇民文學」，以創作動機而論，同樣皆可解釋成某種對日本官方民族

〔註92〕周金波著，周振英譯，〈鄉愁〉，收於中島利郎、周振英編，《周金波集》，頁115。

主義或東方式殖民主義的敘事之回應；若以創作目的而言，也都擁有探尋自我身份認同的意圖。

　　1943 年「糞寫實主義論戰」方酣之際，《文藝台灣》、《台灣文學》兩大戰時文藝雜誌先後刊出陳火泉的〈道〉與王昶雄的〈奔流〉，營造出「皇民文學」競寫的氣氛。〈道〉與〈奔流〉在台灣戰前、戰後的評價經歷了翻轉，但兩者事實上皆以辯證「成為日本人」的方法論為主題，民族主義敘事的動力相同，也都讓我們看到了日本殖民意識型態對被殖民者的傷害性──推動小說情節發展的動力，皆源自於平反殖民者與被殖民者之間的位階，但當小說裡的人物以為「我們」本來就可以與日本人在各方面平起平坐之時，卻發現「我們」必須獲得殖民者的認同／命名才有意義。這就像打一場競爭對手和裁判都是同路人的比賽，殖民者安排的情節架構中，一直以來不變的殘酷真相也就此被暴露出來：它表面上不斷贈予台灣人以希望，但也同時不斷指責台灣人資格不符，被殖民者為了博取認同，只能依照殖民者開出的方向努力改良缺陷，最後甚至因此掉進殖民論述的陷阱、以棄絕台灣人身份的方式企求編入日本共同體中──〈奔流〉的敘事者洪於風中狂奔的姿態，即是意識到這層困境，卻又沒有辦法可想的結果。

　　至於如慧星般崛起於皇民化時期台灣文壇的周金波，可謂「皇民文學」的集大成者。他的作品具有層次分明的轉折：1941 年的〈水癌〉與〈志願兵〉，也是自平反殖民位階鳴槍出發，表現出以貫徹日本精神而「成為日本人」無悔的追求和自信，但〈志願兵〉的結局已稍露懷疑之色；寫於 1942 年的〈「尺」的誕生〉、〈讀者來信〉兩篇作品，則延續、放大〈志願兵〉對「成為日本人」的質疑，既突顯台灣人與日本人之間不可跨越的鴻溝，更寫出日本人對台灣人惡劣的偏見、鄙夷；1943 年的〈氣候、信仰與宿疾〉以及〈鄉愁〉，則可視為周金波鑒於「成為日本人」的思緒看似處境艱難、被殖民者陷入困境的狀況下，試著進一步卜問台灣人未來的成果。〈氣候、信仰與宿疾〉安排那位幾乎煉成皇民的蔡大禮向列祖列宗叩拜，即象徵周金波重新連接自我與皇民化運動中被丟失的台灣固有傳統，但周金波也知道這並不代表「我們」擺脫了被殖民者的困境──於是我們看到〈鄉愁〉的主角不斷受到「心靈上的故鄉」與「肉體／現實上的故鄉」這組對位符號拉扯，不但無法尋得平衡，結果也只能以「旁觀者」的身份目睹台灣本土性的墮壞、在黝黑的道路上失去回返

「心靈上的故鄉」的可能，徒留篇名「鄉愁」兩字——既不能說是投入台灣懷抱的期待、也無法全然指涉對日本精神的遙想——聊表皇民化時期知識分子苦尋個人身份卻不得其門而入的無限惆悵。

結論：一則「家」的寓言

　　還記得王昶雄親自出馬校訂遭受日本檢閱制度增添刪減的〈奔流〉一事嗎？這件事可做為本文結論的引子。從上一章的討論中我們發現：由王昶雄校訂的〈奔流〉似乎也不是〈奔流〉真正的面貌——這個版本刻意隱藏「成為日本人」的欲望之同時，加重了「抵抗殖民者」的情節重量。本文據此認為，王昶雄此舉並非「還原」創作當初（戰前）的民族主義敘事，而是種帶進當下（戰後）民族主義敘事的「再創作／敘事」。換言之，戰前的〈奔流〉與戰後的〈奔流〉是對不同的民族主義的回應。戰前的〈奔流〉訴說著一個「成為日本人」的故事，戰後的〈奔流〉則為另一個「成為中國或台灣人」的故事。本文並非選擇某種「民族正義」的立場評斷對錯，民族主義的對錯本來就是非常成王敗寇、訴諸社會主流意識型態的結果。超越對錯，我們能在敘事中得到什麼？一則有關台灣人在特殊的歷史脈絡下不斷追求身份詮釋的寓言。

　　葛爾納曾經說過民族主義是「努力將文化與政體結合在一起，為文化附加一座政治屋頂，而且還不能有一座以上的屋頂。」這句話主要指稱近代國家藉由「高級文化」的塑造與傳播，將其轄下的人民編入體制內的過程。不過若以文學性的概念來重新理解，我們是不是也可以說住在同一個屋簷（政治疆界）下秉性可能各有不同的人，當他們想要擁有住進「家」的資格，就必須裁切、甚至放棄既有的秉性以免無家可歸？王昶雄修改少作，正可視為某種裁切、放棄既有的秉性以求編入戰後台灣的共同體中的行為，也替我們側寫了戰後台灣的民族主義看待日治時期民族主義的盲點：當它以「雙重的二元對立」為「家規」執行歷史情節的敘事之時，往往去脈絡化地忽略了日

本殖民主義的特殊性，進而拒斥他們受歷史結構的影響而來的、將自己編入日本共同體中的敘事特色，也連帶簡化了被殖民的台灣人在遵守日本帝國的另一套「家規」、另一套由殖民者開出的情節架構時，內心世界複雜的掙扎——「皇民文學」長期被貼上禁忌、背棄民族大義的標籤，以及皇民化時期新文學受制於「皇民文學」而從日治時期新文學史中割裂出去等現象即爲具體的證據。

因此，如何重新將「皇民文學」的民族主義敘事置回皇民化時期新文學中，並釐清其與日治時期新文學的民族主義敘事之間的關係，實爲求日治時期新文學史之完整、求後殖民論述之深化不可不進行的工作之一，本文書寫的動機亦源自於此。至於本文方法論的構想，主要得力於吳叡人「東方式殖民主義」的發明。「東方式殖民主義」之爲物，簡而言之即與官方民族主義的建構同步進行的殖民主義——日本的殖民主義是由一個正在製造、邊界尚未確定的民族國家所發動的，它的目的並不只是經濟略奪，背後更有一套對抗西方、避免被邊緣化的民族主義建國計畫——相較於西方秉持「差異原則」的殖民論述，日本的「東方式殖民主義」雖亦有優化自身文明位階的「排除」意識，但與此同時，它也強調其與殖民地與被殖民者之間地理、文化與種族上的相近性，企圖將殖民地與被殖民者（以「日本化」同化的方式）吸收／「包攝」進日本民族共同體中。由此看來，台灣的殖民地民族主義雖然與典型的殖民地民族主義同樣有著對自我身份詮釋的渴望，但那卻是在參與日本民族國家的建構過程中、在日本「排除」與「包攝」並存的曖昧狀況下醞釀出來的產物。

吳叡人的研究，一方面替本文解釋了日治時期台灣的知識分子的民族主義敘事何以無法使用西方典型的殖民地民族主義概念來分析，以及何以他們擁有編入日本共同體的欲望；另一方面則幫助本文發展出日治時期台灣的知識分子共同擁有住進以日本帝國爲屋頂的「家」之欲望的假定，來做爲全文的書寫主幹——在戰後民族主義敘事中，同化時期與1937年之後的皇民化時期經常遭受「時空環境差異」此一學術上十分具有說服力的理由彼此區隔。日本殖民者的確於不同的歷史階段，視其需求而執行不同的殖民策略，台灣的殖民地民族主義敘事也的確制宜地參考了特定時空背景下能夠提供想像、行動的理論加以回應，而表現出不太一樣的面貌；但本文認爲，不管是同化時期抑或皇民化時期，日本「東方式殖民主義」這一套意識型態上的「家規」

事實上並沒有改變太多，台灣知識分子面對的總是如此與建構中的官方民族主義並行的殖民意識型態，是以在跨時期多重的文本中，我們應該能不斷找出那份編入日本共同體的欲望。

在此命題下，本文先以 1930 年代為起點，分析此時台灣知識分子如何因為殖民地現實狀況以及國際左翼思潮的傳播，以「階級」優先的路線轉化原本 1920 年代「民族」優先的路線，緊接著再從鄉土文學／台灣話文論戰中思辨左翼思潮的在地化如何可能建構出台灣獨特的「語言──文化」疆界而資助了民族主義敘事的發展。只是 1930 年代的「語言──文化」疆界固然幫助了台灣知識分子找回正視自我身份的信心與對抗日本殖民性的利器，但也同時受制於「日語世代」的興起與日本官方民族主義收編鄉土的企圖，開始表現出以自我文化往帝國內部去尋找證成的敘事特色，最終使得 1920 年代繞開「日本化」同化、走向「文明化」同化（即以政治權力的平等為前提編入日本帝國之下）的情節架構，往承認日本中央文化的方向微妙轉折。

以往論者皆謂 1937 年中日戰爭開打後，台灣新文學史就此進入黑暗、衰頹期，但證諸於史料與台灣知識分子實際上豐碩的成果，如此判斷可謂不攻自破。皇民化時期台灣的新文學大體而言有兩大方向：一為自台灣獨特的風土傳統尋覓身份意義的文學史建構與鄉土書寫、一為思考如何「成為日本人」的「皇民文學」。本文認為兩造之間的界線絕非後世的民族道德論述所想像的那般清晰，它們其實皆可視為對日本東方式殖民主義的回應。皇民化時期大為興盛的文學史建構與鄉土書寫，和日本 1940 年代鑑於戰爭局勢擴大而施行的地方／外地文化政策有直接的關係。地方／外地文化政策表面上看似積極鼓勵其轄下的人民追求自我文化主體、抬高地方／外地文化的地位，可是其目的卻是為了以地方／外地文化翼贊中央的日本精神、將其差序式收編進單一的國體中，以期統合東方眾志對抗英美勢力。由此來看，地方／外地文化政策仍然不脫東方式殖民主義敘事既有的情節架構──1943 年間台灣的「糞寫實主義論戰」，即為官方進一步向被殖民者昭告、辨明其欲求之情節架構的歷史結果。因此，在這場論戰中被發明出來的「皇民文學」，只不過是替發揚日本精神的宗旨附加一個嶄新的詞彙罷了，它和地方／外地文化政策下的文學史建構與鄉土書寫，對日本殖民者來說，實為一體之兩面。

文學史建構、鄉土書寫與「皇民文學」並不只在回應殖民者的民族主義這個出發點上類同，兩者也共同展現出突破殖民位階、編進日本帝國之中的

企圖。如同黃得時以一「移民——在地化」的情節將在台日本人與台灣人並置入「台灣人」共同體中,進而替此共同體尋求日本政治庇護的敘事,「皇民文學」的代表作家們也是在追求台灣人與日本人平起平坐的欲望下,不斷思索要採取哪一條道路、投身哪一段情節以「成為日本人」——這個部份也足以讓我們連接1920年代與1930年代的民族主義敘事。1920年代知識分子攀登文明階梯、1930年代試圖讓台灣受到日本中央文壇的承認,雖各有差異,但皆關乎破除位階的方法論,也都隱藏著編入日本(不管文化上或政治上)、取得殖民者承認的共相——當然「皇民文學」相較於為台灣風土傳統添加自信的文學史建構或鄉土書寫,「自我承認」的支柱顯得破碎許多,這使得「皇民文學」編入帝國的方式通常導向上戰場為天皇效忠,或無可奈何地陷入殖民論述的陷阱、自囿於心靈困境。

配合上述簡要的重點提示,筆者在此以表格的方式,將本論文的研究成果重新整理如下:

敘事種類	敘事特色／情節架構	敘事目的
東方式殖民主義	◆ 同文同種。 ◆ 文明或文化優越。 ◆ 台灣人必須先當好的日本人、走過「日本化」同化,才能被允許成為日本國民。	將台灣人編入按等級劃分的日本民族共同體中,讓台灣人為天皇效忠、有效動員台灣的資源。
1920年代台灣的民族主義敘事	◆ 台灣人為弱小民族。 ◆ 繞開「日本化」同化,徹底吸收西方現代文明思潮、改正陋習。 ◆ 解決對外的民族問題為當務之急。	掌握自我身份、破除殖民位階、(在政治而非文化上)編入日本帝國。
1930年代台灣的民族主義敘事	◆ 以台灣無產階級大眾為社會運動之主體。 ◆ 台灣內部的階級問題,取代對外的民族問題的優先性。 ◆ 發揚並且深化台灣固有的「語言——文化」疆界。	◆ 無產階級解放。 ◆ 掌握自我身份、破除殖民位階、(文化上)編入日本帝國。

敘事種類	敘事特色／情節架構	敘事目的
皇民化時期台灣的民族主義敘事其一：文學史建構與鄉土書寫	◆ 對台灣傳統、鄉土世界的熱誠與信心。 ◆ 台灣「語言——文化」疆界去本質主義化。 ◆ 與在台日本人共同走向未來，或者東方對西方（而非日本對台灣）的二元對立。	掌握自我身份、破除殖民位階、編入日本帝國。
皇民化時期台灣的民族主義敘事其二：皇民文學	◆ 台灣人必須「成為日本人」、服膺日本精神。 ◆ 故鄉的拉扯與對「成為日本人」的質疑。 ◆ 上戰場「以血換血」，或者無路可走。	掌握自我身份、破除殖民位階、編入日本帝國。
戰後台灣的民族主義敘事	◆ 殖民者與被殖民者二元對立。 ◆ 知識分子身分認同上的中國與台灣二元對立。	在既有威權體制逐漸失去控制力道之時，重新尋找自我身份的解釋。

　　最後，筆者想請讀者諸君再一次回想「皇民文學」的悲劇性格、回想奔馳在時代潮流中苦無出路的被殖民者身影——正是這股於敘事情節中難以抹除的悲劇性格，讓本文找到了將「皇民文學」置回皇民化時期、甚至日治時期新文學中的民族主義敘事的最後一塊拼圖——指認日本「東方式殖民主義」的虛偽與對台灣人的傷害。日本官方將皇民化時期諸多政策美化為同化時期既定目標的完成，但同化時期以「同文同種」等論述強調殖民統治的合理性，卻又不願給予被殖民者平等的政治權力所造成的內在衝突，到了皇民化時期並沒有真正被消解，日本只是藉由這套修辭來將「成為日本人」的責任轉嫁被殖民者以驅策他們為日本帝國效忠。因此，當「皇民文學」反復刻劃被殖民者內心的掙扎不安、處處遭受殖民位階的鄙視與傷害之時，無非揭發了日本「東方式殖民主義」的謊言，並以一種更為沉痛的語調與前行時代的知識分子們共同控訴著「東方式殖民主義」的矛盾與曖昧——如果我們依舊讓「皇民文學」或皇民化時期新文學中的民族主義敘事躺在歷史的冰櫃中，要如何真正體會台灣人在日本統治下即使跌跌撞撞也要往有光的地方邁進的決心，以及註定不斷丟棄身上極其寶貴的事物的悲哀命運呢？

參考資料

一、專書

1. 小熊英二，《〈日本人〉 境界》（東京，新曜社，1998 年）。
2. 王昶雄著，許俊雅編，《王昶雄全集・第一冊・小說卷》（台北，台北縣文化局，2002 年）。
3. 王昶雄著，許俊雅編，《王昶雄全集・第四冊・散文卷三》（台北，台北縣文化局，2002 年）。
4. 井手勇，《決戰時期台灣的日人作家與皇民文學》（台南，台南市立圖書館，2001 年）。
5. 方孝謙，《殖民地台灣的認同摸索——從善書到小說的敘事分析，1895～1945》（台北，巨流，2008 年）。
6. 石婉順等編，《帝國裡的「地方文化」——皇民化時期台灣文化狀況》（台北，撥種者，2008 年）。
7. 矢內原忠雄著，林明德譯，《日本帝國主義下之台灣》（台北，吳三連台灣史料基金會，2004 年）。
8. 史明，《台灣人四百年史》（蓬島文化公司，1980 年）。
9. 西川滿著，葉石濤譯，《西川滿小說集 1》（高雄，春暉，1997 年）。
10. 西川滿著，陳千武譯，《西川滿小說集 2》（高雄，春暉，1997 年）。
11. 朱惠足，《現代的移植與翻譯——日治時期台灣小說的後殖民思考》（台北，麥田，2009 年）。
12. 江宜樺，《自由主義、民族主義與國家認同》（台北，揚智，1998 年）。
13. 向山寬夫著，楊鴻儒等譯，《日本統治下的台灣民族運動史（上、下）》（福祿壽興業，1999 年）。

14. 竹內好著，李冬木等譯，《近代的超克》（北京，三聯，2005年）。

15. 艾尼斯特・葛爾納（Ernest Gellner）著，李金梅、黃俊龍譯，《國族與國族主義》（台北，聯經，2001年）。

16. 艾瑞克・霍布斯邦（Eric J・Hobsbawm）著，李金梅譯，《民族與民族主義》（台北，麥田，1997年）。

17. 李文卿，《共榮的想像──帝國・殖民地與大東亞文學圈（1937～1945）》（台北，稻鄉，2010年）。

18. 阮斐娜著，吳佩珍譯，《帝國的太陽下：日本的台灣及南方殖民地文學》（台北，麥田，2010年）。

19. 沈萌華主編，《巫永福全集II日文小説卷》（台北，傳神福音，1996年）。

20. 呂赫若著，林至潔譯，《呂赫若小説全集（上）》（台北，印刻，2006年）。

21. 呂赫若著，林至潔譯，《呂赫若小説全集（下）》（台北，印刻，2006年）。

22. 周金波著，中島利郎、周振英編，《周金波集》（台北，前衛，2002年）。

23. 周婉窈，《海行兮的年代──日本殖民統治末期台灣史論集》（台北，允晨，2009年）。

24. 帕爾塔・查特吉（Partha Chatterjee）著，范慕尤、楊曦譯，《民族主義思想與殖民地世界：一種衍生的話語》（南京，譯林，2007年）。

25. 柳書琴，《荊棘之道：旅日青年的文學活動與文化抗爭》（台北，聯經，2009年）。

26. 涂照彥著，李明峻譯，《日本帝國主義下的台灣》（台北，人間，2008年）。

27. 垂水千惠著，涂翠花譯，《台灣的日本語文學》（台北，前衛，1998年）。

28. 孫歌，《亞洲意味著什麼：文化間的「日本」》（台北，巨流，2001年）。

29. 班納迪克・安德森（Benedict R・Anderson）著，吳叡人譯，《想像的共同體：民族主義的起源與散佈》（台北，時報，1999年）。

30. 荊子馨著，鄭力軒譯，《成爲「日本人」：殖民地台灣與認同政治》（台北，麥田，2006年）。

31. 翁鬧著，陳藻香、許俊雅編，《翁鬧作品選集》（彰化，彰化縣立文化中心，1997年）。

32. 游勝冠，《台灣文學本土論的興起與發展》（台北，群學，2009年）。

33. 彭瑞金，《台灣新文學運動40年》（高雄，春暉，1998年）。

34. 陳映眞等著，《呂赫若作品研究》（台北，聯經，1997年）。

35. 陳翠蓮，《台灣人的抵抗與認同，一九二〇～一九五〇》（台北，遠流，2008年）。

36. 陳芳明，《台灣新文學史》（台北，聯經，2011年）。

37. 陳芳明，《左翼台灣——殖民地文學運動史論》（台北，麥田，2007 年）。

38. 陳芳明，《殖民地摩登：現代性與台灣史觀》（台北，麥田，2004 年）

39. 陳培豐，《同化 同床異夢：日治時期台灣的語言政策、近代化與認同》（台北，麥田，2006 年）。

40. 陳建忠等人合著，《台灣小說史論》（台北，麥田，2007 年）。

41. 梁明雄，《張深切與《台灣文藝》研究》（台北，文經，2002 年）。

42. 國立成功大學台灣文學系主編，《跨領域的台灣文學研究學術研討會論文集》（台南，國家台灣文學館籌備處，2006 年）。

43. 黃英哲主編，《日治時期台灣文藝評論集（雜誌篇）・第一冊》（台南，國家台灣文學館籌備處，2006 年）。

44. 黃英哲主編，《日治時期台灣文藝評論集（雜誌篇）・第二冊》（台南，國家台灣文學館籌備處，2006 年）。

45. 黃英哲主編，《日治時期台灣文藝評論集（雜誌篇）・第三冊》（台南，國家台灣文學館籌備處，2006 年）。

46. 黃英哲主編，《日治時期台灣文藝評論集（雜誌篇）・第四冊》（台南，國家台灣文學館籌備處，2006 年）。

47. 黃惠禎，《左翼批判精神的鍛接：四〇年代楊逵文學與思想的歷史研究》（台北，秀威資訊，2009 年）。

48. 張深切著，陳芳明等主編，《張深切全集（卷 1）里程碑——又名：黑色的太陽（上、下）》（台北，文經，1998 年）。

49. 張文環著，陳萬益主編，《張文環全集（卷 1）小說集【一】中、短篇》（台中縣立文化中心，2002 年）。

50. 張文環著，陳萬益主編，《張文環全集（卷 2）小說集【二】中、短篇》（台中縣立文化中心，2002 年）。

51. 張文環著，陳萬益主編，《張文環全集（卷 3）小說集【三】中、短篇》（台中縣立文化中心，2002 年）。

52. 張文環著，陳萬益主編，《張文環全集（卷 6）隨筆集【一】》（台中縣立文化中心，2002 年）。

53. 張文環著，陳萬益主編，《張文環全集（卷 7）隨筆集【二】》（台中縣立文化中心，2002 年）。

54. 葉石濤，《台灣文學史綱》（高雄，文學界雜誌社，1987 年）。

55. 葉石濤、鍾肇政主編，《光復前「台灣文學全集」》（台北，遠景，1997 年）。

56. 葉石濤著，彭瑞金主編，《葉石濤全集 1・小說卷一》（台南，國家台灣文學館籌備處，2006 年）。

57. 愛德華·薩依德（Edward W.Said）著，王志弘等譯，《東方主義》（台北，立緒，2006 年）。

58. 楊逵著，彭小妍主編，《楊逵全集第四卷·小説卷（I)》（台北，國立文化資産保存研究中心籌備處，1998 年）。

59. 楊逵著，彭小妍主編，《楊逵全集第五卷·小説卷（II)》（台北，國立文化資産保存研究中心籌備處，1999 年）。

60. 楊逵著，彭小妍主編，《楊逵全集第九卷·詩文卷（上)》（台北，國立文化資産保存研究中心籌備處，2001 年）。

61. 楊逵著，彭小妍主編，《楊逵全集第十卷·詩文卷（下)》（台北，國立文化資産保存研究中心籌備處，2001 年）。

62. 趙遐秋、呂正惠主編，《台灣新文學思潮史綱》（台北，人間，2002 年）。

63. 龍瑛宗著，陳萬益主編，《龍瑛宗全集【中文卷】第一冊 小説集（1)》（台南，國家台灣文學館籌備處，2006 年）。

64. 龍瑛宗著，陳萬益主編，《龍瑛宗全集【中文卷】第二冊 小説集（2)》（台南，國家台灣文學館籌備處，2006 年）。

65. 龍瑛宗著，陳萬益主編，《龍瑛宗全集【中文卷】第五冊 評論集》（台南，國家台灣文學館籌備處，2006 年）。

66. 龍瑛宗著，陳萬益主編，《龍瑛宗全集【中文卷】第六冊 詩·劇本·隨筆集（1)》（台南，國家台灣文學館籌備處，2006 年）。

67. 藤井省三，《台灣文學這一百年》（台北，麥田，2003 年）。

68. 蕭阿勤，《回歸現實——台灣一九七〇年代的戰後世代與文化政治變遷》（台北，中央研究院社會學研究所，2008 年）。

69. 劉紀蕙，《心的變異——現代性的精神形式》（台北，麥田，2004 年）。

70. 橫路啓子，《文學的流離與回歸》（台北，聯合文學，2009 年）。

71. 鶴見俊輔著，邱振瑞譯，《戰爭時期日本精神史》（台北，行人，2008 年）。

二、報紙、雜誌期刊與論文集

1.《文藝台灣》，台灣文藝家協會、文藝台灣社，1940 年 1 月～1944 年 1 月。

2.《台灣大眾時報》，大眾時報社，1928 年 5 月～1928 年 7 月。

3.《台灣文藝》，台灣文藝聯盟，1934 年 11 月～1936 年 8 月。

4.《台灣新文學》，台灣新文學社，1935 年 12 月～1937 年 6 月。

5.《台灣文學》，台灣文學社，1941 年 5 月～1943 年 12 月。

6. 王甫昌，〈民族想像、族群意識與歷史——《認識台灣》教科書爭議風波的内容與脈絡分析〉，刊於《台灣史研究》第 8 卷第 2 期（台北，中央研究院台灣史研究所籌備處，2001 年 12 月），頁 145～207。

7. 王姿雯，〈昭和戰前期における日臺プロレタリア文學の交流——葉山嘉樹「淫賣婦」 琅石生「闇」〉，刊於《東方學》第 116 期（2008 年 7 月），頁 146～162。

8. 吳叡人，〈福爾摩沙意識型態——試論日本殖民統治下台灣民族運動「民族文化」論述的形成（1919～1937）〉，刊於《新史學》第 17 卷第 2 期，2006 年 6 月，頁 127～218。

9. 吳叡人，〈重層土著化下的歷史意識：日治後期皇得時與島田謹二的文學史論述之初步比較分析〉，刊於《台灣史研究》第十六卷第三期，2009 年 9 月，頁 133～163。

10. 吳叡人，〈他人之顏：民族國家對峙結構中的「皇民文學」與「原鄉文藝」〉，收於《跨領域的台灣文學研究學術研討會論文集》（台南，國家台灣文學館籌備處，2006），頁 257～309。

11. 姚人多，〈認識台灣：知識、權力與日本在台之殖民治理性〉，刊於《台灣社會研究季刊》第 42 期，2001 年 6 月，頁 119～182。

12. 馬森，〈愛國乎？愛族乎？「皇民文學」作者的自我撕裂〉，刊於《聯合報》副刊，1998 年 4 月 27 日。

13. 陳映眞，〈精神的荒廢——張良澤皇民文學論的批判〉，刊於《聯合報》副刊，1998 年 4 月 2 日～4 日。

14. 陳映眞，〈警戒第二輪台灣「皇民文學」運動的圖謀——讀藤井省三《百年來的台灣文學》：批評的筆記（一）〉，刊於《人間思想與創作叢刊：告別革命文學？》，1998 年 12 月，頁 143～161。

15. 張良澤，〈正視台灣文學史上的難題——關於台灣「皇民文學作品拾遺」〉，刊於《聯合報》副刊，1998 年 2 月 10 日。

16. 彭歌，〈醒悟吧！回應陳映眞〈精神的荒廢〉一文〉，刊於《聯合報》副刊，1998 年 4 月 22 日。

17. 鍾肇政，〈日據時期台灣文學的盲點——對「皇民文學」的一個考察〉，刊於《聯合報》副刊，1979 年 6 月 1 日。

18. 橋本恭子，〈在台日本人の鄉土主義——島田謹二と西川滿の目指したもの〉，刊於《日本台灣學會報》第九號，2007 年 5 月，頁 231～252。

三、學位論文

1. Wu, Rwei-ren. *"The Formosan Ideology: Oriental Colonialism and the Rise of Taiwanese Nationalism, 1895～1945."* Ph.D. diss., The University of Chicago, 2003.

2. 王郁雯，〈台灣作家的「皇民文學」（認同文學）之探討——以陳火泉、周金波的小說爲研究中心〉（中國文化大學日本研究所碩士論文，1999 年）。

3. 王昭文，〈日治末期台灣的知識社群（1940～1945）：《文藝台灣》·《台灣文學》及《民俗台灣》三雜誌的歷史研究〉（國立清華大學歷史研究所碩士論文，1991年）。

4. 何義麟，〈皇民化政策之研究──日據時代末期日本對台灣的教育與教化運動〉（中國文化大學日本研究所，1986年）。

5. 邱雅芳，〈南方作爲帝國慾望：日治時期日人作家的台灣書寫〉（國立政治大學中國文學研究所博士論文，2009年）。

6. 柳書琴，〈戰爭與文壇──日據末期台灣的文學活動（1937.7～1945.8）〉，（國立台灣大學歷史學研究所碩士論文，1994年）。

7. 崔末順，〈現代性與台灣文學的發展（1920～1949）〉（國立政治大學中國文學研究所博士論文，2004年）。

8. 黃琪椿，〈日治時期台灣新文學運動與社會主義思潮之關係初探（1927～1937）〉（國立清華大學中國文學研究所碩士論文，1994年）。

9. 曾巧雲，〈未完成進行式──戰前、戰後的皇民文學論爭／述〉（國立成功大學台灣文學研究所碩士論文，2005年）。

10. 廖秋紅，〈日治末期台灣人身份認同的演化進程──以台籍作家的志願兵題材小說爲中心（1941.6～1945.8）〉（國立台北教育大學台灣文學研究所碩士論文，2007年）。

11. 賴婉玲，〈皇民文學論爭研究〉（國立中央大學中國文學研究所碩士論文，2007年）。

12. 橋本恭子，〈島田謹二《華麗島文學志》研究──以「外地文學論」爲中心〉（國立清華大學中國文學研究所碩士論文，2003年）。